一番気に入っている277（撮影ジョン・ホワイト）

〈ポルシェ・オーナーズ・クラブ〉主催レースの盾や賞品
（撮影ラリー・チェン）

雑多なものに囲まれて机に向かう
（撮影ラリー・チェン）

ガレージに並んだポルシェ関連のアイテム（撮影ラリー・チェン）

ものは捨てない主義だ。
ガレージに積まれたスペアのタイヤ
（撮影モーリス・ファン・デル・ティラード）

ハンドルのコレクション
（撮影モーリス・ファン・デル・ティラード）

78年SCHRのリムを交換中（撮影ラリー・チェン）

2012年頃、改造中の67年SRT（撮影モーリス・ファン・デル・ティラード）

初号〈52アウトロー〉ハンドルに
テープを貼っているところ
（撮影ジョン・ホワイト）

交換用の車。
いつ部品が必要になるかわからない
（撮影モーリス・ファン・デル・ティラード）

フェンダーとウィンドーのフレーム。ポルシェが偉大なのは、なんでも交換可能なところだ
（撮影モーリス・ファン・デル・ティラード）

アーロン・バーナム作、ショートストロークモーターの72年STR3.2
（撮影ショーン・クリンゲルヘーファー）

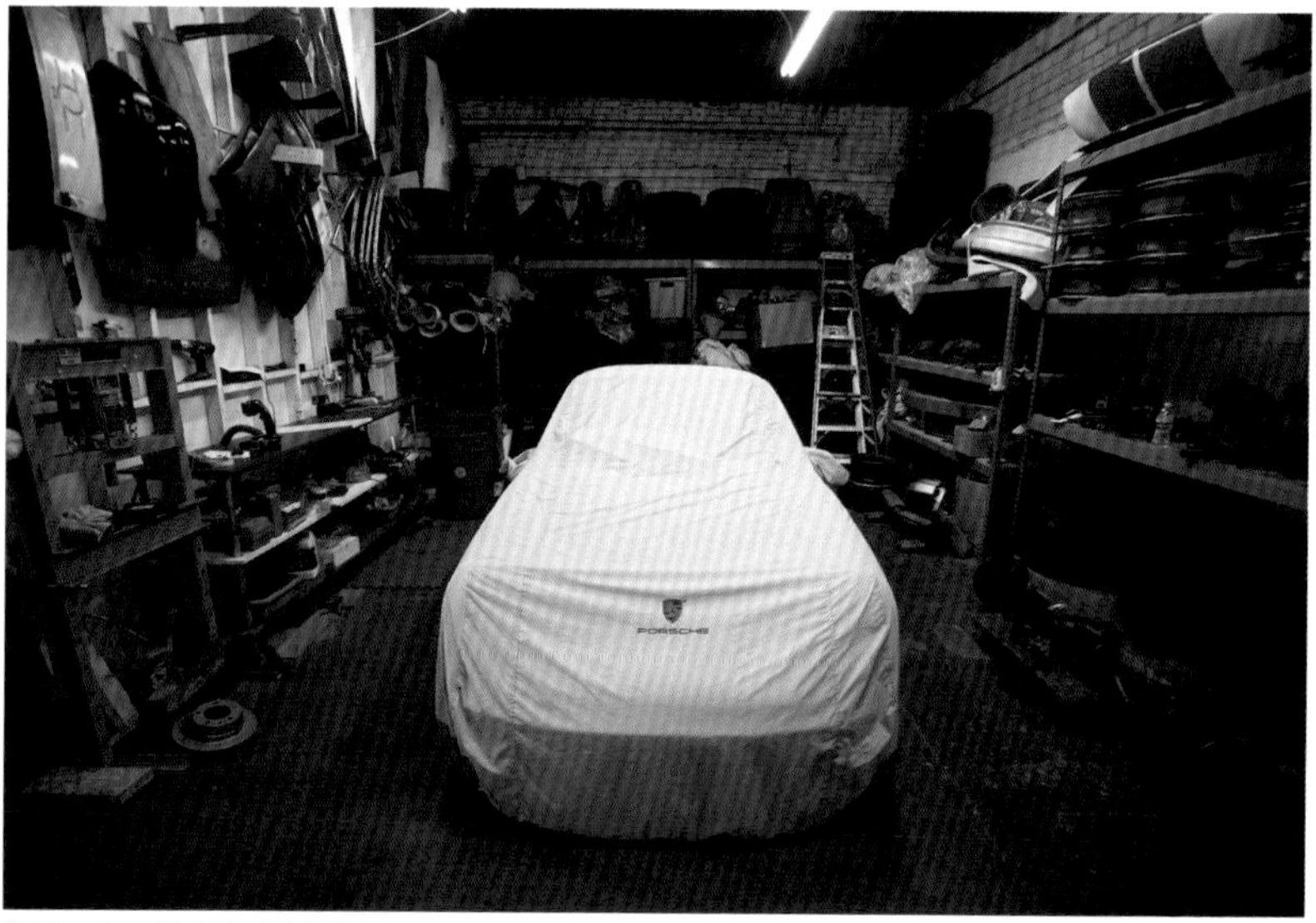

俺にとっての聖なる車、64年911
（撮影モーリス・ファン・デル・ティラード）

ターボにかける情熱。76年と77年の930ターボ、待機中

78年SCHR（撮影アンドリュー・リッター）

ロウアー・グランド・ストリートにて、78年SCHR
（撮影ショーン・クリンゲルヘーファー）

76年930ブラックターボ
（撮影アンドリュー・リッター）

ロング・ビーチのクイーン・メリー号をバックに、997 GT2シャークワークス
（撮影ラリー・チェン）

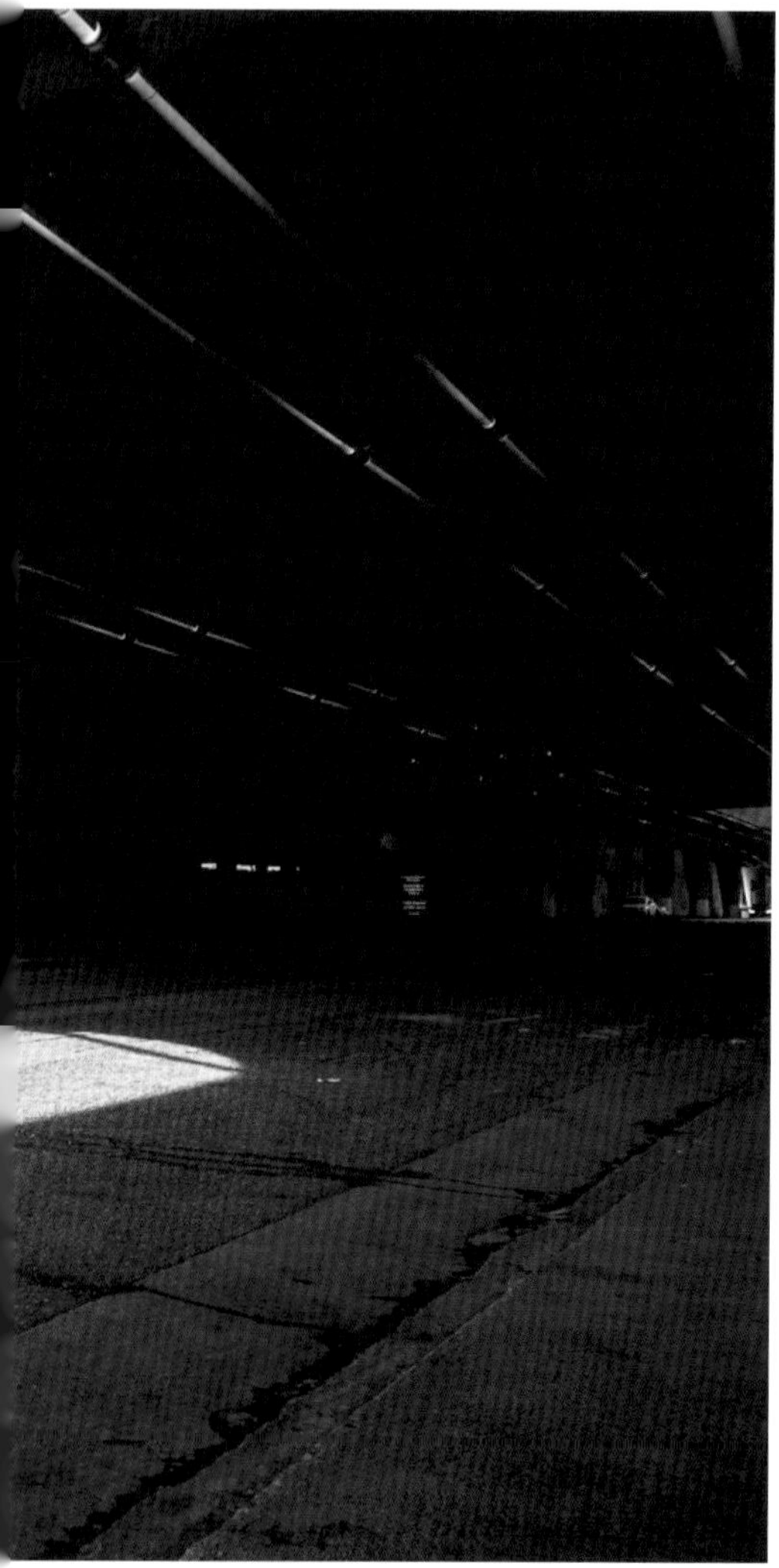

ロスのダウンタウンにて、78年SCHR
（撮影ショーン・クリンゲルヘーファー）

6番ストリート・ブリッジを走る76年930ミネルヴァ・ブルーターボ（撮影ラリー・チェン）

上：レッドゾーンに突入し、超える（撮影ラリー・チェン）
下：俺自身が制作するという栄誉に預かったMOMOのハンドル

ロスのダウンタウン、アート・ディストリクトを走る67年S（撮影アンドリュー・リッター）

名所ストリート・ブリッジ6番にて、277と72年STR

68年R。〈アーバン・アウトロー〉で
活躍した車

72年STR（撮影ショーン・クリンゲルヘーファー）

ドキュメンタリー映画〈アーバン・アウトロー〉撮影の様子

〈アーバン・アウトロー〉撮影中、
アンソニー・アーレント、
タミール・モスコビッチと映像を確認する

クランクアップ！　2012年2月、〈アーバン・アウトロー〉の撮影終了

2012年10月15日。タミール・モスコビッチとの映画制作がなければ、
それまでの5年間はまるで違っていただろう。映画はのちに賞を受賞した

〈アーバン・アウトロー〉試写会にて。
カレン、兄のセント・ジョン、兄の妻ニッキー

2013年頃、カレンとジェイ・レノ

ハリウッドにて、カレンと

両親の写真

ジョージア州アトランタにて、カレンと家族

俺のケツを蹴るカレン。妻にはいつもお行儀よくするよう見張られていた（撮影ラリー・チェン）

1990-964、現在に至るまで、俺の作品のなかでは最もパフォーマンス重視の車
（撮影ラリー・チェン）

277に向かって歩く（撮影アンドリュー・リッター）

妻カレン・アン・ケイド・ウォーカーの思い出に捧げる

目次

イントロダクション

　俺は車に乗ってドライブするのが好きだ。そうやって心を癒し、体を鍛えている。俺のドラッグであり、宗教だ。ハンドルを握っているくらい最高のことはない。俺の記憶に強く残る旅のいくつかは、ロスの埃っぽいダウンタウンのストリートから始まったが（本書の後のほうでお話ししよう）、手持ちのポルシェの一台を、ウェアハウスから出して旅をすることもある。すべての旅はでかい錆びついた門を開けて敷地に入り、ウェアハウスに足を踏み入れ、でかい黒いゲートを開けてガレージに入るところから始まる。元マシンショップであるこの空間に、俺のポルシェが整列している。激レアな車種も、そうでないのもあるが、どの車も俺にとっては特別だ。このガレージを「天国の片隅」と呼ぶ連中もいる。俺にとって世界で一番、居心地のいい場所のひとつだ。

　車は一台一台、まるっきり違う経験をさせてくれる。俺が人生を通して幸運にも、いろいろな素晴らしい冒険をしてきたように。すべての旅は目的地を決めて、そこへ向かう手段を選ぶところから始まる。五十年さかのぼって、六〇年代ののんびりした日曜に車で外出するのがどんな気分だったのか味わいたいときは、アイリッシュグリーン66を選ぶ。もっとアドレナリン満点、アクセルベタ踏みのピリッとした走りを楽しみたいときは、俺の愛車の中でも一番有名な277か、七八年型のSCにする。ガレージに行くまで、どの車にするか決めていないこともよくある。これまでの人生で、自分がどこへ向かうのかわからないことも多かったのと同じように。愛車を猫かわいがりする気もない。やつらは走るためのものだ。品評会で賞を獲るために持っているんじゃない。車にも人生と凸凹がある——俺と同じように。俺は洗練なんかされちゃいない、ということだ。

今日は277に乗ろう。さあ、出発だ。

初期のポルシェ911に乗ると五感が刺激される。車に乗ろうと歩いていくときから、五感の旅は始まっている。車は四十年、ものによっては五十年の年代物かもしれないが、それでもたちまち鼓動が速くなる。どの車も視覚的な刺激に富み、それぞれ興奮をもたらす。ただ車体に近寄るだけで惹きつけられる。277の配色は俺の子ども時代に大きな意味を持っていた赤、白、青で、アメリカの雰囲気も持ち合わせ、近づけば塗装が欠け、さんざん走りこまれてきたことがわかる。

運転席のドアに近づき、ドアハンドルに触れる。車には決してロックをかけないから、キーを探してポケットをまさぐる必要もない。冒険を遅らせたくないから、いつでも出発できる状態にしておくのだ。もちろん、車は停まっている姿を見るだけで胸が躍るが、本当の冒険は車内に入った瞬間に始まる。運転席に体を入れ、ポルシェの安定の「キーン」という音を聞きながらドアを閉める。深呼吸をする。体はリラックスしている。うまく発進するといいのだが。ときには二週間ほど乗っていないこともあるのだ。だがそんなことさえ、期待と興奮をもたらす。キーを差し込んでひねり、アクセルを二、三度ふかしただけで、うまく今日の冒険が始まるかわかる。クラッチを上げ、ギアはニュートラルに入れ、アクセルをふかし、燃料ポンプが回り、始動の準備ができるのを待つ。やがて音が聞こえ、エキゾーストから吐き出されたばかりの「あの」オイルの匂いがする。ガレージで待っているあいだに溜まっていくのだ。エンジンが呼吸を始めるとバックミラーが曇る。車の匂いをかぎ、音を聞き、パワーを感じる。

一分ほどアイドリングさせたあと、外に出て、ガレージを閉め、表のゲートを開けて公道に出る。ギアは一速、半クラッチにして、ウィローに出ていき、角で右折し、橋の上で右折し、二キロほど走って高速道路に乗る。ギアは徐々に上げていく。

この頃には車もだいぶ温まっているので、アクセルをちょっと踏み込み、ギアを二速から三速に上げ、車の列に合流し、できるだけ早く、左側の追い越し車線に乗る。

冒険が始まった。

行き先はだいたいエンジェルス・クレスト・ハイウェイかサンタモニカ・マウンテンズのどちらかだ。俺がこの原稿を書いているロサンゼルスのダウンタウンのウェアハウスから百キロと離れていないのだが、ほぼ海抜二・五キロだ。南カリフォルニアの素晴らしさのひとつは、さまざまなワールドクラスの道がすぐ近くにあることだ。俺のウェアハウスはダウンタウンに張りめぐらされた脇道を一本入った、一九〇二年施工の二階建てのレンガの建物で「ウィロー」というのだが、三十分くらいのところに道はある。十数キロ走れば、行く手に山がそびえ立っている。長く伸びた高速道路で、高度がたちまち上がるから、興奮も高まる。五感がますます研ぎ澄まされ、全身が車と一体になる。こうして人間とマシンが、道路と一体になる。スピードとリズムが体に染み込み、車と自分の区別がつかなくなる。こうなったら、他のことはもうどうでもいい。携帯電話に着信があっても無視するし、車にはカーラジオもつけていない。ちょっとした沈黙の楽園だ。車に乗るのは「自由」と同義語なのだ。

ちょっと前後の文脈を補っておくのがいいだろう。四十年ものの９１１では、時速百九十キロはそこそこ速く感じられる。最近の９１１では、時速二百四十キロでもせいぜい百三十キロにしか思えないだろう。新しい車は、ドライバーから皮膚感覚を奪う。匂いを感じることもなければ、音が聞こえないことだってある。だが２７７はやかましくて、振動するし、防音の機能もあまりよくない。２７７のような車に乗ると、ガスやオイルといったあらゆる匂いが立ちのぼり、エンジンを味わい、風に耳を傾けることができる。シューッという音がする。防音機能がついていないから路面をこする音がする。あの機械っぷり、ぎこちなさ、スロットルの反応、きしむブレーキ、ゴムやオイルの匂い、ヒートアップしたブレーキパッドの匂い、あれやこれや……。気持ちがハイになる。車は五感のすべてを刺激するマシンなのだ。

今、世界にいるのは俺と車だけだ。スロットルが開閉し、エンジンの回転数を調節する。何より大事なのはクラッチ、スロットル、ブレーキをうまく連係させ、すべてをなめらかに運ぶことだ。俺は自分にちょっとした挑戦を課す。先にアクセルを踏み、そのあとでブレーキをかけ、完璧なヒール・アンド・トウでギアをチェンジし、常にそのバランスを向上させる。素早く、スムーズに。

ヴィンテージのポルシェに一台として同じ感触のものはない。いや、どんな車でも、乗り心地がそっくり同じということはない。たとえうり二つに見えたとしても。変わらないものなどないと知った上で、まわりの状況に適応しなければならない。俺は南カリフォルニアの道路をよく知っているが、状況はいつも異なる。路上では何に出くわすかわからない――追い越してやりたい車はいるし、邪魔なバイクがいることもある。角を曲がるといきなりサイクリストやのろのろ運転の観光客がいたり、コヨーテを避けなきゃいけないこともある。一度なんか路上で熊に会った。運転中はいつも先のことを考えるし、無意識に判断を下すようになる。予想を立て、角の向こうに何があっても驚かないようになる。適応するのだ。冒険というのは、そういうものだ。

五感を全開にしたいからといって、別にふっ飛ばす必要はない。ただし、どれくらい速度を出していようと、集中力は切らさない。車の中ではいろいろな動きが起きている。911のエンジンはリアに搭載されているので、前輪には圧がかからない。だから車のノーズはいつも自由に動いている。その状態に慣れ、道路のグルーヴ感をつかむのだ。道路の表面の小さな凸凹が、年数を経て、いろいろな人間の手に握られてきたハンドルを通して指先に響いてくる。強く握ってはいけない。力を入れたら感覚が鈍り、コントロールを失う。ハンドルは絶えず動き続け、二つの前輪は路面をつかもうと苦闘したり、道路のひびをなぞるように走ったり、膨らみを乗り越えたりする。車は生きている。肉体があるのだ。運転中は百パーセント集中していなきゃならない。いいドライブには、激しいアドレナリンの迸《ほとばし》りがつきものだ。初期の車について俺が好きなのは、みんなマニュアル車で、つまり自分の脳みそと二本の手、二本の足を使い、運転しなきゃいけないところだ。スポーツジムに行って体を鍛えるのが好きだという人間がいる。俺の場合、ドライブが同じ効果を持つ。パワステはついていないので両腕、手首、脇腹に負荷がかかる。活力ある筋肉が必要だが、素早い反射神経も欠かせない。鷹のような目も。

ドライブにはだいたいひとりで行く。集団でのランはほとんどやらない。俺はマイペースな人間で、ひとりで物事を進めるのが好きだ。ちょっと一匹狼のようなところがあるのだろう。長年ずっとやってきたように、ある程度まで自分の運命をコントロールしようとしているのかもしれない。そういった本能は子どもの頃、クロスカントリーに打ち込み、学校や家庭での問題から逃れようとしていたときに芽生えていたようだ。「長距離走者の孤独」というやつだ。南カリフォルニアの丘にドライブに行くのは、ずっと昔シェフィールドでクロスカントリーをやっていたときとたいして変わらない。当時の俺はストレスを発散し、モチベーションを高め、自分らしくいられることを求めていた。三十五年経った今との違いは、足で走ることをやめて、ハンドルを握るようになったという点だけだ。

ヴィンテージのポルシェを運転するという喜びが尽きることはない。何かを追いかけることのスリル、匂い、皮膚感覚、興奮とアドレナリン。脈が高まり、汗が出てエネルギーを感じる。解放感、興奮、冒険、達成感、挑戦、忘れられない経験。他のことは何も考えない。車に乗っているときは、そういったことしか考えないのだ。

人生はいわば公道の旅で、角の向こうに何が待っているのかわからない。とりわけ俺の場合、過去三十年ほど、何度も未知のことに向かい合わなければいけなかった。人生の曲がり角の向こうに何が待っているのか、いつも探し求め、頭でっかちになったり考えすぎたりしないように、流れに身を任せ、その瞬間に判断し、直感を信頼することを大切にしている。人生の目的が何であっても、どんなふうに歩んでいきたいとしても、その道のりで起きる冒険がどんなことであるにしても、いつも自分の直感を信じるのだ。

さあ、アクセルを思いきり踏んで表へ飛び出し、ドライブしよう。

二〇一七年二月　ロスのダウンタウンにて

マグナス・ウォーカー

第1章

物語の始まり

実のところ、俺の地元である七〇年代のシェフィールドは、ポルシェとあまり縁がなかった。ここは労働者階級の町で、経営者との対立や失業率の高さに苦しみ、なんとかその日を乗り切ろうという連中がひしめいていた。シェフィールドの平均的な人間は、毎週をやりくりするだけの金を持っていないことも多く、エキゾチックな車を買う余裕なんてあるはずもなかった。だからシェフィールドにポルシェはなかった。イギリス全土にも、何百台もあったというわけではなかった。当時は911を一台買うには三年分の年収が必要だった。ごく少数のやつらを除いて、ほとんどの人間には望みもなかった。

その希少さが好奇心を誘った。加えて911が発売されたのは石油危機とほぼ同時で、ガソリンの値段は跳ね上がっていたのだから、相当に珍しいエキゾチックな動物を見るようなものだった。ポルシェはファンタジーの産物だった。七〇年代に子どもだったなら、世界のどこで育っていようと、寝室の壁には次の三枚のポスターのうち一枚が貼ってあったはずだ……ポルシェ・ターボ、ランボルギーニ・カウンタック、フェラーリ・512ベルリネッタ・ボクサー。その三台が当時の「ザ・スーパーカー」で、トップスリーだった。俺の部屋には911・930のターボのポスターが貼ってあり、パーツの分解図が載っていた。ダイキャストのミニカーも持っていた。友人たちとはトップ・トランプという名前の、スーパーカーのカードを使ってゲームをして遊んだ。誰のカードが一番馬力が強く、一番アクセルの利きがいいか？　カードの山の中にはベクターやランチア・ストラトスといった変てこでクレイジーな車もあったが、最高なのはポルシェ９１１ターボだった。そのカードを持っていれば、ゲームに勝てた。場に出せば、それ以上に強いカードはなかった。俺にとって９１１ターボは、今も昔もポルシェの理想だ。

この本全体においても大事な部分なのだが、一九七七年のある日、９１１ターボは俺の少年時代に決定的な影響をもたらした。あの瞬間、９１１は寝室の壁にセロテープで貼ったポスターでも、トップ・トランプで勝ちを保証するカードでもなかった。

ある種の記憶が脳に焼きつくというのは、考えてみれば妙なことだ。もっと詳しく言うならば、ある物語の特定の部分が焼きつくのだ。これまでに何度もインタビューを受けてきたが、俺は「ポルシェにのめりこんだ経緯」について繰り返し語った。初めてポルシェを買い始め、改造を始めたときのこと。振り返ればすべては一九七七年に始まったのだった。俺は十歳で、親父と一緒にロンドンのアールズコート・モーターショーに行った。その手のショーに行くのは初めてだった。ロンドンに行ったことさえ、たぶんなかったはずだ。よく旅行をする家族ではなく、ロンドン行きはかなりの冒険だったというわけだ。一九七七年はパンクロックの年で、かつ女王の即位二十五周年だったので、ロンドンには華やかな空気が漂い、人があふれていた。

シェフィールドを発ち、バスでロンドンに向かったことを覚えている。それから確か別のバスか電車に乗り換えてロンドンを横切り、アールズコートに行ったはずだ。細かいことは、はっきり覚えていない。会場のことでさえ、あまりよく覚えていないのだ。一九七七年のモーターショーをグーグル検索してみると、出てくる画像は七〇年代の派手な色彩、すなわち青いカーペットや赤いドレープに満ちている。だが今どきのギラギラした大きなモーターショーとは違う。当時はもっと小さな産業だったのだ。俺の手元にはページの端っこが丸まった雑誌がまだあって、ショーの論評を読んでみると、フェラーリ・308GTBが売りに出されていたと書かれている。一万二千七百五十ポンドのポルシェ・ターボより千五百ポンド安かった。

俺たちは丸一日会場で過ごし、カタログを集め、車を眺め、あたりをぶらぶら歩いたりした。やっぱり、あまり詳しく覚えていない。ただくっきりと記憶にあるのは、白のマルティーニがポルシェのスタンドに飾られていたことだ。有名な赤白青のリバリーがあしらわれ、リアフェンダーはワイドで、もちろんホエールテールだった。スタンドそのもののことは、ぼんやりとしか記憶にない。あれから確認してわかったが、他に展示されていたのは924とSCだった。展示の規模としては小さかったわけだが、十歳の俺の目にはマルティーニはひときわ目立って見えた。ランボルギーニやフェラーリなんかよりも目立っていたのだ。

いわゆるリミテッド・スリップ・デフについて、親父が教えてくれようとしたのは覚えているが、その理屈はもうひとつよく理解できなかった。確かに各部の説明つきのポスターは持っていたが、車の細部については知識がなく、スプールアップの技術的な仕組みについてもちゃんとわかっていなかった。芝刈り機のたぐいを分解して、元どおり組み立てて喜ぶようなタイプの子どもではなかったのだ。単に車の外見が気に入ったという、それだけの話だった。赤白青のリバリーには不思議に心惹かれるものがあり、スポイラーは十歳の俺の目の高さくらいで、「ターボ」と書かれた小さなプレートが目に入った。あれくらいの年齢の頃は、車に惹かれる理由がまだはっきりわからないものだ。直感的な反応なのだろう。俺は車を目にして、反応した。もちろん子どもの頃は、そんな出来事の重要性には気がつかないものだ。

あの瞬間、俺の人生は決まった。

ポルシェのカタログを手にして、俺は会場を後にした。小ぶりの折り畳まれたカタログで、六ページくらいだっただろうか。親父と一緒にシェフィールドに帰り、二週間後にはシュツットガルトのポルシェ本社に手紙を書いて、大人になったらポルシェのデザインをしたいと訴えた。驚いたことに先方からは返事があった。本当の話だ。確か「大人になったら連絡をくれ」とか書いてあったはずだ。残念なことに、その手紙はなくしてしまった。引っ越したりしているると、いろいろなものがどこかに紛れてしまう。

それでも、ポルシェに対する情熱は決してなくならなかった。やがて俺は車を通して、より複雑かつ愉快な旅に出ることになる。シェフィールドという鉄鋼の町で始まり、ロサンゼルスの都会のジャングルを駆け抜け、八〇年代のロックンロールをくぐり、苛烈なアパレル業界を生き抜き、ハリウッドのカオスな世界を泳ぎ、あちらこちらで車をふっ飛ばし、いくつものとんでもない体験に彩られた旅に。

一言でまとめるなら、ポルシェを所有するというガキの頃の夢を、俺は一度としてあきらめなかった。あの頃の俺にとっては、どれほど手の届かない夢に思えたとしても。

おかげで自分がどんな旅をすることになるか、想像もできなかった……。


手はじめに、最初の最初について語ることにしよう。俺は平凡な子ども時代を過ごした。周りの仲間とたいして違うところはなかったはずだ。正直言って、金はそんなになかった。子どもの頃、自転車やスケボーなど、周りのみんなが持っているものを持っていないということもあった。だが、同情は無用だ。今振り返っても、俺が恵まれていなかったということはない。七〇年代のシェフィールドのガキには、ごく普通のことだった。

親父は一九四〇年、お袋は一九四四年生まれで、つまり二人とも五〇年代から六〇年代にかけて多感な時期を過ごしたビートニク世代だった。ビートルズやキンクスを見たという話を聞かせてくれたが、二人の音楽的なテイストはもっと古かった。どちらも今どきのティーンエイジャーという言葉が定着する前の、五〇年代半ばから後半にかけて社会に出ていたからだ。二人はロニー・ドネガンやバディ・ホリー、ビル・ヘイリー&ヒズ・コメッツ、最初期のロックンロールをよく聴いていた。当時の若者ならみんなそうだったように、親父は当然のようにスキッフル・バンドに加わっていたという。

お袋のリンダ・ベネットは、親父と付き合い始めたとき十六歳だった。親父の名前はちょっと変わっていて、ミゲル・ウォーカーといい、どうやら妙な名前をつけたがる家系らしい。友人からはミグ・ウォーカーと呼ばれていた。親父の一家はいささか風変わりだったようだ。俺の祖父は空軍の修理工で、その技術は親父に受け継がれた。機械の仕組みを理解し、車をいじるのが得意だったのだ（長い年月の後、俺自身がその技術を体得することになる）。戦争の後、ウォーカーのじいさんは車の販売員になり、後に骨董品を売り買いするようになった。じいさんは町の向こうに住んでいて、典型的な軍人気質の男といった雰囲気で、めったに笑うこともなかった。正直言うとガキの頃、俺はじいさんにはあまりなつかなかった。愛想もなかったし、一緒にいても楽しくなかったのだ。だがじいさんが、ロシアのモスクビッチ自動車会社の販売員をやっていたことは覚えている。あちこちで車のショーを開催し、ばあさんも一緒に行ってカタログを配っていた。これまた何十年もあと、俺自身が愛する妻のカレンと一緒にやることになる。何年も経ってから文章にしてみると、当時は気づかなかったが影響を受けていたのがわかる。

お袋の側の家族も、なかなか個性的だった。父方と母方のどちらも商人の家系だった。母方のじいさんのジョーとばあさんのビブは二人とも陶器を扱っていて、五〇年代から六〇年代にかけては、今はもうないシェフィールドのシェフマーケットに店を構えていた。二人ともうまく陶器を売って、後にはヨーロッパ全土の展示会を回るようになった。

二人はいつも新しいチャンスに目を光らせていた。陶器に「奇跡の」クリーニング剤をつけて売ったこともあるし、刷毛《はけ》のような彩色の道具をつけていたこともあった。あの頃のイギリスには、こういった商品を売って生計を立てる労働者階級の連中がどっさりいた。今思えば、TVショッピングの先駆けだったのだろう。みんなブースの中や、展示会場のテーブルの後ろに立って、「さあ見ていらっしゃい、遠慮はご無用、ひとつ買ったらひとつおまけだよ」と、昔ながらのやり方で目の前を行く客に直接声をかけていた。大変な仕事だったはずだ。

母方のじいさんとばあさんは俺たちの家から四百メートル足らずのところに住んでいたので、しょっちゅう顔を合わせていた。ビブばあさんは、食事の時間になると決まって顔を出した。俺は一緒に出かけて商売を手伝うこともあった。ジョージじいさんが「テックス・クリーン」という名前の奇跡のクリーニング剤を売るというので、車でペナイン山脈を突っ切り、マンチェスターに行ったこともある。じいさんはシルクハットに三つ揃えのスーツ、それにコートという、絵に描いたようなイギリスの田舎紳士の格好をして、市場で見事な口上を述べることがあった。俺はそんなじいさんを見ているのが好きだった。シャツの襟にちょっとだけしみをつけて、宣伝文句を言うのだ。「さあて、このしみをご覧ください、紳士淑女の皆さん、なんだかわかりますか？　ヨウ素ですよ」おもむろにテックス・クリーンの粉を取り出し、水で溶いてちょっとすり込むと、もちろんしみは魔法のように消えた。亡くなる五年前まで、じいさんはピーク・ディストリクトのベイクウェルで商売をやっていた。週末になると小さなスタンドを構えて、瓶入りのトフィーを売っていたのだ。

あの頃、自分の店を持っている人間は誰もいなく、市場にスタンドがあっただけだった。要するに、そういう時代だったのだろう。今でも口上を述べる人間を見ることはあるが、俺が多少昔懐かしい気分になっているにしても、昔の商売人は格が違った。個性豊かな商売の達人たちだった。気が遠くなるほどの年月、ああしたことをやっていたのだ。つまり俺の一家には商売人の血が流れていたわけで、後ほどお目にかけるように、俺自身がセールスに手を出す素地もそのへんにあったというわけだ。

最初に記憶している土地はウィッグフル・ロードの家で、実はかなり広かった。ヴィクトリア朝式の居心地のいい家で、両親は三千百五十ポンドで買ったという。シェフィールド大学の目と鼻の先だったので、学生を下宿させていた。シェフィールドは医大のある街として有名で、学生のひとりは歯医者を目指すインド人だったのをぼんやりと覚えている。俺がインド料理にハマるきっかけだった。親父は料理が好きで、本格的なカレーの作り方をその学生から教わっていた。

親父とお袋は、よくいる労働者階級の人間だった。親父はセールスマンで、いろいろな仕事をやっていたが、ひとつの職場に長くいることはなかった。あるときはブリティッシュ・テレコミュニケーションで電話の販売をやっていたし、投資をしていたこともある。うまくいくと踏んでいたようだが、親父の挑戦は失敗に終わり、随分とへこんだことだろう。その後はエアコンの部品を販売する親戚の会社で働いていた。親父は創造性豊かだったが、自分のそういったところを生かそうとは思わず、リスクを冒す気にはなれなかったようだ。状況が許さなかったのかもしれない。子どもは三人いたし、請求書は次々届いた。とはいえ親父は一度だけ、情熱を追おうとした。高精度時計や腕時計というものに興味があって、わざわざウィゼンショウ・カレッジに通い、時計学を修めたのだ。家計の負担は大きかっただろう。資格を手にすると、ウォーカーじいさんの骨董品店の二階で時計の修理屋を始めた。残念ながら商売はあまりうまくいかなかったようで、親父はつらかっただろうし、お袋も大変だったと思う。結局、親父は店を畳んで仕事を探さなければならず、今度はモーターリンクという会社でナットやボルト、スナップオン・ツールなんかを販売するようになった。個人商店を車で訪れて、箱いっぱいのナットやボルトを見せ、車のトランクから直接売るのだった。

親父は自分が望むものを必ずしも手に入れられなかったようだ。頭のいい人で、いつも雑学をいろいろと教えてくれるので、俺たちは面白がったものだ。親父は物知りだった。だがそのことを生かせる分野には巡り合えなかった。悔しいことに、友人や家族の多くは成功を収めていたのだが、親父は自分で何かを始めるタイプではなかった。その理由はさておき、さぞかし歯がゆい思いをしたことだろう。

前にも言ったように、あの頃の我が家は台所事情が苦しかった。たとえば七〇年代はイギリスの家族が遠出をするようになった時代で、フランスやマヨルカ島に行く家族もいたはずだ。遠距離の家族旅行の時代だった。だが俺の家族は一切縁がなかった。親父とお袋は、行きたくもないところに俺を引っ張っていくばかりだった。じいさんが骨董品を扱っていたせいで、家族の外出といえばチャッツワース・ハウスのような、「文化的な」場所を訪ねることだったのだ。ティーンエイジャーにとっては、ありがたくも何ともないところだ。それより遠くに行ったときといえば、スカーバラやスケグネス、ブリドリントンのような、昔ながらのイギリスの海辺の町だった。ある年は、いかにもイギリス人らしい旅行に出かけた。南フランスのような華やかなところではなく、簡単に仕立てた小屋でキャンプし、太陽が顔をのぞかせたら運がいいというものだった。

よく考えてみたら、何度かスイスに行ったことはある。それなりの遠出のように聞こえるが、親戚がいたというだけだ。一九七七年のスイス旅行のことは、バスで移動したので鮮明に覚えている。飛行機に乗る金がなかったので、家族五人が何日もバスに揺られる羽目になったのだ。三人の幼い子どもたちにとってはうんざりするような旅で、たぶん親父とお袋も飽き飽きしていただろう。

嘘のような話だが、スイスに着いた俺たちは城に宿泊したのだった。おばさんの結婚相手がスイス人で、グランソン城博物館を管理するため、スイスに移住していたのだ。小さな町の中世の城の持ち主は、イタリア人の実業家だった。スクデリア・フィリピネッティという名前のレーシングチームも持っていて、ル・マンでフェラーリを走らせていたこともあった。その実業家が亡くなったあと、車のコレクションは博物館で展示されることになり、おばさんの旦那が博物館とコレクションの管理を引き受けたので、一家は城の一角に住んでいたのだった。博物館にはレース用のフェラーリが展示されていたし、俺の記憶が正しければグレタ・ガルボ所有のロールスロイスと、最初期のスチームカーも置いてあった。なかなかのものだ。おばさんには俺のいとこにあたる、オリバーという名前の同い年の息子がいて、一家は毎年クリスマスになるとダイムラーでシェフィールドにやってきた。俺たち兄弟とオリバーは一緒に出かけ、楽しく過ごした。一九七七年にかぎって、俺たちのほうがスイスを訪れたのだった。イギリスの海辺の町の休日と比べたら、格段の進歩だ。いとこと一緒に遊び、博物館の中をうろついて格好いい車を眺めるのは悪くなかった。その年の休日のことはよく覚えている。エルヴィス・プレスリーが死んだ年でもあったからだ。

車という点に関しては、俺の家族はたいしたものを持っていなかった。親父はスポーツカーに興味があったが、乗っていたのといえば会社のオースチン・7やフォード・コルティナという程度だった。実家のガレージにはスポーツカーなんてなかったし、ポルシェなどあるはずもなかった。地元の歯医者がポルシェを持っていたのを覚えているが、たぶん比較的手ごろな924だっただろう。それでもかなり珍しいことだったが。ただし、この本を書くにあたって今思い返すと、親戚の中には随分と珍しい車を持っていた連中もいて、子ども心にそういうものは大きく影響するのだった。

お袋の女きょうだい二人のひとりスーザンは、なかなか腕のいいデヴィッドというグラフィックデザイナーと結婚した。デヴィッドおじさんは、すごい車を持っていた。一番俺の記憶に残っているのはフェラーリ・ディーノだ。一九七四年頃のことで、まだ相当珍しかったし、製鋼工場の煙が垂れ込め、華やかなイタリアのモデナから遠く離れた街では異例のことだった。俺は時々ディーノを見るためだけにデヴィッドの家に行った。おじさんは結局その車を308GTBと交換するのだが、今から考えれば賢い投資とは言えないものの、そう悪いことではなかったはずだ。新しいフェラーリを選ぶのは、楽しいことだ。その後はロータス・タイプ47という、現在の基準でもずいぶん車高が低く、変わった外見の車に乗っていた。工場から部品の状態で直接買ったのだった。問題は、デヴィッドに組み立てるだけの十分な知識がなかったということで、親父が手助けする羽目になった。どうやら親父はなかなか手先が器用だったようだ。

お袋側のもうひとりのおじ、ミックはマーケットトレーダーで、Eタイプのジャガーに乗っていた。母方の親戚には年に一度しか会わなかったが、そのジャガーを見られると思うといつもワクワクした。親父が乗っていた車はごく平凡だったが、もっと派手な車に触れる機会はあったというわけだ。子どもの頃はあまり意識しないものだが、車に囲まれていたことは俺の幼い精神に何らかの影響を及ぼしたのだろう。少なくとも俺にとって、車はA地点からB地点に移動するためだけのものではなかった。

今思えば、親父には何かと影響を受けた。さっきも言ったようにモータースポーツカーが好きな人で、俺が成長して親父の趣味を理解するようになると——一九七〇年代半ばのことだったが——スポーツカーは俺にとっても人生の中心になるのだった。もちろん親父にはそんな車を買う金などなかったが、美しいヨークシャーやダービシャーをドライブするのは好きだった。俺たちはよくモータースポーツの大会を観戦した。F1のこともあれば、それ以下のカテゴリのこともあり、TVで観ていただけではない。オウルトン・パーク、ドニントン・パーク、マロリー・パーク、キャドウェル・パークなんかにレーシングを観に行った思い出がある。モーターレーシングが大人気だった時代で、いつも華やかだったし、危険な事故が起きることもしょっちゅうだった。ジェームス・ハントが一九七六年にF1のタイトルを獲得し、バリー・シーンがダブルモーターバイクの世界チャンピオンになった、イギリスのモータースポーツ界の黄金時代だった。俺はラリーにもハマっていた。ロジャー・クラークやスティグ・ブロンクビストといったスターがいた。俺と親父はレーシングカーを夢中で眺め、ゴムの匂いや煙、音、危険な空気を味わうのだった。俺はそんな時間を心から楽しんだ。

週末には「ワールド・オブ・スポーツ」というＴＶ番組をやっていて、司会は額のあたりに白いものが混じった、ふさふさ頭のディッキー・デイヴィスだった。一週間のスポーツを総まとめする番組で、モーターレーシング、ラリー、競馬、スキー、テンピン・ボウリングやゴーカートが特集されることもあった。番組は八〇年代半ばまで二十年近く続き、ほとんど全員が観ていたのではないか。土曜になると俺もＴＶにかじりついて、モータースポーツの最新ニュースに耳を傾けた。

スポーツとは対照的に、学校には興味が持てなかった。シェフィールドのような労働者階級の町で、「マグナス」という名前は気取りすぎていた。学校にはアンドリューやデヴィッド、スティーブンやポールがうじゃうじゃいたが、朝礼で出席を取るときマグナスなんて呼ばれるのは俺ひとりだった。親父とお袋がどこからそんな名前を拾ってきたのか知らないが、ビートニク世代の趣味なのかもしれない。事情はよくわからない。変わった名前といえば、俺の兄貴もセント・ジョンといった。妹はもうちょっとまともで、ナオミ・イザベル・ベネット・ウォーカーという名前だ。はっきり言って、マグナスは最悪だった。だから学校の連中には絶対に、フルネームがマグナス・ルシアン・タイタス・ベネット・ウォーカーだなんて言わなかった。当たり前だろう。マグナスというだけでからかわれたのだから、ルシアン・タイタスなんて言おうものなら目も当てられない。マグナスはラテン語で「偉大な」という意味で、そう言われれば格好いいが、意地の悪いガキどもに囲まれた小学生にとっては何の慰めにもならなかった。はっきり言って、自分の名前が嫌でしかたなかった。いじめの標的になるのはたまらなかった。ただし言葉でからかわれるだけで、暴力を振るわれることはなかった。いっぺんだけ地元のパブで、不良と喧嘩をする羽目になったが、そいつをのしてやるともうそれ以上の面倒になることはなかった。だが口では散々に言われた。そんなことは日常茶飯事だった。当時はあまりよく考えなかったが、四十年経った今になってみると、嫌でしかたなかった名前のおかげでメンタルが鍛えられ、早いうちから強くなれたことがわかる。ただしもうひとつ問題はあり、俺は一時期吃音《きつおん》に悩まされていた。時間とともに克服したが、学校ではだいぶ嫌な思いもした。さっきも言ったように、あれくらいの年齢のガキどもというのは残酷なものだ。

　当然の成り行きかもしれないが、そうやっていじめられた俺はどこか浮いた存在になった。クラスの人気者のひとりというわけではなく、どっちかといえばアウトサイダーだった。クールな連中と一緒に運動系の部活に入っていたことはないし、サッカーもクリケットもやらなかった。チームスポーツが苦手だったのだ。そのかわり九歳頃から、長距離走にのめり込むようになった。走ることは逃げ場だった。誰にもからかわれず、悪口も浴びせられず、気の利いた連中と付き合わなければいけないわけでもなく、ただ外に出てひとりで走っていればよかった。クロスカントリーに興味を持ったきっかけはよく覚えていないが、「浮いた存在《ローナー》」と「ランナー」というのは、どこか響きあうところがあるのだろう。

意外かもしれないが、当時のイギリスは中距離走の牙城だった。セブ・コーとスティーブ・オヴェットという二大ランナーが、トラック上で伝説的な争いを繰り広げていたのだ。二人は一九七二年、クロスカントリーの学生大会で初めて顔を合わせたという（どちらも優勝を逃している）。それから十年ほどで、二人ともトラックの王者になり、レースの一分一秒が世界中に中継された。ほかにもブレンダン・フォスターのようなワールドクラスのランナーがいたし、後にはスティーブ・クラムも登場した。あの時代のスポーツファンの例に漏れず、俺は連中が互いの世界記録を塗り替え、オリンピックのメダルを奪い合うのを夢中で観た。学校に溶け込めず、長距離走という孤独に慰めを見出していたガキにとって、そういった選手たちは憧れだった。

実際のところ、俺はランナーの素質があり、自分でそのことに気づくと俄然やる気になった。それから四年ほど、ひたすら走り続け、走ることにすべての時間を費やした。一日二回、週に五、六回は近所の路上や坂で練習した。たちまちいくつかの大会で優勝して、トロフィーを持って帰ることになり、俺は有頂天だった。その後レベルアップのために地元のスポーツクラブ、ハラムシャー・ハリアーズに入団した。シェフィールド・ウェンズデイＦＣの本拠地ヒルズボロ・パークの目と鼻の先にある、評判のスポーツクラブだった。一時期はなんとセブ・コーがそこでトレーニングしていて、俺はますます彼に夢中になった。今に至るまでの思い出は、大会の参加証にセブ・コーのサインをもらったことだ。

あの頃、親父にはいろいろと協力してもらった。放課後、俺はバスに乗ってヒルズボロに走りに行き、親父も仕事が終わるとやってきて車で伴走し、ペースメーカーを務めてくれた。親父は俺のことが自慢だった。俺は真面目にランニングノートをつけていて、そのささやかな「ランナー日誌」は今でも大事に持っている。毎日どれくらいの距離を走ったのか、どんなことを考えていたのか、速さはどれくらいだったのか、改善点はどこにあるのか、天気はどうだったか、といったことが記録されていた。俺は超がつく几帳面だったし、熱心そのものだった。一番ランニングに夢中になっていた頃は、週に六十〜八十キロ走っていた。努力のおかげで地元の大会では何度も優勝し、シェフィールド・スクールボーイズ選手権で優勝するという大きな成果もあげたのだった。やがて全国レベルで勝負するようになり、ヨーロッパの大会にまでエントリーした。ドイツで開催されたレースのことはよく覚えている。タフなコースで、大会のレベルはびっくりするほど高かった。つまり俺は、悪くないランナーだったのだ。

クロスカントリーは自分との戦いだった。絶対にあきらめず、足を前に運び、モチベーションを保ち、簡単にはへこたれず、強い意志で目標を達成するのだ。クロスカントリーに求められる姿勢は、俺にぴったりだった。試合に勝つのが楽しかったのはもちろんだが、ランニングは自信と早い時期からの自立心を与えてくれたのだと思う。ランニングのおかげで俺の心は鍛えられた。「長距離走者の孤独」とも言うが、俺にとっては貴重な経験だった。

第２章

頑固者の青春

親父とはモータースポーツを一緒に観たし、ランニングも応援してもらったが、思春期になるとぶつかるようになった。手短に言えば、俺の十代を通して親父は苦労が絶えなかった。自分の人生は順調とはいかなかったし、息子である俺も変わっていったからだ。仕事のあと、当時のイギリスの労働者階級の男はほとんどみんなそうだったように、親父はパブに向かった。ヘビースモーカーでもあり、シニアサービスやジョン・プレイヤー・スペシャルをフィルターなしで吸っていた。七〇年代では珍しくもないことだった。ガキにしたら大人というのはみんなタバコを吸うもので、クリーム色の壁がニコチン色に染まってしまうから、五年ごとにウッドチップの壁紙を張り替えるのだった。親父は好きでもない仕事をするのが苦痛だったのだろうし、いろいろうまくいかないことに苛立っていたのだろう。たぶん友人の大半より頭がよかったのに、そいつらのように成功を収められないので失望していたようだ。

親父の仕事の浮き沈みは、俺たちの住む家という形であらわれた。ウィッグフル・ロードの広いヴィクトリア朝の家を出たあとは、たぶん家計が苦しかったのだろうが、ペンリン・ロードのちっぽけな家に住まなければいけなかった。俺にとって親父の存在感がひどく希薄な時期もあった。昔はモータースポーツとランニングという趣味を共有していたのだし、とりわけ俺のその後の人生の展開を考えると、親父からは大きな影響を受けたといえる。だが俺がロックミュージックにハマり、女の子や酒の味を覚えると、俺たちの関係は変わっていった。さっき俺は、ガキの頃スケボーは持っていなかったと言ったはずだ。正確に言えば、いっぺん小遣いで買ったのだが、親父に使うことを禁止されたのだ。親父はそんなふうに振る舞うことがあった。そうやって押さえつけられるのは、大人の入り口に立ったティーンエイジャーには大きな不満の種だった。

十四歳にもなると、俺はロックミュージックのとりこだった。親父も若い頃はスキッフルバンドをやっていたのだが、家の中ではそれほど頻繁に音楽が流れていたわけではなかった。8トラックのデッキがあって、「ベスト・オブ・ブレッド」やカーペンターズの曲が流れていたが、それもいつもというわけではなかった。親父はギターの弾き方をちょっとだけ知っていて、あるときギブソン・SGを買ったのだが、俺にはほとんど触らせてくれなかった。いつだったか、理由は忘れたが兄貴とギターの取りあいをしたあげく、床に落としてしまい、案の定ネックは二つに折れた。二人のティーンの兄弟の目の前で、スローモーションで床に落ちていき、ネックが砕けるギター。悪夢そのものだ。ギターは修理に出されて、二度と戻ってこなかった。

さっきも言ったように、十四歳の頃から俺は髪を伸ばし、二年ほどのあいだに女の子と酒の味を覚えた。走ることにはふいに興味が持てなくなった。十五歳になればパブに入店でき、酒を飲んだりガールフレンドを作ったりできたからだ。俺の新しい「趣味」は、どちらも長距離ランナーとして緻密に体を作っていくこととは相性が悪く、走る距離はみるみる落ちた。ランニングから遠ざかるにつれて、ランナー日誌を書くこともやめてしまった。それがクロスカントリー選手としての最期だった。

かわりにモーターヘッドやステータス・クォー、UFO、サクソン、レインボー、その他新世代のイギリスのヘビメタが生活の中心を占めるようになった。モーターヘッドの「エース・オブ・スペーズ」がリリースされたのは一九八〇年のことで、もちろん俺は夢中になった。地元の大学で連中の顔を見たこともある。ただし俺は、パンク一筋にはならなかった。モーターヘッドにはパンクとロッカーの両方に訴えかけるところがあったのだ。バンドの演奏を聴きに行くと、隣にいるのはエクスプロイテッドのジャケットにU・K・サブスのTシャツ、髪はモヒカン刈りの野郎ということがあった。八〇年代前半、シェフィールド出身のデフ・レパードは世界的に人気が高まっていて、地元のヒーローだったし、一時期は世界最高のバンドともいえた。俺はバーンズリー近郊出身のサクソンも好きだった。こういったバンドの多くが、市内でデビューを飾っていたのはラッキーだった。おかげでビッグネームのギグに行けたのだ。毎週木曜の夜の「トップ・オブ・ザ・ポップス」が楽しみで、モーターヘッドやサクソン、シン・リジィに耳を傾けた。最高だった。

シェフィールドは音楽の町だ。著名なナイトクラブのオーナーのピーター・ストリングフェローは、六〇年代に市内にクラブを一軒持っていたし、ジョー・コッカーも町の名士だった。さっき挙げたロックバンドのほかにも、八〇年代初頭のシェフィールドにはシンセポップが根づいていて、ヒューマン・リーグやヘヴン17、ABCやキャバレー・ヴォルテールなんかが活躍していた。ヒューマン・リーグのリードシンガーのフィル・オーキーは、俺の実家の近くのでかいヴィクトリア朝の邸宅に住んでいて、ナンバーワンヒット「愛の残り火」を出したあとでも、フィッシュ・アンド・チップスの店で見かけることがあった。シェフィールドは、エコー&ザ・バニーメン、ジョイ・ディヴィジョンやニュー・オーダーを擁するリバプールやマンチェスターにはかなわなかった。それでもこの町は、俺にとってロックミュージックの聖地だった。シンセポップを耳にすることも多かったが、そっちにはさほど興味が持てなかった。

やがて音楽の趣味が同じ友人たちとつるむようになった。ビッグネームの演奏は、二ポンド五十ペンスから三ポンドくらいで聴くことができた。俺は一ヶ月前にチケットを入手し、当日を心待ちにした。毎週「ニュー《N》・ミュージカル《M》・エクスプレス《E》」や「サウンズ」、「ケラング！」のような音楽誌を入手し、熱心に読みふけっては、シェフィールド周辺のロッククラブに通いつめた。「レベルズ」はヘビメタ一辺倒のクラブで、月曜になるとそこへ行った。夜十時前に入店すれば無料だったし、ビールも一パイントあたり五十ペンスで飲めたからだ。若いロックファンは「リードミル」に行って、ザ・キュアーやバウハウスを聴くことが多かったが、ロック中毒の連中はレベルズに集まるのだった。

週に三、四回は、クラブやギグに行った。初めてモンスターズ・オブ・ロックに行ったのは一九八二年のことで、免許を持っていた学校の友人の車に乗せてもらった。シェフィールドからドニントンまでは結構な距離で、イギリスなら当然だが、じゃんじゃん雨が降っていた。家に戻ったのは真夜中で、ひどく心配したお袋が起きて待っていた。

当時の俺はロン毛に加えて、デニムレザーのジャケットを羽織り、ばっちい破れジーンズを穿いて、足元はコンバットブーツという格好をしていた。ロッカーの例に漏れず、ジャケットにはパッチをつけた。パッチの源流は四〇年代にまでさかのぼることができるし、もっと古いバイク・カルチャーにもその芽はうかがえる。自分らしさを主張する手段なのだが、何かの一部であると示すことでもあった。俺はデニムのジャケットを買って、両袖を切りおとし、ブリーチした。お袋は縫いものが得意で、シンガー社のミシンを使って自分や娘の服を作っていた。息子がやることなら何でも応援してくれたので、俺がデニムをカスタマイズすることに興味を持つと、古いリーバイスを縫ってきつめに仕立てる方法や、ジャケットにパッチを縫いつける方法を教えてくれた。俺はサクソンのロゴをデニムジャケットの背中に縫いつけ、マイケル・シェンカー・グループの頭文字「ＭＳＧ」も描きこんだ。レインボーやブラック・サバスのパッチも縫いつけた。お袋も俺も、縫いものの練習がのちにたいそう役立つとは思いもしなかった。

学校は相変わらずだった。お袋のおかげで古い通知表が残っていて（俺がガキの頃の品を全部取っておいてくれているのだ）、読んでいるとなかなか面白いのだが、その理由はちょっとイカれている。一九八一年のシルバーデイル高等学校の通知表には、こんな気の利いた教師のコメントが載っている。「この通知表からわかるのは、マグナスが能力を出し惜しみしているということだ。本人が努力をする気になるまで、成績の改善は期待できないだろう」こんなのもある。「マグナスの学習への取り組みは一年を通して不足していた……マグナスは学業にいささか苦労している……マグナスは語学に向いていない……期待を下回る成績」個人的に気に入っているのは、生物の教師のコメントだ。俺が試験で半分ちょっとしか点を取れなかったことを、こんなふうに短く評したのだ。「見事な期待はずれ」。大人になった今考えると、確かにもっと熱心に勉強するべきだったかもしれないが、生物の教師のほうだってもう少し通知表の作成に力を注いでもよかったんじゃないか。

十四歳のとき、俺にはガールフレンドができた。ロックミュージックに加えて、恋愛が生活の大部分を占めるようになった。補習クラスに出席する時間なんてなかった。昼休みに家に帰って、彼女といちゃつくのだった。俺は馬鹿だったわけではなく、通知表を読めばわかるように、完全に手を抜いていた。その頃には学校が肌に合わないと決めていたので、最終学年の終盤でいわば「脱落」してしまった。要するに何もしなくなってしまい、もうどうでもよくなっていたのだ。別に授業を全部サボったり、学校から抜け出したりしたわけではなかったが、教室にいるあいだも心ここにあらずだった。クラスメイトには十科目のOレベル試験（イギリスで行われる全国共通試験）を受けようとしている連中もいた。俺は四科目だった。結局二科目しか合格できず、英語ではC、地理ではBだった。数学と物理は不合格だった。当時はシェフィールドのみならず、イギリス全体でも失業率が高かったので、Oレベルを二科目取っただけで社会に出るのは、輝かしい未来を約束されているとはいえなかった。

自分がどこへ行って何をしたいのか、俺には野心もビジョンもなかった。ただ音楽と夜遊びが好きなだけの若者だったのだ。長距離走に発揮された集中力が、ロックミュージックに発揮されることはなく、大半のファン同様にバンドをやることを漠然と考えていた程度だった。ひと夏をロックコンサートめぐりに費やし、思い出が詰まったプログラムを今でも持っている。だが別の言い方をするならば、充実した日々を過ごしていたわけではなかった。俺は実家暮らしの「プー太郎」で、親父とはぶつかってばかりいた。俺がロン毛にしたことが、親父はどうしても気に入らなかったようだ。ありがちなことだが、こんなふうに言われた。「この家で暮らすなら、そんな髪型はするな。髪を切ってさっさと就職しろ」だが同じ頃親父も職を失って、失業保険に頼るようになり、腰が痛いと文句ばかり言うようになった。昼まで毛布をかぶってゴロゴロして、午後になるとやっと起き出し、七時にパブに行って十一時までそこで過ごすのだった。しょうがなくお袋が金を稼いでくるようになった。

たぶん親父はうつ状態だったのだろうが、当時はそういったことが堂々と語られる時代ではなかった。家の中の空気はよどんでいた。お袋だけはいつもどおりやさしく、俺が髪を伸ばしていようと気にしなかった。だがロン毛は親父の神経を逆なでするのだった。あまりに喧嘩が続いたので、とうとう俺は親父を避けるようになった。親父が家にいるとわかると外出するようになった。鉢合わせを避けていたのだ。お袋はもっと安定した人間だった。俺も昔通ったブルーム・ヒル・インファント・スクールで、二十年以上も仕事を続けていた。我が家の守り神のような存在で、お袋のおかげで家族はバラバラにならずにすんだのだと思う。お袋のことは心から尊敬している。お袋との絆は絶対で、いつもそばにいてくれたことに本当に感謝している。芯が強く、聡明で、いつも俺を気遣ってくれる、そんなお袋に恵まれたのは幸運そのものだ。

一見したところ、俺は音楽を聴いて酒を飲んで遊んでいるだけのガキだったが、一皮めくればそう単純でもなかった。集中したいことが見つかれば、全力で打ち込んだ。たとえば親父の知り合いが、工事現場での日払いの仕事を回してくれたことがある。モルタルのついたレンガを洗ったり、漆喰《しっくい》を混ぜたりという単純作業で、給料は一日十ポンドだった。親父の知り合いは、マグナスほどの働き者は見たことがないと何度も言ってくれた。単純作業だったが、十分すぎるほどのやる気を発揮したのだった。工事現場でだらだら過ごすような真似はしなかった。一日はあっという間に過ぎたが、それはいちいち頑張りを求められたからでもあった。廃棄物の容器をできるだけ早く満杯にしたり、左官の動きを一歩先取りして、バケツの漆喰がなくなる前に新しく用意しておいたりということだ。俺は嬉々として仕事に取り組んだ。休憩時間を心待ちにしている連中とは違った。別にほかの連中を出し抜こうとしていたわけではない。自分を駆りたてていたのだ。クロスカントリーに取り組んだおかげで、早くからその方法を身につけていて、仲間よりも自分自身と勝負することを望んでいた。

十七歳のとき、新しい彼女ができて、六ヶ月ほど同棲した。モナーク航空のキャビンアテンダントで、ミルトン・キーンズ郊外に実家があったので、週末になるとバスに乗って遊びに行った。やがて彼女がシェフィールドに引っ越して一人暮らしを始めると、一時的にそこへ転がり込んだ。この頃にはロックミュージシャン風のロン毛を卒業して、ハノイ・ロックス×ヴィンス・ニール風に脱色し、ウェーブをかけた金髪をなでつけ、メイクやマスカラをして、グラムロックな外見をしていた。

俺はまだ、自分が何をしたいのかよくわかっていなかった。工事現場でそれ以上働く気がなくなると、失業保険をもらいに役所に行ったが、就職カウンセラーの一存で俺の適性とは一切関係のない仕事をあてがわれるのにはうんざりだった。シェフィールドは鉄鋼の町として有名で、何世紀もの歴史があった。実際のところ、車の部品として必ず使われるステンレス鋼はシェフィールドで生まれたのだ。だが七〇〜八〇年代にかけて、国外の製鋼業者と激しい競争が起きた。シェフィールドが発展するきっかけになった産業は勢いを失い、みるみるうちに落ちぶれていった。ほぼ同じ時期に、イギリス北部の地域と生活の中心にあった鉱業も没落していった。そんな状況で大人になり、仕事を探さなければいけない北部の若者は不運だった。ストライキ、抗議デモ、警察との衝突、失業は日常茶飯事で、食料の配給には長い列ができた。イギリス北部の歴史の暗い一コマだ。

当然ながら町には政治的な意識の高い人間が大勢いたが、本音を言うなら俺は何の関心もなかった。反サッチャーでも、反スカーギルでもなく、声高に意見を述べることもなかった。ガキの頃は、マーガレット・サッチャーの名前すら知らなかったくらいだ。若者というのは、おおかた政治に興味がないものだ。だがそんな俺にも、政治的な空気とその影響は感じとれたし、少し大人になるといっそうわかるようになった。日常レベルで政治と関わりがなかった俺のようなガキにしてもだ。貧困と産業の衰退に痛めつけられた北部の街で育つ十代のガキには、ろくな人生の選択肢がなかったのだ。

そんなわけで俺は、もう一度学校に通って将来を考えるのがいいのではないかと思った。まずグラフィックデザインの講座を受けてみたが、しっくりこなかったのですぐにやめた。次にスタニントン・カレッジに通ってスポーツ・レジャー・レクリエーションマネジメントを学び、シティ・アンド・ギルズ公認の資格を取ろうとした。ランニングを熱心にやっていたし、泳ぐのも好きだったから、俺に向いているのではないかと思ったのだ。正直、ほかに何をするべきかわからなかったし、Oレベルを二科目しか取っていない十七歳としては贅沢を言ってはいられなかった。講座はまあまあ面白く、スポーツ学やマーケティングについてそれなりに学び、コーチになる方法も知った。ライフセービングの資格も取ったし、応急処置や人工呼吸のやり方も身につけた。そこそこ実になる経験だったと思う。講座には一年間在籍した。ただし俺の人生を決定づけたのは、座学でも実地の訓練でもなく、仲間の誰かに聞いた「キャンプ・アメリカ」の話だった。そのことは俺の人生の針路を百八十度変えることになった。

第3章

アメリカというジャングル

気がついたら高校を出て三年が経ち、一年間というもの失業保険頼みで、短期間の仕事をする程度だった。なんとかしなければいけなかった。将来の計画も希望もないまま、だらだらしているわけにはいかない。前にも言ったが、シェフィールド育ちの俺には旅行をする機会もほとんどなかった。いとこに会うためスイスに行ったときを除けば、家族で遠出をすることはほとんどなかった。だからカレッジの講師のひとりから、学生の何人かがキャンプ・アメリカという夏休み中の仕事に申し込むと聞いたときも、果てしなく遠い世界の話だと思った。キャンプ・アメリカというのは要するに、恵まれない地域の子どもたちを集めてキャンプを開催し、海外から招いた学生たちに監督や指導をさせるというプログラムだ。カレッジの講師の何人かも体験していて、とてもよかったということだった。やってみて損はないだろう、と俺は思った。俺にとっちゃ適当な機会で、俺の中の何かが「やってみろ、機会を逃すのはもったいない」と言っていた。そこにかすかな可能性を見出し、飛びついた。家ではまだ親父とぎくしゃくしていたので、心のどこかにこんな思いがあったのだろう――ざまあみろ、俺はアメリカに行って好きなことをするんだ。

そしてアメリカそのものが大きな魅力だった。七〇年代から八〇年代にかけて子ども時代を過ごした俺は、アメリカのＴＶや映画を山ほど観た。そのうち多くが車関連で、『スタスキー

&ハッチ』『爆発!デューク』『白バイ野郎ジョン&パンチ』『トランザム7000』『ブリット』なんかがあった。どれも最高に面白かった。もちろん、車に関係のない作品もあった。『刑事コジャック』『サンフランシスコ捜査線』『ロックフォードの事件メモ』、ポール・ニューマン、ロバート・レッドフォード、スティーヴ・マックイーンといったあたりだ。家のＴＶには三つしかチャンネルがなかったが、それでも家族全員がこういった名作の呼び声高いドラマや映画を観ていた。そして当時のガキの例に漏れず、俺もエベル・ナイベルのオートバイのフィギュアやロケット自動車を持っていた。アメリカ文化は俺の子ども時代と切っても切り離せず、友人の多くもそんな感じだったと思う。

この頃には音楽の趣味も広がっていた。ちょうどグラムロックがパンクロックに融合していった時期でもあり、イギリスのロックバンド以外にアメリカのガンズ・アンド・ローゼズやモトリー・クルーなんかも聴くようになっていた。ガンズ・アンド・ローゼズは世界の頂点に上りつめようというところだった。サンセット・ストリップや、ロサンゼルスのロックなライフスタイルの話も聞いていた。ロサンゼルスやドアーズの話は、その前からいろいろと知っていた。黙っていても耳に入ってくるものだ。

そんなわけでキャンプ・アメリカというチャンスが訪れたとき、俺の人生の根幹であり、今までもずっと従ってきたセリフが直感的に浮かんだ——失うものは何もない。アメリカに行くこと自体が人生の目標だったわけではなく、そのことを思い描いたこともなかったが、いざチャンスが訪れてみると俺は思った。あいつらも英語を喋る。飛行機代はタダだし、アメリカ文化には大いに興味がある。狭い世界から抜け出すチャンスだ。アメリカ行きはシェフィールドに留まり、日々の生活に骨を折るよりはるかにクールだし、簡単だった。やってみるしかない。こうして申込書を提出すると、運よく参加を認められた。参加許可証が届くやいなや、でかいカバンに荷物を詰めて出発した。三十年経った今考えても、ベストの選択だったと思う。

参加許可証が届いてすぐ、ロンドン行きの列車に乗り、一九八六年六月十四日にヒースロー空港を発つ便を目指した。今から思えば、ずいぶん大胆だった。慣れ親しんだ世界を文字どおり飛び出して、右も左もわからない環境に突っ込んでいったのだから。空港には五百人くらいの学生がいて、みんなアメリカを目指していたが、最終的にどこに派遣されるのか誰もはっきりわからずにいた。飛行機に乗ってニューヨークに行き、一晩過ごして、そのあと実際の行き先を指定されるという寸法だった。

初めての夜、赤の他人の集団とニューヨークに繰り出したときのことはぼんやりと覚えている。かなりのカルチャーショックだった。当時の俺は家族でスイスに行き、ドイツでクロスカントリーの大会に参加し、キャビンアテンダントの彼女とメキシコに遊びに行き（飛行機のタダ券が手に入ったのだ）、ロンドンに何回か行ったことはあったが、世界を知っているわけではなかった。

ニューヨークには十二時間滞在しただけで、すぐ最終的な行き先を告げられた。ミシガン州のキャンプだった。そこからの道中は俺にとって大きなターニングポイントだった。ペンシルベニア駅からデトロイト行きのバスに乗ったが、べらぼうに長い旅だったのだ。その瞬間が俺のアメリカン・ロードトリップの始まりだった。いったい何時間かかったのかも覚えていない。十時間くらいだっただろうか。その後デトロイトのどこかでピックアップされ、もう一時間かけてミシガン湖にほど近い、デトロイト北部のキャンプに連れて行かれた。あたりには何もなかった。

キャンプには裕福な家の子ども向けと、恵まれない家の子ども向けの二種類があった。俺は恵まれない家のほうに行かされた。はっきり言って相当ビビり、腰が引けていた。デトロイトは文字どおりの大都市で、アフリカ系の住民が多数を占める。俺はキャンプの中でほとんど唯一の白人だった。どいつもこいつも都会育ちのガキだった。ロックンロールを聴くようなやつなんて、誰ひとりいなかった。みんなRun－DMCやLL・クール・Jにハマっていて、巨大なラジカセを持ち歩いていた。いっぽう当時の俺は、髪は脱色しておっ立て、背はひょろりと高く、痩せて肌の色は白かった。モトリー・クルーの一員のような姿形だ。俺が男なのか女なのか、みんな決めかねていた。外見の違いに加えて、厄介なことにガキどものほとんどは最初から互いに顔見知りだった。いとこだか甥だか、兄弟姉妹だか知らないが、みんなつながっていたのだ――イギリスのシェフィールドからやってきた、痩せた白人の指導員を除いて。人種的な背景はともかく、みんな都会育ちのタフなガキだった。さっきも言ったが、俺が派遣されたのは金持ちの子ども向けではなく、「どうにも手に負えないから、数ヶ月ほどキャンプに放り込んでおこう」という類のキャンプだった。俺はすっかり途方に暮れていた。最大級のカルチャーショックで、内心叫んでいた。畜生、やめておけばよかった。

キャンプに参加している子どもたちは、壊れた家庭から来ていた。親父は塀の中、お袋は福祉の世話になるか、働きづめで子どもの面倒を見られないので、親戚の家に預けられていると いう具合だ。キャンプは二週間だけのはずだったが、ほとんどの連中がしばらく経つとまた送り返されてきた。いわゆるキャンプ・カウンセラーとして、俺はそいつらを七時に起こし、七時半に朝食の席につかせ、八時には図工や水泳、散歩や野球などのアクティビティを始めさせなければいけなかった。だが連中には誰の指示を聞く気もなく、中でも脱色した髪にピチピチのパンツを穿いた、痩せっぽちの白人なんて論外だった。ガキどもの頭には、ふざけて騒ぎまくることしかなかった。俺の仕事はそんな連中をコントロールすることだった。言うは易《やす》しというやつだ。俺はたちまち、八歳から十五歳までの十二人のガキどもと同じログキャビンに押し込められるのに嫌気がさした。そんなに歳が離れていないのに、俺が指導者というわけだ。要するにベビーシッターだったのだが、ほとんどの時間は誰かが湖で溺れさせられていないか見張る羽目になった。そんな連中にキャビンを掃除しろ、家に手紙を書け、皿を洗え、消灯は九時半だと言ったところで、どうなるというのだろう。無理難題というものだ。正直、気が滅入った。孤独感を味わったのも覚えている。気分が上がるような環境じゃなかった。ちょっと外へ出てビールを一杯というわけにもいかなかった。まだ酒を買える年齢ではなかったし、そんな小遣いも持っていなかったのだ。

だが、大きなショックは人生を変える。そのときこそ俺は、いわば「適応力のあるスイマー」になるにはどうしたらいいか学んだのだった。まるっきり馴染みのない環境に放り込まれて、誰のことも知らず、嫌でも生きるためにもがくことになった。俺は本能的に生き延びようとした。ひょっとしたらクロスカントリーの経験が生きていたのかもしれない。じりじりと前に進み、決してあきらめないこと。働き者の両親からも、間違いなくその精神を受け継いでいた。

十日間ガキどもの面倒を見て、二日のオフを過ごすと、また新しい連中がやってきた。オフの期間は仲間のカウンセラーたちと過ごした。契約の一環として、ひと夏分の百ドルを支給されていて、どう使うかは自分しだいだった。キャンプに参加しているイギリス人は少なかったので、デトロイト郊外に住んでいる連中と親しくなった。ある晩デトロイトに繰り出して、俺は目からウロコが落ちる体験をした。そこは文字どおりの「インナーシティ」だったからだ。「自動車の街」というやつだ。当時のデトロイトは、シェフィールドよりさらに荒れていた。もちろん自動車工業の中心地ではあったのだが、使われなくなった車の工場のように、八〇年代半ばにはその名声はあっという間に廃れていった。六〇年代から七〇年代にかけて、住人はもう次々とデトロイトを出ていき、俺が訪ねた頃には、町の一部は完全にゴーストタウンだった。シェフィールド同様、鉄工所や工場の多くが倒産し、失業率は高く、みんな散々な思いをしていた。そんな様子は見たくなかった。いちロックファンにしても、デトロイトは文化の中心地だったのだ。MC5、ザ・ストゥージズ、アリス・クーパーといった六〇年代後半のプロトパンク。だが俺が一九八六年に目にしたデトロイトは、すっかり衰退していた。

やがて俺はデトロイトの一角にロイヤル・オークという場所を見つけた。郊外の一角で、何軒か気の利いた店があり、パンクロックが息づいていた。街の中心部にもグリークタウンやトラッパーズ・アリーといった場所があり、それほど悪くなかった。国境を越えてカナダに行ったとき、湖越しにそのあたりを見たのを覚えている。ウィンザーから見ると、デトロイトは立派な街だ。住民たちは苦労していたし、街は大変な状況にあったが、俺は親近感を覚えていた。工業の没落という共通点かもしれないし、歴史や車のせいかもしれない。よくわからないが、あの街には何かしらの魅力があった。あの場所で車の街を眺めていた十九歳の若造には、十年後にあのパンクロックの店が自分の服を販売し、三十年後には『モーターシティ・アウトロー』というドキュメンタリーを撮影し、自慢のポルシェを走らせることになるとは想像もできなかった。

ちょっと話が先走ってしまった。一九八六年に戻ろう。あの頃、俺の人生は今とは大違いだった。街の派手なクラブの一軒で地元の女の子と出会い、キャンプに呼ぶようになった。おかげで毎日が楽しくなった。長かったキャンプもようやく八月後半に終わる。いとこのオリバーがスイスからやってきて、一緒にアメリカを回る旅をすることになっていた。俺にとっては初めてのロードトリップだった。二人で乗車券を買い、デトロイトからロサンゼルスに行くバスに乗った。最初から行き先はロサンゼルスと決めていた。ニューヨークとは違う、音楽の街だからだ。当時は映画ビジネスにはさして関心がなかったが、さっきも名前を挙げたようなTV番組はあれこれ観ていて、親近感を覚えていた。もちろんヘビメタのファンとして、ロサンゼルスのサンセット・ストリップやロックンロール、ヘビメタ文化には惹かれていた。こうして俺たちはミシガン州からロサンゼルス行きのバスに乗った。

地図で足跡をたどればわかるように、随分な長距離旅行だった。バス会社からはメンフィスとテネシーを経由して行くなんて言われていなかったのだ。だがバス旅行は一番金がかからない移動の手段で、おかげでありとあらゆる愉快な連中が乗っていた。旅は延々と終わることがなく、おまけにバスは四時間ごとに、あたりに何もない汚いサービスエリアで停車するのだった。当時の俺はパンクロック風の派手な格好をしていたので、相当じろじろ見られた。バスの車内にも便所はあったが、いささか臭かった。なかなか大変な旅だった。バスが停車しているあいだ、プレスリーの邸宅であるグレイスランドに行って観光客のような真似をしたわけではない。黙って座席に座っているか、寝ているかしていて、永遠に到着しないかと思った。とりわけよく覚えているのは、ウォークマンのバッテリーが減ってしまって、カセットテープの回転の速度が落ち、音楽も不安定になったことだ。

ようやく俺たちはロサンゼルスのユニオンステーション駅に到着した。今、この原稿を書いている場所から一マイルも離れていなかった。到着したのは朝の四時くらいだったはずだ。俺はすっかり興奮していた――よし、ロサンゼルスに到着したぞ。美男美女や映画スター、ロックスター、ベイウォッチなんかが大勢いるんだろう。パメラ・アンダーソンはどこだ?

パメラ・アンダーソンなんていなかった。

俺たちはベンチで寝た。

アクセル・ローズの歌そのものだ――「ウェルカム・トゥ・ザ・ジャングル」

朝の六時に警備員に起こされたことはよく覚えている。「おい、こんなところで寝るんじゃない」これからベニス・ビーチやハリウッドに行ってユースホステルに泊まるつもりだと言ってみたが、相手はどうでもいいようで、俺たちを追い立てた。実のところ俺は右も左もわからず、半永久的なバスの旅の最後に二時間ほど睡眠を取っただけだった。手元にあったのはガイドブック一冊で、もちろん当時は携帯電話もインターネットもなかった。

二人でしばらくあたりをうろつき回ってから、ようやくバスに乗ったが、ハリウッドにはいつまで経っても到着しなかった。やっとのことで現地に着くと、ＹＭＣＡに転がり込んだ（相部屋ではなく、自分たちだけの部屋を借りるくらいの判断力はあった）。俺はもう現実を悟っていた。テレビで観ていたのは、アメリカの本当の暮らしではなかったのだ。十代の若者には普通、想像がつかないだろう。いったんカバンを置いてしまうと、俺たちはさっそく冒険に出かけた。体はくたくた、節々が痛み、腹も減っていたが、ハリウッドにいると思うと胸が高鳴り、見物したくてたまらなかったのだ。しばらくうろつき回ったあと、メインの通りであるハリウッド・ブールバードを見つけた。

一九八六年のことだった。当時のハリウッド・ブールバードは素晴らしかった。ニューヨークのソーホー、ロンドンのウエストエンド、キングス・ロードを掛け合わせ、極端にしたような土地だった。風景、匂い、人びと、音楽、タトゥーの店、奇抜な店、あらゆる文化のごった煮で、風変わりだが興味深い連中がそぞろ歩いていた。そこには何もかもがあった。売春婦、ポン引き、家出してきたガキども、釣り銭をちょろまかす連中、チャイニーズ・シアター、安くて胡散臭いロックンロールの店、ストリップ小屋。俺の目にはみんな格好よく見えた。品のいい連中は西洋文明のなれの果てだと非難していたが、シェフィールドから来たガキにとっては、魅力的な街だった。

さっきも言ったように、当時の俺は派手な外見をしていた。ピチピチのパンツ、脱色しておっ立てた髪といった具合だ。おかげで俺はうまいこと溶け込んだ。服の安売り店の前を通りかかると、ショーウィンドウに九ドル九十九セントのワニ革の黒パンツが飾られていたので、そいつを買ってＹＭＣＡに持ち帰った。だがスキニーではなく、リーバイス５０１みたいなカットだったので、俺の身体には合わなかった。そこで簡単なソーイングキットを買ってきて、自分で修繕し、縫い目を直してぴったり密着するようにした。自分で仕立てたパンツを穿き、歌手のミートローフ風の白いシャツを着て黒い上着を羽織り、膨らんだ髪型と決め込んだ。ザ・キュアーのロバート・スミス、ハノイ・ロックスのマイク・モンロー、ザ・カルトのイアン・アストベリーを掛け合わせたような格好だ。オリバーと俺はちょっと変わったコンビだった。俺はハノイ・ロックス風のいでたちをしていたが、オリバーは正反対だった。流行の最先端を行くタイプだったのだ。スクーターやランブレッタが好みで、ベン・シャーマンやフレッド・ペリー風の格好をしていた。パーカーを着てステイプレストのパンツを穿き、足元はジャムシューズだった。いつもザ・フー、ザ・セレクター、２トーンといった音楽を聴いていた。ロサンゼルスを闊歩《かっぽ》するにはいささか奇妙な二人組だっただろう。

数日後、ハリウッド・ブールバードを再び訪れ、格好いい服を売っているのはどこかと訊いてみた。メルローズ・アベニュー沿いだと言われたので、バスに乗って向かったが、案の定間違って長いストリートの反対側の端で降りてしまった。気温は三十二度、ＰＶＣパンツにひらひらしたシャツ、長髪という姿の俺は汗だくで、へとへとになりながら二キロほど歩き、店を目指した。

ようやく格好いい店が集まっているエリアにたどり着くと、リテール・スラットという名前の店が目についた（レット・イット・ロックという、よく似た店もあった）。ロンドンを何回か訪れたことがあり、キングス・ロードにあるマルコム・マクラーレンの店なんかを知っていたので、そのロサンゼルス版だろうと見当がついた。リテール・スラットに一番興味を惹かれたので、二人で店に入った。ヘビメタの店で、ドクターマーチン、リップ・サービス、レット・イット・ロックの靴など、ロックンローラー御用達のアイテムが揃っていて、店番は般若のような髪をした男だった。俺にちょっと似た雰囲気で、同じ匂いがした。実はその男は、ファスター・プッシーキャットのテイム・ダウンだった。今に至るまで、ロサンゼルスのミュージシャンが店で働くのは珍しいことではない。店は昼まで開かないから、朝の二時までリハーサルやギグをやって、なんとか二日酔いをこらえながら出勤という生活ができるからだ。するとテイム・ダウンが「おっ、格好いいパンツだな」と、声をかけてきた。「どこから来た」

イギリスだと答えると、やつは言った。「そのパンツはどこで買ったんだ」

自分でもよくわからないが、とっさにこう返した。「ロンドンさ。この手のパンツが欲しいのか」

「そんなところだな。いくらで買った?」

これまた直感の出番だった。通りの向こうのユースホステルで、安いソーイングセットを使って細工した九ドル九十九セントのパンツに、俺はこんな値をつけた。

「一着二十五ドルだ。どれくらい欲しいんだ」

「八着買おう」

再び俺は思い悩むことなしに、流れに任せてこう答えた。

「了解。一時間以内に持ってくる」

九ドル九十九セントのパンツを買った安売り店まで、徒歩で戻っている時間はない。タクシーで店に乗りつけ、パンツを十二着買い、テイムのもとに持っていくと、やつは約束どおりキャッシャーの中にあった現金で一着二十五ドル払った。俺は右から左に流しただけで、幅を細くしたり、縫い目を直したりする手間さえかけていなかった。数学が苦手な俺でも、十ドルで十二着買ったら百二十ドルで、この男はたった八着に二百ドルも払ったのはよくわかった。つまり八十ドルの儲けで、手元にはまだパンツが残っていた。一度きりの商売で、イギリスの工事現場で一週間かけて稼ぐ金をはるかに超えた。PVCパンツを九ドル九十九セントで買った店はメルローズのリテール・スラットから一マイルも離れていなかったが、誰もハリウッド・ブールバードになど行かなかったのだろう。そんなところで買い物するのはダサいと思われていたからだ。

何ひとつ計算したわけではなかった。ただチャンスが訪れただけだった。適応力のあるスイマーの話を思い出してほしいが、流れに乗って泳ぎ、チャンスの匂いを嗅ぎつけたら決断を下し、一瞬で素早く反応するのだ。俺はそんなアプローチをうまく使って生きてきた人間で、今後も何度もそうすることになるだろう。パンツを買ったのは、メルローズで売れると思ったからではない。ただそんな展開になっただけで、俺の人生にはそれから何回でもそんなことが起きるのだった。この手の巡り逢い、機会、思いがけない展開、なんと呼んでもいいが、そういうものは大事にしなければいけない。それが訪れたら、必ずイエスと言うようにしている。

後にファッションブランドを立ち上げたのも、このときのことがきっかけだったように思えるかもしれない。だが実際は、そうではなかった。リテール・スラットでパンツを売ったあとは、三、四ヶ月をロサンゼルスでだらだらと過ごした。当時は華やかだったハリウッド・ブールバードの近くのクラブをはしごしていた。まだインターネットが普及する前の時代だったので、クラブやバンドや会場の宣伝手段といえば、小さめのカラーの紙に印刷して配るのが常套手段で、誰かの野心のかけらである蛍光色のチラシが路上に散らばっていた。俺はそういったクラブを訪れてバンドの演奏を聴き、すぐさま気の利いた友人たちを作り、その場の一員になった。いとこのオリバーはスイスに帰らなければいけなかったが、俺は現地に留まってクラブを渡り歩き、友人の輪を広げた。サンフランシスコのフィッシャーマンズ・ワーフ近くのユースホステルで数週間、クラブで出会った彼女と過ごしていたこともある。

さっきも言ったように当時はまだインターネット以前の時代で、携帯電話もなかったので、実家と連絡を取るのはなかなか骨が折れた。お袋にはしょっちゅう手紙を書いた。当時の絵葉書は今でもお袋の手元に残っているという。ハリウッド界隈にいたのは、はっきり言って真面目に生きている人間ばかりではなかった。いいやつも大勢いたが、胡散臭い連中もうようよしていた。盗品のテレホンカードの売り買いが横行していて、郵便局の近くの電話ボックス脇にたたずんでいる男から、「マジックナンバー」が買えるのだった。要するに、電話をかけるのに使う番号だ。一日か二日持てばいいほうで、すぐ止められてしまったが、多くの連中はそうやって実家と連絡を取っていた。俺自身も四、五ドルかけてお袋に電話をする余裕はなかったので、一週間に一度、その手のテレホンカードを使って電話をかけた。会話の最中にぷつりと切れてしまうこともあったが、お袋と話をするのはいつも楽しかった。

俺は気分よく過ごしていたが、金を稼いだり仕事を見つけたりという意味では、何の進歩もなかった。短期ビザが切れてしまっても、国に帰る飛行機代すらなかった。懐はすっからかんで、知り合いの家を泊まり歩く生活にも飽きがきていたし、当然ながら友人たちも俺には愛想を尽かし始めていた。選択の余地はなかった。飛行機に乗って、シェフィールドに帰るのだ。ガトウィック行きの片道切符を買うにも、ガールフレンドに頼みこんで百五十ドル恵んでもらわなければいけなかった。しばらくのあいだは楽しかったが、俺のアメリカンドリームはどうやら終わりに近づいているようだった。

音楽を聴いているとどこか別の場所にいるような気になるのは、不思議なものだ。シェフィールドにいた頃、ロサンゼルスのヘアメタルバンドの曲を聴くと、ハリウッドにいるような気分になった。北部イングランドから六千マイルも離れていたが、バンドの演奏を聴いていると距離なんて関係ないという気になった。けれど尾羽打ち枯らして、ロサンゼルスからシェフィールドにすごすごと帰ったあの冬、距離は恐ろしく長く感じられた。さらに悪いことに、北部へ向かう電車は満席で、何時間も立ちっぱなしだった。俺はまだけばけばしい格好で、カバンは汚れ物であふれていた。金はなく、小汚く、疲れ果て、気分は落ち込んだよそものが、アメリカの西海岸から鉄鋼の町の厳しい現実に戻ろうとしていたというわけだ。誤解しないでほしいが、俺はシェフィールドが好きだ。いい街だと思う。だがあの時点では、地元のシニカルな連中と顔を合わせ、アメリカ旅行から落ちぶれて帰ってきたのか、と冷笑されるのを考えるとやはり憂うつだった。キャンプ・アメリカに合格したのは、俺にとって初めての成功体験だった。ランニングで一応の結果を出したことはあったが、学校ではちゃんと勉強していたとはいえず、自慢できるようなことはなかった。アメリカ行きは大きな意味を持っていた。何かを成し遂げたという証拠のはずだった。友人たちにも自慢したのだ。「アメリカに行くんだ、二度と帰ってこないかもしれないぞ」それが、帰ってきてしまった。お袋に会えるのは本当に嬉しかったが、親父との仲はまだぎこちなかった。俺は実家で暮らし、失業保険に頼る身にたちまち逆戻りした。

こん畜生。

俺は自由の味を知っていた。アメリカのライフスタイルを知っていた。だが、家は何ひとつ変わっていなかった。もちろん家族と再会するのは嬉しかったが、その点を除けば、お先真っ暗だった。つらい時期だった。結局昔のように、レベルズをはじめとするシェフィールド周辺のロッククラブやパブに入り浸るようになった。だが、今回は何かが違っていた。俺はじりじりしていた。

失意の中で、再び一九八七年五月にキャンプ・アメリカに申し込んだが、不採用の通知が届いた。ドアは閉ざされた。こん畜生だ。

ところが数週間後の火曜に、キャンプ・アメリカからまた連絡が来た。土壇場で採用することになったそうで、次の土曜日に出発してほしいという。

アメリカンドリームの第二章が始まった。

俺は四日でイギリスを後にした。二度目にキャンプ・アメリカに参加したこのときは、ニュージャージー州に派遣された。おおむねデトロイトと同じような街だった——インナー・シティで、キャンプに参加しているガキどもは貧しく、ＬＬ・クール・ＪやＲｕｎ－ＤＭＣといったラップを聴いていて、俺はやっぱりよそものだった。だが今度のキャンプは前回ほど大変ではなかったし、人数も少なかったので、居心地は多少ましだった。スイミングの指導員とライフガードにも選ばれて、おかげで少しやりやすかった。何より大きかったのは、このキャンプがニューヨークまで電車でわずか四十五分だったことだ。

キャンプの仲間数人と、二週間に一、二回はニューヨークに繰り出し、ビッグアップルで愉快に過ごした。ロックンロールの聖地ＣＢＧＢにも行ったし、ブルックリンのラムールというクラブにも行った。ニューヨークはクールで、文化の中心地で、活気に満ちていた。俺は前回よりひとつ年を取って経験を積んでいて、キャンプの連中も扱いやすかったし、ニューヨークは近くにあり、何もかもいい感じだった。八月の下旬、レイバーデーの週末にはキャンプの隣の地所でライフガードとして働き、たんまり小遣いを稼いだ。キャンプの給料も前回よりよかったので、夏が終わる頃には懐には千ドル近くあった。その金を使うとしたら、場所はひとつしかない……ロサンゼルスだ。

前の年に出会ったバンドやクラブの仲間とは全員、連絡を取り続けていて、おかげで二度目にロサンゼルスに行ったときは友人の輪ができていた。最初は文通相手の女の子と一緒に過ごした。その子の友達のひとりがカーズのメンバーと付き合っていたおかげで、俺たちはユニバーサルスタジオで開催されたMTVビデオ・ミュージック・アワードの授賞式に招かれた。なんだか信じられなかった。数ヶ月前はシェフィールド行きの列車に乗っていて、気分はどん底、懐もすっからかんだったというのに、いつの間にかロサンゼルスの華やかな音楽業界のパーティに参加していたとは。どうして俺はこんなところにいるんだ、と思えてならなかった。

その晩はジョニー・アウトレイジャスというバンドで演奏する、ジョニーという男と知り合いになった。是非バンドに加わってほしいと言われ、俺にはそんな才能などなかったのだが（ギターのコードを二つ覚えるのがやっとだった）、結局友達付き合いをするようになり、家の小さな予備の寝室に九ヶ月も泊めてもらった。ジョニーはとても気前がよく、「しばらく泊まっていけばいいんじゃないか」という感じだった。数週間が数ヶ月になっても、気にする様子もなかった。

二度目にアメリカを訪れてから数週間のうちに、ロサンゼルスで注目を集めていたバンドの連中と大勢知り合いになり、「イケてる」連中とつるむようになった。言ってみればそれが、二年間にわたる楽しいロサンゼルスの日々の始まりだった。もちろん、パンクロック界を代表するガンズ・アンド・ローゼズのようなレベルではなかったが、みんな音楽で一旗揚げようとしていて、昼間はテレアポの会社や店で働き、夜はサンセット・ストリップでギグに励んでいた。こういった世界で顔が利いたなんて言うつもりはない。むしろその他大勢のひとりだった。アクセル・ローズと一緒にVIPルームにいたわけではない。どっちかというとダンスフロアをうろついて、バンドの演奏に耳を傾けていた。親しくなったバンドのひとつはゼロズという名前で、ニューヨーク・ドールズとハノイ・ロックスを足して二で割ったような感じだった。とても意欲的で、暇さえあればギグを行い、あと一歩でレコード契約を結ぶところだったが、残念ながら本当の意味で有名になることはできなかった。俺はそいつらのためにチラシを配り、ときにはローディーの役割を務めて、機材をセットしたりした。バーテンダーの知り合いも大勢でき、イギリス人っぽいところが気に入られたのか、自腹で酒を買ったりクラブやギグに金を払って入ったりする必要もなかった。俺はすっかりこの世界にハマっていた。スクリームやパワー・ツール、キャットハウスといったクラブに、ジョニーやテイムと一緒に行った（テイムは前の年にパンツを売りつけた相手だ。この頃にはファスター・プッシーキャットもだいぶ有名になっていた）。最高の日々だった。

昼間、友人たちは働いていることもあったが、シフトがない日は一緒にハリウッド界隈を歩いた。俺も週に一、二日は、日雇いのような雑多な仕事をして、一日五十ドルくらい稼いでいた。贅沢はできないし、その日暮らしといったところだったが、別にかまわなかった。まだハタチで、それでもなんとかなったのだ。しばらくは結構楽しかった。

朝は十一時くらいに起きてメルローズに行き、あたりをそぞろ歩いて、店を冷やかしたり、仲間と落ち合ったり、どうでもいいような会話をかわしたりした。「今夜の予定はどうする。どこか行こうとしているか？」同居していた友人が五時に帰ってきて、家に入れてくれるのを待つこともあった。そのあとはみんなで出かけ、ホットドッグスタンドで安くて腹に溜まるものを食べたり、二、三ドルで食事ができるエル・コヨーテに行ったりしてから、クラブに向かった。肝心なのは、早めの時間帯に行くことだった。そうしたらタダで入場するか、遅れたとしても誰かの招待扱いにしてもらえたからだ。それから朝の二時くらいまでクラブで過ごした。毎日、寝床を提供してくれる人間を捕まえるのはちょっとした賭けだった。ジョニーの家に居候していたときを除けば、寝る場所は決まっていなく、こんなやり取りをすることもあった。「マグナス、今日はどこに帰るんだ」「いや、実は今夜寝る場所がなくてさ。お前ん家のカウチで寝かせてくれないか」今日と明日はあっちの家で眠り、明後日以降はこっちの家で眠るという具合だった。野宿する羽目になったことはないが、毎晩どこのソファで寝るのかわからないという状態が続いたこともあった。「それって要するにホームレスだろ」と誰かに言われたことがあったが、当たらずとも遠からずというところだ。さっさと国に帰ればよかったのかもしれないが、あの頃は飛行機のチケットを買う金もなかった。

誤解しないでほしいが、自分を憐れみながら過ごしていたわけではない。どこまでも自由で、何にも縛られない日々だった。無軌道と言ってもよかっただろう。当時のことは「セックスとロックンロールの日々」と呼べそうだ。ただし、その二つのために生きていたわけではなかった。それらは生活の一部分でしかなかった。酒も飲んだし、周りにはドラッグもあった。俺自身はドラッグには一度も手を出さなかったが、周りの連中はヘロインなんかを吸っていた。俺は日がな一日、ハリウッド・ブールバードで時間をつぶし、一日をのろのろと過ごし、五十セントの冷凍ブリトーで腹をもたせていた。金も少しはあったが、十分ではなかった。募金用の小銭が入った瓶からクォーターをくすねたことはよく覚えている。ハリウッド・ブールバードでは誰もがやっていたように、道行く人間に小銭をねだったこともある。ときには文字どおり、その日暮らしだった。だが俺は人生を満喫していた。置かれた環境で最大限に楽しむというだけだ。すべては生き延びるための戦略だった。それに俺には愉快な仲間たちもいた。幸せな日々だった。

当時の俺には目標も、将来に向けた計画もなかった。楽しい日々。なんとかやれているし、太陽は輝いているし、みんなとてもフレンドリーだ。ギグやクラブやパーティに顔を出して、音楽の趣味が同じ気の利いた仲間と楽しく付き合っている。俺は満足だ。

当時のアメリカではまだ、イギリス人という存在はちょっとばかり珍しくて、おかげでみんな親切だった。俺はまだハタチで、面白おかしく生きていた。周りにいたのも反抗的な十代のはぐれ者たちで、家出少年と紙一重だったが、みんなどこかからロサンゼルスに集まってきて、何か特別なものを見つけようとしていたのだった。

第4章

夢とジーンズと山ほどの出会い

その日暮らしをしていた俺が、どうやって自分のアパレル会社を立ち上げ、「ローリングストーン」の表紙を飾るロックスターに服を提供するに至ったのか、話をさせてほしい。人生、悪くないじゃないか。

さっきから語ってきたように、ハリウッドで過ごしていた時期は、ロックンロール、バンド、ギグにどっぷり浸かっていた。今ふと立ち止まってあの頃のことを考えると、楽しかったのは確かだが、ある意味では周りの人間の気前のよさに甘えていたこともわかる。俺は友人たちの善意と親切心に頼って生きていた。自分自身では何ひとつ達成することなく、自力で何か作ることもなく、自分の足で立つことさえおぼつかなかった。誰かの手助けや、誰かのカウチ、誰かの送り迎えに頼りきりだったのだ。しばらくすると、いささか気まずくなってきた。友人の家に寝泊まりするのもこれだけ長くなれば、辛抱強い相手でも多少は恨めしげな顔になってくるものだ。

それと同時に、俺自身も少々飽きがきていた。毎日、同じことの繰り返しだった。夜遊びに出かけ、ロックンロールのセッションに顔を出し、女の子をナンパし、昼間はあたりをうろつき、財布はいつも空っぽ……。もちろん楽しい日々だったが、さすがに多少うんざりしてきた。いささか新鮮味が失われ、自分は何をやっているのかという気がしてきた。金はなくなるし、まともな仕事はないし、またイギリスに帰らなければいけないのか、という考えも頭をかすめるようになっていた。

結局、俺は場所を変えて、ハリウッド郊外のセンチュリー・シティに住んでいた友人のもとに転がり込んだ。そいつは夜間の仕事をしていたので、昼間は一緒に遊びに出た。俺はロサンゼルスのベニス住まいのリンダという女の子と付き合い始めた。少しヒッピー風のところがある女の子で、スピリチュアルや禅に関心があり、俺たちは気が合った。当時のベニスは今よりずっとボヘミアンな土地だった。今でこそ商業的な土地になってしまったが、かつてはビートニクやヒッピー、カウンターカルチャーの聖地で、五〇年代から六〇年代以降は生粋のヒップな土地だったのだ。そんなわけで俺は、そのヒッピーでグレイトフル・デッドでジプシーでバガボンドな空気にすぐ馴染んだ。海岸の遊歩道を歩いていると、片側ではアーティストが絵やら陶器やら、自分の手で作ったいろいろなものを売っていて、もう片側では安物のTシャツやサングラス、ソックスや野球帽、ちょっとした服なんかが売られていた。ロンドンのカムデン・マーケットによく似た雰囲気だった。ベニス・ビーチはロサンゼルスではディズニーランドに次いで有名な観光地で、いつも外国人があふれかえっていた。

ある日遊歩道をリンダと歩いていると、ブースで古着を売っていたイギリス人の男が、俺たちの会話を耳に留めた。ぴったりしたパンツに逆立てた髪という格好の俺は、いわば歩くロックンロールで、この街にしても目立っていたのだろう。男は言った。「お前、イギリス人か?」こうして俺たちは会話をかわした。その男はボクサーショーツやTシャツなど、GAPの古着を売っているとのことで、結局俺に週末の仕事をくれた。「一日に十ドル払おう。客引きをして、俺の商売を手伝ってくれればいい」

それが俺のアメリカで最初の「まともな」仕事で、最初は週末だけだったとはいえ、一日十ドルになった。「お客さん、寄っていきませんか。GAPの古着ですよ。一着十ドル、二着で十五ドル」呼び込みに関しては、最初から結構うまかった。セールストークの素質は、商売人のじいさん譲りだったのだろう。物を売ったり、客に話しかけたりするのが苦にならないのは、そのへんに理由があるはずだ。どんな環境でも全力で仕事をするお袋の影響もあった。シェフィールドの商売人の血は、ベニス・ビーチの陽光に照らされた遊歩道の上で俺を助けてくれた。

週末になると自転車に乗って遊歩道に行き、一日中働いて、自分の仕事に満足した。店で売っていた服には何の興味もなかったが、金にはなったのだ。長時間労働は苦痛ではなかった。遊歩道では家にペンキを塗りたいという女に出会い、その手伝いもすることになったが、そっちのほうはうんざりするような経験だった。熱心に働いたものの、稼ぎは少なく、女も雇い主としては愉快な人間ではなかった。俺はお袋に宛ててハガキを書いた。「四ヶ月近く、毎日のようにひとりで同じ家を塗り続けている。孤独だし、つまらない仕事だよ……」幸いにも週末になると、イギリス人の男の店番をするという楽しい仕事が待っていて、リンダとの仲も順調で、ベニスで同棲を始めるまでになっていた。

この話の肝は、GAPの古着を売ったということではなく、隣のブースの男が売っていた古着がはるかに格好よく見えたということだ。ニューメキシコに住んでいるとのことで、雑多な服を売っていたが、リーバイスやデニムジャケット、ウエスタンシャツ、リサイクルショップで入手したような品が多かった。俺はピンときた。自分で服を買い付けてきて、ベニス・ビーチで売ればいいじゃないか。失敗したところで、たいしたことはない。当時お袋に送った別のハガキには、こんなことが書いてある。「海岸でリーバイスの古着の店を始めようかと思う。一着十〜十二ドルで売れたら、きっと金になるぞ……海岸で働くと太陽の光にさらされるから、俺の色白の肌にはよくないだろうがな」

リンダはちょっとヒッピー風、俺はロッカー風味のヒッピーだったので、もともと二人でリサイクルショップやヤードセールには足を運んでいた。その流れで俺は平日、リンダを誘って救世軍のようなところに行き、店で売れそうなクールな服を探した。ベニス・ビーチは週末になると大混雑だが、平日の屋台なんかはほとんど無人だった。実際はただの駐車場なのだ。平日は週末より十パーセント稼ぎがよかったので、一日十ドルで屋台を借りて、リーバイスを二、三着、古いヒッピー風のワンピース、古いペイズリー柄のヒッピー風ドレス、花柄のシャツをラックに掛けた。リサイクルショップで手に入れたアイテムの一部だった。リーバイスはいつも需要が高かった。リーバイス５０１は、シェフィールドで暮らしていた八〇年代初頭のイギリスでは大人気だった。世界的にも人気があって、このブランドのある種の服はちょっとしたカルト的人気を誇った。ビーチにはリーバイスしか売らない連中もいて、破れているか、５０１か、チャックがついているか、ビッグＥか、赤耳《レッドライン》かという基準によってＡ、Ｂ、Ｃ、あるいは1、2、3とランク付けしていた。かなり厳密な区分で、こういった細かいことをよく知っているコレクターもいた。人気の度合いによって、値段は十ドルから三十ドルまで上下した。

さっきも言ったようにベニス・ビーチは人気の観光地だったので、週末になると大勢の人間でごった返した。フェイクのレイバンが欲しいという連中ばかりではなく、十ドルや十五ドル、三十ドルのリーバイスが目当てのやつもいた。需要があるのは明らかだった。だが服を売っているブースは山ほどあった。つまり差別化を図らなくてはいけない。俺たちはまさに、その手段を編み出した。

どんな手段だったか？

パッチを縫いつけるようにしたのだ。

初日の稼ぎは百五十ドル。

奇跡のような一日だった。

俺は内心叫んでいた。ざまあみやがれ！　一日十ドルで雇われ仕事をするより、よっぽどいいじゃないか！　脳みそはフル回転していた。数え切れないほどのアイデアが次々と浮かび、まもなくリーバイス以外の服もカスタマイズするようになった。あるとき、ジェット機や宇宙船の絵が描かれたベッドカバーを手に入れた。気づかなかったのだが、実は六〇年代に人気を博し、歴代大統領の肖像画も手がけ、ポップアートの第一人者として広く知られるピーター・マックスのデザインだったのだ。マックスはいろいろな絵を描いたが、俺が入手したベッドカバーのような、大胆な図柄のサイケなコラージュでも有名だった。救世軍で三ドルほどで手に入れたそれを裁断して、片っ端からジーンズに縫いつけた。前にも言ったかもしれないが、ガキの頃はヘビメタにハマっていて、自分のジーンズやジャケットにパッチを縫いつけていたのだ。だから、こういった作業はお手の物だった。ただし今回のテーマはアメリカで、エベル・ナイベル、『爆発!デューク』、キャプテン・アメリカ、赤白青がモチーフだった。

古い「ダシキ・シャツ」、つまり美麗な柄のアフリカの民族衣装や、ヴィンテージもののペイズリー柄のカウボーイ・シャツやドレスも買い付けた。出来上がった服にはクラシックな西海岸のロッカーの風味も入っていて、ベルベットのパンツ、レーナード・スキナード風の大きめのチューリップハットなんかもあった。当時まだグレイトフル・デッドやブラック・クロウズの雰囲気が色濃く残り、そこへジャニス・ジョプリンやヘイト・アシュベリーのヒッピーテイストが加わったベニス・ビーチの全体の空気に、俺たちの商品は合っていた。

間もなくリンダと俺は休む間もなく縫いものに励み、山のような服を売りさばき、朝から晩まで働くようになった。あちこちのリサイクルショップで素材を買い付け、パッチを縫いつけて、店に出す。品物は大人気だった。俺はヤードセールや救世軍に足を運んでは、リーバイスを五十セント、一ドルあるいは一ドル五十セント、たまには二ドルくらいで仕入れた。買い付けに出かけるのは週末、月曜あるいは火曜で、出費が二十〜三十ドルを超えることはめったになく、そのあとはリンダのベニスのアパートに戻って、せっせと裁断し、ジーンズにパッチを縫いつけ、一本二十五ドルで売った。作業は全部二人でやった。リンダがミシンを持っていたおかげで、一時間もあればひと山仕上げられたと思う。全部で五ドル、プラス俺たちの時間以上の持ち出しはなかった。

何もかもが急ピッチで進んだので、もちろん失敗もいろいろとあった。二人で思いつきを片っ端から試し、価格帯をしょっちゅう変えていた。「あのジーンズは二十五ドルでも売れたんじゃないか。もっとたくさんパッチを縫いつけて、売れ行きを見てみよう」という具合だ。もっと安くリーバイスを売っている店を見つけたり、ひと山いくらで割引してもらうこともあったし、違うスタイルも試してみた。うまくいくことも、さっぱりだめなこともあった。ときには在庫がすっかり底をつく日もあった。お袋にはこんな手紙を送っている。

ようやく手紙を書く気力が湧いたよ。このところ大忙しだったんだ。でもやり甲斐はあるし、刺激を受けている。家で働いていると、空気がピリピリすることもあるけれどね。家じゅうに布地やピンなんかが散らばっていると、どうもそうなってしまうんだ……俺たちのジーンズやセレクトアイテムが、高級なヴィンテージショップに並ぶ日も近いと信じているよ。

実家に送ったもう一枚のハガキを見ると、すべてが本当に急ピッチで進んだことがよく伝わってくる。「なんと、このあいだ手紙を書いてから十日も経ってしまった。ジーンズの商売は……需要に供給が追いつかないところまで来ているよ」

こうして俺は初めて、一生懸命に働き、モチベーションを保ち、創造性を発揮し、自分だけのスタイルを確立すれば、やりたいことは何でもできると気がついた。

何かが始まろうとしていた。

ごく短いあいだに、遊歩道沿いの店はたんまり儲けを出すようになり、俺たちはてんてこまいでジーンズを次々と売っていた。店に出ていないときは、ジーンズをダッフルバッグに詰めてメルローズに行き、ブースではない本物の店に売った。バイヤーに会いに行くのにアポはいらなかったし、堅苦しく振る舞う必要もなかった。ただ服を詰めたバッグを携えて店に顔を出せば、相手は好きな品物を選ぶのだった。遊歩道沿いの店では一本二十〜三十ドルくらいで売っていたが、卸売りのときは十〜十五ドルにした。その点も大いに評判になって、ビジネスはみるみるうちに伸びていった。六ヶ月のうちに、初日は百五十ドルだったのが一週間で五百ドル稼ぐようになった。一週間まるごとブースを借り切ると、一ヶ月千ドルほどの支払いになったが、週末は一日千ドルあるいは二千ドル稼ぐことがあった。すべて現金だった。

あるとき客の誰かに「キャット・イン・ザ・ハット」スタイルの帽子は作れないのか、と訊かれた。ドクター・スースの児童書に出てくる帽子のことを言われていたのだが、その本は読んだことがなかったので、正直何の話かよくわからなかった。だが本を読んでみると、こいつは簡単そうじゃないか、という気がした。そこで客のリクエストにもとづいた型紙を作った。当時はああいった大きめのチューリップハットには安い黒サテンを巻くのが流行っていたが、俺にはちょっと物足りなかった。内側に適当なリボンを巻けばリバーシブルになって、魅力も二倍になるはずだ。

遊歩道沿いにはグアテマラのタム帽やキャップを売っている店もあり、あるときゆったりとしたベルベットのルネッサンス帽をひとつ買った。宮廷の道化みたいなスタイルだ。俺はそいつをかぶって店番をするようになった。グアテマラの帽子も十ドルで買って、ばらばらにほどき、もっと大きくて派手な品に作り替えた。要は各パーツに一インチほど付け足し、全体を大きくしたのだ。そのあとリバーシブルな小ぶりの帽子を作るようになったが、グアテマラの生地のかわりに、『不思議の国のアリス』風のベルベットを使った。いくらもしないうちに手元には派手なチューリップハットが一揃いできていた。デザインは二十五種類ぐらいあったんじゃないか。すぐさま、そいつらは俺たちの十八番になった。そのうちひとつにはこんなタグがつけてあった。「派手で気まぐれな形は、我々特有のトレードマークだ……この帽子の持ち味を最大限引き出すには、二十四時間かぶり続け、それなしに外出しないこと」リバーシブルの帽子の宣伝文句は「街のどっち側にいるかによって裏表を選べる」だった。パッチを施したジーンズのほかに、リバーシブルの帽子を十二ドル五十セントで売っていた。シルクハットは二十ドル、フード付きのパーカーは七十五ドル、ベルベットのパンツは五十ドルだった。

俺たちは時代にも恵まれていた。というのも一九八八年から八九年にかけては、「レイブ」が大流行したのだ。イギリスではハッピー・マンデーズやインスパイラル・カーペッツといったバンドがレイブ・カルチャーを牽引し、いわゆる「マッドチェスター」を形作っていた。アメリカでは、レイブはメインストリームというわけではなかったが、俺が属していたアングラでは大いに沸いていた。多くのアパレル会社やグッズ会社が、派手なイラストをプリントしたTシャツを作り、「レイブ・オン」、「オン・ドラッグ」、「E」（エクスタシー）といったキャッチコピーを印刷していて、バーニングマン＋グレイトフル・デッド＋カウンターカルチャーがスケーター＋サーファー文化と混ざり合ったような、巨大なクロスオーバーが出現していたのだった。カリフォルニア版、文化のるつぼだ。ロンドンから超人気のDJたちが飛行機でやってきて、アングラのレイブ会場でパフォーマンスをすることがあり、そんなときはばかでかい凝ったチラシが配られた。客は何千人の単位で集まった。みんなぶかぶかのジーンズやオーバーオール、パッチワークを施したパンツを穿き、あのでかいチューリップハットをかぶっていた。おかげで俺たちは大いに売り上げを伸ばした。そんな時代に生まれたのは運がよかった。だが、ぼんやり成功を待っていたわけではない。身を粉にして働き、需要に後れを取らないよう、素早く立ち回らなければいけなかった。

一九八九年にもなると、相当な数のデザインとアイデアが出揃っていたので、カタログを作ろうということになった。最初のカタログには十種類強の帽子が載っていた。ゆったりしたやつ、ルネッサンス風のやつ、三本の角がある宮廷の道化風、『不思議の国のアリス』のマッド・ハッターがかぶっているような背の低いシルクハット、ルネッサンス風の小さなクローシェ帽。大人気の「キャット・イン・ザ・ハット」は二つサイズがあり、片方は十二インチで、もう片方は特大の二十四インチ、宣伝文句は「地球をすっぽり包みこむくらいの生地が使われている……うまくかぶりたかったら、まずは深呼吸……頭に乗せる前によく形を整えること」だった。みんな奇抜な代物だったが、グレイトフル・デッド、サザン・ロック、レイブ・カルチャーという三つの基本を押さえていた。

商売を始めて一年くらい経ったとき、ニューヨークで展示会があると聞き、自分たちのラインナップを巨大な新しい市場に売り込むチャンスだと気づいた。言ってみるなら、全米に進出するのだ。かなり大きなチャレンジだったが、リスクを取るに値すると思った。もうおわかりだろうが、俺の信念は「直感に従え」だ。

クイーンズにリンダの友人が住んでいたので、そいつの家に居候し、会場のジャヴィッツ・センターまで電車で通った。結論から言えば、展示会では大いに注目を集め、誇張でもなんでもなく計十万ドルの注文を受けてきた。あのディズニーランドまで、十二種類のデザインを各百四十四個注文していったのだ。この頃、お袋に送った手紙にはこんなことが書いてある。「俺たちは大忙しだ。ニューヨーク行きは大成功だった。帽子だけで七万ドル分の注文が取れたんだ。もっと仕立屋が必要だ」

俺たちは何かをつかみかけていたが、この時点ではまだリンダとの家内制手工業と言ってもいい状態だった。実家に送ったハガキからもわかるように、商売の成長のペースが肉体的な限界を超えかけていた。ディズニーランドから百四十四個×十二種類の注文が入り、ジーンズも一部の店には一度に百本卸していたのだから、何かを変えなければいけない段階だった。注文に見合うスピードで製造するために、縫製を外注することを考え始めた。だが、外の世界である深刻な変化が起き、おかげで俺たちの商品に対する需要はさらに上がった。

ときには外の世界で、自分たちには一切コントロールできない事態が起こる。できることは何もないまま、自分の小さな世界が揺さぶられるのだ。俺自身の物語において、その出来事というのは一九九〇年八月の湾岸戦争の始まりだった。最悪の政治的衝突で、もちろんニュースはこの話一色だった。衝突が起きるといつでもそうだが、国内では愛国主義が盛り上がった。では、俺とリンダにはどんな影響があったのだろうか。当時俺たちは主に三パターンのジーンズを扱っていた――花柄やペイズリー柄の派手めのやつ、ハードコアなベルベット生地のサイケなやつ、赤白青の星条旗を模したやつ。よくダウンタウンに足を運んで、星条旗がプリントされた生地を買い、その三色やデザインをもとにした商品をあれこれデザインした。たとえば星条旗をあしらったハットだ。スタイルや色づかいはもちろん子ども時代のヒーロー、エベル・ナイベルなどがもとになっていた。

戦争が勃発すると、この手のアイテムは爆発的に売れた。それが喜ぶべきことなのかはよくわからないが、既にデザインが完成し、売る準備ができていたのは事実だ。俺たちは時代を先取りしていた。ビジネスの場合、時代を先取りするのは何より大事なことだ。

やがて縫製の下請けが見つかり、おかげで当然ながら作業の負担は減ったが、逆に言えばビジネスが拡大したということでもあった。一週間はだいたいこんなふうに過ぎていった――Cグレードのリーバイスを五ドル前後で入手し、業者に五ドル払ってパッチワークを縫いつけさせ、別の業者に五ドル払って形を整えさせる。ベニスのアパートには何百本ものサイズ違いのジーンズが吊るされていた。そのあと、近所のコインランドリーで洗濯し、アパートに持ち帰って積み重ねる。ちょっとした「ブラック企業」を経営していたといえるかもしれない。冗談はともかく、俺たちはリビングに長机を置き、生地を広げて、夜中に切ったり縫ったりし、あちらを修正し、こちらに手を加えた。クリエイティブな楽しい作業で、結果的に客の評判も上々だった。

遊歩道沿いにはまだブースを持っていたが、今では店番を二人雇っていた。俺とリンダはブースに立つより、外に出て生地を集め、新しいスタイルを開発しているほうが効率がよかったのだ。店への卸しは続けていて、この頃にはロサンゼルスまで手を広げていた。ほんの数年前、キャンプ・カウンセラーとして鬱屈した日々を送っていたとき、気分転換にデトロイトのロイヤル・オークを訪れていたのを覚えているだろうか。そこにあったインコグニートという名前の洒落た店が、俺たちの商品を買うようになっていた。

それ以外の大手の客はナナといって、ドクターマーチンをほぼ全米に流通させている販売代理店だった。連中は卸しのほかに小売店もやっていて、パッチワークを施したジーンズやチューリップハットなど、俺たちの商品を手広く扱ってくれた。そう時間が経たないうちに、百を超える店と取引するようになっていた。

こんなやり方は誰もしていなかったから、業界の風雲児としてもてはやされた。それから二年ほどは、お山の大将で、展示会のスターだった。俺もリンダも寝る間を惜しんで仕事に当たった。二人ともハードワークを苦にしなかったし、何より楽しくてたまらなかった。クリエイティブな作業で、やりがいは大きかった。俺はとにかくやる気に満ちていた。

金銭面でも見返りは大きかった。数週間で何千ドルというレベルの話だった。三年前まで友人の家を渡り歩き、ときには釣り銭をごまかし、財布の中身に神経をとがらせながら貧乏暮らしをしていたのが、突然金を稼ぎまくるようになるとは。最初の会社はベネチアン・パラダイスと命名した。ベニスという場所は、パラダイスのように思えたからだ。「立身出世物語」を気取るつもりはない。それは他人が評価すべきことだからだが、まあ実際のところはそんなものだった。

必然的に、アパートから作業場を移さなければいけなくなった。月二百ドルの大きなガレージを借りたが、電話も便所もなかったので、用を足すには通りの向こうまで行かなければいけなかった。ガレージでは従業員を四人雇っていて、一日の終わりには必ずＵＰＳがやってきてまとまった荷物を引き取っていった。荷物を発送するあいだも、顧客からは小切手が届き、店からは品切れになった（またか！）と電話が入り、こちらからも発注した。みんな一心に働きながら、実地で学習した。ビジネスが成長中だからといって、決して節操なく金を使っていたわけではない。たとえば近所にはペット用品店があったので、よくそこで余ったダンボールを譲ってもらい、新品を買う金を節約した。懐具合には十分注意していたというわけだ。税金もちょっと納めるようになり、ベネチアン・パラダイスはいよいよ飛躍した。

当時は今よりも、社会保障番号を入手して口座を開設するのが簡単だったし、俺はちゃんと税金を払い、人も雇っていた。俺はこんなふうに思っていた——失敗したって、死にゃあしない。最悪のシナリオと言ったって、何が考えられるだろう。イギリスに強制送還されるのか？そうなったらそうなったで、淡々と解決するしかない。俺は前向きなエネルギーに満ちていて、イギリスにいたときなら躊躇したようなリスクも冒していた。いささか無鉄砲だったが、そのいっぽうで常に目的意識は失わなかった。単に思いつきのアイデアをもてあそんだり、時間を無駄に過ごしていたわけではない。俺はやる気に満ちていた。

ハリウッドで遊びほうけていた男が、アパレル業界で突然成功したというと、随分な飛躍だと思われるかもしれない。ある面では、それは正しい。だが俺自身には一貫した論理とパターン、一本通る芯があった。別の言い方をしてみよう。はじめのほうで九〜十三歳くらいまで、ハラムシャー・ハリアーズで長距離走に打ち込んでいた話をしたはずだ。ちょっと成功すると、大いにやる気がみなぎった。成功というのは正しい表現ではないかもしれない。たぶん俺は、自分がやりたいことを見つけたときにモチベーションを得るのだ。ガキの頃は単純な話だった。走るのが大好きで、だから上達し、挑戦を楽しんだ。俺の挑戦好きは昔から変わらない。

ロサンゼルスで友人の家を渡り歩き、パンクロッカーたちとつるんでいた頃は、人付き合いという面では楽しかった。だが何も結果を出していなかったし、何かに挑戦しているという感覚もなかった。確かにあの頃はいろいろな意味でいい思い出がたくさんあるし、何も後悔していない。でもあの頃は挑戦がなかった。だから衣類のビジネスが比較的早く軌道に乗ると、ようやく自分に対する結果を出したという気分になった。はじめて成果を挙げ、自分で満足できるクリエイティブなことをやっていたのだ。すべてが自然に起こり、すべてが思いがけない形で起こった。突然、俺は成功者になり、クリエイティビティとやる気を求められる仕事を手にしていた。幸いにもリンダという相棒がいて、とても馬が合ったし、二人でいるとクリエイティブな仕事ができた。目の前には、アメリカでの未来が広がっていた。ハリウッド時代の場当たり的で無軌道、その場限りの暮らしはいつか終わっていただろう。ああいったものは、そう長続きしない。

服飾ビジネスで得ていた満足感の大半は、自分のアイデンティティを確立したというところから来ていた。ベニスでは「遊歩道沿いで帽子を売っているクレイジーなイギリス人の男」として知られるようになり、たくさんの連中がわざわざ会いにやってくるのだった。ほとんど毎日、俺は高さ十八インチのシルクハットをかぶって、パッチを施したヒッピー風のジーンズを穿いていた。自分の商品のモデルをやっていたのだ。「でかい帽子を探せ！」と刷ったチラシまで作っていて、実家に送るハガキや便せんに、大きな帽子をかぶった男の絵をサインのかわりに描いた。少しずつ取材の依頼も来るようになった。ベニス・ビーチが格好のネタだったこともあり、いくつかの雑誌に俺たちの記事が載った。ある雑誌では「アメリカ屈指のホットな帽子会社」と呼ばれた。ライターのジョン・ヤングは、こんなことも書いていた。「ベネチアン・パラダイスの帽子は、ゆっくりとしかし確実に、アメリカと世界の文化に浸透しつつある」一九九一年二月にはUSAトゥデイの取材も受け、カリフォルニア州の観光客向けのガイドブックにも載った。だがそういったこと以上に、自分自身が楽しみ、確かな手ごたえを得られる仕事をしていた。実入りは十分だったが、大事なのは自分の力で生き、自分にしかできないことをやっていたことだった。

よくお袋とは手紙のやり取りをしていたが、金も仕事もなかった時期は、シェフィールドに帰ってこいと言われていた。「マグナス、そっちの暮らしはあなたに合わないんじゃないの」という具合だ。そうやって気遣ったり心配したりするのが、母親というものだろう。だがどんなときも俺の決心は揺るがなかったし、やる気も失わなかった。だから俺は踏ん張り続けた。そうしたら潮目が変わった。まだ自分が本当に望む場所にはいなかったが、アイデアと目標があり、そこに到達するはっきりとした道筋が見えていた。

第5章

初のポルシェと「リトル・ジョージア・ピーチ」

自分が本物のポルシェを所有するなんて、ありえないと思っていた。シェフィールドの労働者階級の家庭で育ったのだから、そう思うほうが普通だろう。確かに十歳のときポルシェ社に手紙を書いたが、十代後半から二十代前半にもなると、その可能性はみるみる減っていった。だが今の俺ときたら自伝の執筆中で、それというのも世界有数のポルシェのコレクターであり、改造マニアだと思われているからだ。人生ってのは妙なものだ。

では俺がどうやってポルシェ狂になったのか、その話をしよう。少し時間を巻き戻す必要がある。一九八八年、ハリウッドでミュージシャンの友人たちとつるみ、ロックンロールを満喫していた頃の俺は、車なんて持っていなかった。免許証さえ取っていなかったのだ。というのもイギリスで過ごした十代の頃、親父は会社の車を運転させてくれず、車に触れる機会もなかったからだ。もう少し正確に言えば、挑戦はしてみた。じいさんのジョーが、ハンドルにシフトレバーのついたルノー・5に乗っていたので、日曜に飛行場跡に行き、二ポンドくらい払ってそのあたりを運転してみた。十七歳になると路上教習を何度か受けてみたが、免許の交付試験を受けたらなんと落ちてしまった。だからそれ以降、どこへ行くにもバスに乗った。実際のところ、大きな問題ではなかった。シェフィールドの実家は、玄関から百メートルくらいの距離にバス停があったから、どこへ行くにもバスあるいは徒歩で行った。

ロサンゼルスに到着してみると大都会で、誰もが車で移動していたが、最初は不自由だとは思わなかった。だが、どこへ行くにもアシを確保するか、バスに乗らなければいけないことに、しだいにイライラしてきた。やりたいときに、やりたいことをする自由がなかったのだ。そこでサンタモニカの自動車局で免許の試験を受け、今回は運よく合格した。すぐさま安い車を買った。911ではなかった。まだその段階ではなかった。

バンドで演奏していて、予備の部屋に俺を泊めてくれたジョニーのことを覚えているだろうか。やつの継父がハリウッドのホンダに勤めていたおかげで、とある車が売りに出されるという情報が耳に入り、俺は一目見に出かけていった。たいした車じゃなかったが、結局七七年トヨタ・カローラ2TCを買うことにした。車体は白で内装は黒の布張り、四速で、奇跡の車というわけではなかったが、二百ドルで手に入れるには上々だった。

数ヶ月しっかり練習して、左ハンドルの運転のやり方を独学で身につけた。当時の俺は無鉄砲で、なるようになるという姿勢だったのだ。そのトヨタは希少なポルシェというわけではなかったが、俺にとっては自由の象徴だった。誰かに拾ってもらったり、車の時間に間に合わないからと早めに席を立たなければいけないことも一切なくなった。可愛いカローラで、いい思い出がたくさん残っている。実際のところ、あのトヨタとの絆は今でも俺の意識に影響していて、いつの日かカローラを改造したいと漠然と思っているくらいだ。

最終的にそのトヨタは二百ドルで売却したが、しばらく自分だけの車を手にすることができたというわけだった。その頃にはもう少し目標も高くなり、SPGパッケージのサーブ・ターボを六千ドルで手に入れた。ベネチアン・パラダイスの経営状態は良好で、リンダも俺も真面目に仕事をしていたから、それくらいの散財はまったく問題なかった。会社には営業用のバンと、このいっぷう変わったサーブの二台を置いていた。ベニスにはヨーロッパから来た連中が大勢いたから、ボルボやサーブを見かけることも多く、なかなか面白い光景だった。

一九九二年、ビジネスは絶好調だった。俺はもうクラブ通いをすることもなくなった。一日十四時間超、週七日働いていたと言っても大げさではない。会社は右肩上がりだった。そんなとき、一九七四年型のスラントノーズでワイドボディのポルシェ911が目に留まった。ベニス周辺でポルシェを見ることはたまにあった。いや、そういうことは結構あった。服をめぐる一連の物語からもわかってもらえると思うが、ベニスは文化のるつぼで、人とは違う生き方を選び、クリエイティブに過ごしている連中や、旅人や観光客がたくさんいた。もちろん裕福な連中もいて、そいつらの多くはポルシェを所有していた。

ちょっと歴史的な背景を振り返ったほうがいいだろう。当時車を買うには、インターネット時代の今とは違う手順が必要だった。とにかく「スポーツカー・トレーダー」や「ザ・リサイクラー」といった紙の雑誌を読みふけり、即売会に足を運ぶのだ。俺はよく、車に関するイベントとしては地域最大だったポモナ即売会に顔を出した。ポモナに行くのは楽しかったし、今でも大好きだ。フォルクスワーゲンやシボレーなど、数えきれないほどの車が千エーカーくらいの会場を埋めていた。単なる売却や交換の場ではなく、愛車を披露する機会でもあり、あちこちのオーナーズクラブが誇らしげに展示を行っていた。車好きの連中にとっちゃ、天国のような場所だ。

その会場で俺は、赤のスラントノーズでワイドボディの911に出会った。最初からスラントノーズを探していたわけではなかったが、七千五百ドルということで、言ってみれば衝動買いをしたのだった。即断即決。そのこと自体が楽しかった。俺は二十五歳だった。人生は最高だ。

その車を買ったことは、文字どおり夢の実現だった。繰り返しになるが、服飾ビジネスで成功したことは俺にとって大きな意味があった。クリエイティビティを発揮し、一生懸命努力して何かを達成した証だった。ポルシェを手に入れるのも、ひとりの人間として何かを達成した印だった。こんなものを手に入れられるなんて、まったく思っていなかった。幼い俺がアールズコートでマルティーニ・ターボに一目ぼれしてから十五年。二十代半ばで車を手に入れた俺は、ついにここまで来たか、という感慨にひたった。

まだターボには手が届かなかった。確か当時二万五千ドルくらいしたのではないか。スラントノーズは好き嫌いの分かれる車で、賛成派と反対派が激しく対立している。個人的には、いいデザインだと思っている。八〇年代の『特捜刑事マイアミ・バイス』っぽい雰囲気がある。

一時期スラントノーズはよく見られ、既製品の911をスラントノーズでワイドボディの車に改造するのも珍しくなかった。改造のプロたちは、客が持ち込んできたピカピカの新車にパーツを追加し、スラントノーズ用のフェンダーをつけていたという。当時はそれが大流行していた。ゲンバラやRUF、DP、クレーマーといったヨーロッパのチューニングメーカーが活動していて、一時は猫も杓子もファイバーグラスに改造しているような状態だった。ポルシェにはひとつ、非常に優れた点がある。よそのブランドと違って、どんなふうにでも改造できるのだ。まあ、その話はまた後でしよう。俺の記憶が正しければ、DPやクレーマーはポルシェを独自の形に作り替え、その最高のレースカーをストリート911として売り出していたのだった。やがてポルシェも「スペシャル・ウィッシュ・プログラム」を立ち上げ、客の要求に応じて改造を行い、スラントノーズを手がけるようになる。スラントノーズは当時の代表格だった。

俺は単にターボ風のスラントノーズが欲しかっただけで、探し当てた車は七千五百ドルだった。当時はポルシェ911もまだ手の届く価格設定だった（今までに五十台超を所有してきたが、実際二万五千ドル以上かかったのはごく一部だ。やたらと金を使いまくっていたわけではない。大半は一万ドル以下か、五千ドル前後だった）。手に入れたスラントノーズの車はもともと七四年911で、その後でターボ風に改造されたようだ。ボディはワイドで、色はガーズレッド、内装は黒でアーチがついていた。つまり買った時点で既製品ではなかったわけだが、俺はすぐさま改造に取りかかった。もともとそういう状態だったので、マッチングナンバーの車、つまりオリジナルのエンジンやトランスミッションがついていて、歴史的な価値のある車をダメにしようとしていたわけじゃない。車はもう誰かの手が加えられていたのだ。ただしオリジナルの2・7リットルのエンジンがついていたのは確かだ。「見せかけだけの車」ではなかったわけだが、俺に言わせれば2・7はそこまで強力な心臓ではない。実際のところ、自分のサーブ・ターボと同じくらいか、あえて言えばもっと速かったのではないかと思っている。

ベニスにはジョン・ウィリアムソン、愛称オットーという腕のいい男がいて、ポルシェのエキスパートだった。残念ながらもうこの世にいない。やつは「ゴールドジム」（七〇年代から八〇年代にかけてシュワルツェネッガーのおかげで有名になった）の近くで個人のポルシェ代理店をやっていて、俺の車の改造を手がけてくれた（十年ほどしてから、オットーは俺のことをポルシェ・オーナーズクラブに紹介してくれるのだが、その話はまた後で）。俺が初めて「ポルシェ狂」の世界を垣間見たときでもあった。その話については、これから何度でもさせてもらう。

もともと3リットルのエンジンまで搭載する気はなかったが、2・7ではどうしても十分な速度が出ると思えなかった。見かけ倒しの車だという印象が拭えなかった。そこで購入から一ヶ月も経たないうちに、オットーの店に駆け込み、数千ドル払って3LのSCのエンジンを取り付けたのだった。新しいエンジンが完成したその日、サンフランシスコまで車を走らせたことを覚えている。3Lはもちろん2・7よりトルクが大きかった。ただしそこまで大きな差というわけではなく、俺の懐具合ではそれくらいが精いっぱいだった。エンジンの交換プラス取り付けで四千ドルだったと思う。もちろん車の購入は予算の範囲内だったし、改造もそうだった。サスペンションやエンジンのグレードを上げたわけではなかったが、当時はまだ初心者で、これだけで有頂天だった——自分のポルシェを手に入れたのだ！　内装のカーペットを剥がしてベルベットのドアパネルをつけたり、クロームリムをつけたりして、いろいろと改造を楽しみ、自分らしさを演出した。誰でもやっている程度の改造だったが、たちまち自分のテイストを加えることにハマった。ジーンズや帽子でやっていたことと同じだ。やがて不動産でそれをやり、もっと後にはポルシェのコレクションでやることになる。クリエイティブな作業をするなら、必ず人にはない味わいを加えたい。そうやって生きることが、俺の絶えざる情熱だ。どんな仕事を手がけるにしても、クリエイティビティを発揮すること。それがどうやら俺の評価にもつながるのだった。

その車は一九九九年まで所有し、自慢に思っていた。白状するが、かなり大胆にふっ飛ばしたこともある。一度、自動車局から「ドライブは特権であり、権利ではない」と書かれたレターが届いた。その頃には愛車を売ってしまい、別のポルシェを所有していたが、最初の車は俺にとって特別な存在であり続けるだろう。

要するに俺は「ポルシェの沼」にずぶずぶとハマり始めていたのだった……。

この頃はまだリンダと付き合っていて、カルヴァー・シティに一九二〇年代風の洒落た古い家を借りていた。ポルシェはガレージに停めておき、だいたい週末だけ乗っていた。相変わらずビジネスに集中していて、やる気もあり、朝から晩まで働いて、クリエイティブな作業を楽しんでいた。ベネチアン・パラダイスは好調だったが、いっぽうで課題も増えてきていた。たとえば、もう五十セントや二ドル程度では、リーバイスのジーンズを手に入れることができなくなっていた。卸しの注文が桁違いに多くなり、まとめて購入する必要があったからだ。材料の仕入れがスムーズにいかなくなると、いろいろなところに影響が出る。おまけに周りの連中が俺たちの真似を始めた。俺たちが二十五ドルで売っていたところ、連中は中国で仕立てさせ、国内で八ドルぽっちで売るのだった。帽子の安いまがい物も出回り始めた。品質は比べ物にならないが、値段はぐっと安く、おかげで市場を食われてしまった。加えて、俺たちのアイテムを歓迎したサブカルチャーがみるみるうちに変化していった。ストリートカルチャーとはそういうものだ。レイブは廃れ、グランジが人気を集めるようになり、まるっきり違う空気が漂うようになった。

とどのつまり、初期の成功を支えたいろいろな要素が、自分たちではコントロールできないし、コントロールする必要もない方法で変わってしまったのだった。展示会に参加すると、ブースに来る人間が少なくなったのが体感できた。ブランドの人気自体が落ちていたことに加え、よそのスタンドで安いまがい物を買うことができたからだ。新しい方向性が必要だった。ブランドの再確立だ。

こういった変化を踏まえて、パッチワーク・スタイルに力を注ぐのをやめ、いわゆるカットソーを手がけるようになった。自分たちで服を作ったのだ。まだ俺たちのブランドには一貫したスタイルがあり、ブラック・クロウズやジミヘン、ドクター&ザ・メディックスのテイストを守っていたが、いっぽうでよりオリジナルな商品を手がけるようになった。ある意味では、既存のスタイルを参考に、新しいものを作っていたのだった。カスタムメイドの服をゼロから作るようになっていた。より手がかかるし、クリエイティビティを求められるし、プロセスも複雑だったが、出来上がった品物はもっと高い値段で売れた。

商売は再び軌道に乗った。デ・ラ・ソウルやフラバー・フラフ、デジタル・アンダーグラウンドといった有名なラッパーが着てくれるようになった。商品のラインナップを気に入ってくれたようだ。もちろん俺たち自身はミュージシャンではなかったが、スタイルがお気に召したようだ。バンドのメンバーやラッパーが続々とベニスを訪れるようになり、俺たちはせっせとオーダーメイドの服を仕立てた。

ブランドの再確立はカットソーの量産に留まらなかった。少し前から、ベネチアン・パラダイスというブランド名はもう古臭いと思っていた。地理的にもスタイル的にも業界は変化を遂げたのだから、名前も変えなければいけない。ある日の午後、何人かのミュージシャンがやってきて一点ものの服を眺めていたとき、ひとりがつぶやいた。「こいつは本物《シリアス》だな」

頭の中で電球がパチンとついた。こうして「シリアス・クロージング」が誕生したのだった。長い年月のあいだ、真面目に仕事をしてきたおかげで、店舗や卸業者との幅広いネットワークがあり、新しいラインナップを売り込むことができた。隠すようなことではないから言うが、テーマパーク方面からの注文は減った。新しいブランドは連中のテイストに合わなかったからだ。けれど俺たちは十分すぎるくらい穴埋めをした。たとえばホット・トピックというチェーン店に服を卸すようになった。当時は五店舗しかなかったが、やがて五百店舗超まで成長するチェーンだ。前から帽子を買ってくれていたが、服も注文するようになってくれた。会社には新しい血が注入され、まったく新しい物語が始まった。

一九九四年、創業一周年を迎えたシリアスは卸売りを幅広く手がけ、帳簿係と生産担当を含む十人強の従業員がいた。会社はロサンゼルスのダウンタウンの７６０グラディスに移転し、五千フィートあるウェアハウスを借りて使っていた。この地でシリアスは本当の意味で飛躍を遂げ、大きく育つ。かつて教会だった建物を改装した古いウェアハウスはたいそう味があった。ダウンタウンに移転したことで、ビジネスはより効率的になった。もう通勤に時間を取られることはなくなったし、客も直接やってきて注文したり、材料を置いていったりするので、ビジネスは大きく成長した。利益も増えたし、無駄に車を走らせて時間を浪費するかわりに、ものづくりの作業に時間を割けるようになった。

俺は新しい成功に胸を躍らせていて、ちょっと大胆不敵な気持ちだった。懐にはじゅうぶんな金があった。自分のアパートを借り（名義はリンダと共同だった）、税金を払っていた。銀行口座も開いていた。どれもイギリスにいた頃は手が届かなかったものだ。数年前はハリウッドで小銭をかき集めていたのが、今では卸売りで年に五十万ドルほどの利益を上げていたのだった。

私生活の面ではリンダと結婚したが、一九九三年頃には互いの気持ちが離れていて、やがて別居することになり、最後には離婚した。俺は二人で住んでいたアパートを引き払った。一緒にやった仕事はとてもうまくいったが、時間が経つにつれてなんとなく距離ができ、結局それぞれの道を行くことになったのだ。それから一、二年かけて、リンダにはシリアスから手を引いてもらった。

その頃には、シリアス・クロージングは安定した利益を上げるようになっていた。かけがえのない愛する妻、カレンに出会ったのもこの頃だ。彼女のことは南部のシンボルである果物にちなんで「リトル・ジョージア・ピーチ」と呼んでいた。どうやってそんな幸運な出会いをしたのか、ちょっと語らせてほしい。初対面はニューヨークのブティック・ショーだった。カレンのほうから俺のブースにやってきたが、短い会話をかわした程度だった。カレン曰く、俺はマイアミから来た客に大量の服を売るのに忙しくて、気もそぞろだったという。だが俺は間違いなく彼女に目を留めていた。当たり前だろう。

当時カレンはアトランタに住み、「フーチ」という名前の小さなアパレル会社を経営していた。会社は順調で、個人ではデザイナーの仕事もしていた。フーチは南部の俗語でウイスキー、もっといえば密造酒を意味する。ラインナップは五〇年代の女性向けで、マリリン・モンロー風のカットソーなんかがあり、パンクロックのテイストも効いていてお洒落だった。カレン自身も超セクシーだった。ちょっと五〇年代の雰囲気がある女性で、髪はブロンド、マリリン・モンロー風に仕立て、超ホットで超セクシーだった。鼻には小さなリングをつけていて、後には眉にもピアスをする。アトランタの雰囲気はロサンゼルスと違い、こっちに来ると彼女はいい意味で浮いていた。ピンナップガールのようにも、ロックンローラーのようにも、マリリン・モンローのようにも見えた。南部のいいとこ取り、スタイルの見本市だ。俺はノックアウトされた。

三年ほど展示会に参加していたおかげで、俺はこの界隈ではよく顔を知られ、常連として定着していた。展示会の目的は、破壊力のあるラインナップを用意し、その場でローンチしつつ宣伝し、さらにアップデートしたバージョンを売ることだ。停滞してはいけない。どんどん、火力を増していくのだ。骨の折れる作業だったが、こういった展示会はおおむね楽しかった。準備は大変だが、魅力的な新しい知り合いができる。誰もがメインストリームとは違う生き方をしていた。年はみんな二十代半ばくらい、成功を収めていて、クリエイティブな商品を作り、うまくやっていた。小売店のバイヤーも同じくらいの年齢で、当然ながら昼間はビジネスをやり、夜はニューヨークやラスベガスでパーティという具合になるのだった。

ニューヨークでカレンと出会った数ヶ月後、マイアミでインターナショナル・ジーンズウェア・ショーが開催された。カート・コバーンが四月に死んでからほんの二週間だったはずだ。雑誌の出版社が開いたホテルのプールサイドのパーティで、俺たちは互いにアプローチした。そのとき一緒に撮った写真は記憶にある。確かカレンはマリリン・モンロー風の深紅のホルターネックを着ていて、誰よりもホットだった。君は素敵だ、と俺は言ったが、その時点でどうにかなったわけではないと思う。カレンは結婚生活が破局寸前だった。俺は二十七歳、彼女は二十九歳と年も近かった。カレンはとても華があり、その界隈ではどちらかというと新顔だったが、目立っていた。しばらくするとまたニューヨークで別の展示会があって、そのときようやく打ち解けたのだった。二人だけでクラブに行き、最高の時間を過ごした。

いくらも経たないうちに、カレンは友人のリズとクリスを引き連れて、アトランタからロサンゼルスに越してきた。花の三人娘は二十五フィートのU-ホールのトレーラーをレンタルし、荷物を残らず積み込んで、カレンがロサンゼルスまで運転してきたのだった。当然のことだが、三人はロサンゼルスじゅうの男たちの目を釘付けにした。まるで「チャーリーズ・エンジェル」だった。どこからともなく現れた天使といった感じで、「アトランタのプッシー・ポッセ」というあだ名がつき、みんな三人とお近づきになりたがっていた。どいつもこいつも彼女たちを口説いていた。だが幸運にも、カレンは俺を選んでくれたのだった。

カレンは俺よりずっと社交的な性格だったが、俺たちは馬が合った。最初、コスタメサでリズのボーイフレンドの両親と同居していて、引っ越してきてまもなくシリアスに電話をよこした。俺はその頃、携帯電話を持っていなかったのだ。どうやら俺はよそよそしいとまではいかなくても、期待したほど気さくではなかったようで、電話を切った彼女は「ちょっと勘違いしていたかも」と内心思ったそうだ。

本当のことを言えば、職場の人間の前では喋りたくなかっただけだ。電話が切れるやいなや、会社を飛び出して、角の公衆電話から折り返しの電話をかけた。次の日曜の二時、ロス・フェリスのドレスデンというバーで待ち合わせすることになった。時間をきっちり守ったことが、カレンにいい印象を与えたようだ（俺がアポに関して細心かつ素早いことを、カレンはいつも褒めてくれた）。

カレンがスタイルの見本市だと言ったのを覚えているだろうか。当時乗っていた車にしても、ばかでかい4ドアの六〇年代式キャデラックで、随分と個性的だった。体重四十三キロ、身長百五十二センチの小さな美女が、巨大なキャデラックを乗り回す姿は、もちろん完璧に絵になっていた。待ち合わせの日、カレンは超ミニのスカートにバイカーブーツを履き、「スター・ファッカー」と書かれたチビTを着て現れた。俺はサーブを運転していった。ポルシェも持っていたが、見せびらかしていると思われるのは嫌だったのだ。意識して控えめに振舞っていた。スワール柄の黒のベルベットのパンツにつま先の尖った靴を履き、カウボーイ・シャツか何かを着ていたと思う。

どういうわけかバーは閉まっていたので、キャデラックはそのあたりに停め、カレンを車に乗せてロサンゼルス一周ツアーをやった。俺はロサンゼルスを案内するのが好きだ。ツアーガイドの適性があると思っている。街の建物を見せながら、メアリー・ピックフォード、チャーリー・チャップリン、ダグラス・フェアバンクス・ジュニア、ユナイテッド・アーティストなんかがダウンタウンの立派な劇場で活躍していた頃の話をするのは楽しい。ハリウッドサイン、グリフィス天文台といった、いかにも観光地らしい場所も案内する。カレンは長大なツアーを楽しんでくれて、最後には日曜の夜にハッピーアワーをやっていたウエストハリウッドのバーで飲むことになった。何人かの友人に会い、十時頃まで一緒に過ごしたあと、カレンはコスタメサまで車で帰った。最初のデートですべてが決まった。俺たちはもう離れられなかった。

コスタメサで知人と暮らしていた六ヶ月間、カレンは実際のところ六日ぐらいしかそこにいなかったのではないか。ほとんどずっと俺と一緒にダウンタウンで過ごし、仕事だけはコスタメサでしていた。俺は完全にメロメロだった。

同棲を始めたのも比較的すぐで、一九九五年の早い時期だったと思う。俺たちは同世代で、生い立ちも似ていて、同じ道を歩き、同じ価値観を持っていた。やがて相手が何を言おうとしているのかわかるようになった。カレンについては、ほかにもたくさん話したいことがある。だが取り急ぎ、俺たちは運命的なカップルだったとだけ言っておこう。

第6章

シリアス、飛躍する

恋人として俺とカレンは一心同体だったが、しばらくするとビジネスやクリエイティビティの面でも波長が合うことがわかった。この頃カレンの会社が、ホット・トピックからヒョウ柄のパンツの大口の注文を受けた。今までで一番大きな注文とのことで、当然のことながらカレンは興奮していた。俺は縫製の手伝いをしたが、型紙にミスがあったのか、どこかに問題があったようで、納品したあとで足首のあたりが細すぎて穿けないという電話がかかってきてしまった。協力して足首の両側にジッパーを縫いつけ、ちゃんと穿けるように調整すると、幸いにもホット・トピックはその商品を受け付けてくれた。ビジネスという点では、それが最初の共同作業だった。

一年も経たないうちに、カレンは小規模なラインナップでやっていくのは難しいと思うようになり、フーチを自然消滅させて俺の会社に加入した。それがシリアスの「輝かしい年月」の始まりだった。そのときまでシリアスはまだ独自のスタイルを完成させていなかったと思う。いわばスタイルの寄せ集めで、スケーター風味やロックンロール風味が混在し、決定的なスタイルはできていなかった。カレンと組んだことで、南部の魅力とイギリス北部のテイストを合体させることができた。二人で新商品をデザインし、アイデアをぶつけあい、互いの個性を色濃く反映したアイテムを作った。俺は男物を、カレンは女物を手がけた。だがそれぞれのラインナップで同じ生地を使うことも多く、互いに補いあうような服ができるのだった。カレンがグラディスの大きな倉庫で女物のデザインを始めると、ものごとはよりよく進むようになった。女物のラインナップはみるみる充実し、売り上げも伸びていった。

クリエイティブなビジネスすべてに当てはまると思うが、おそらくシリアスの成功の一因は、自分で着たいと思うようなものをデザインしたことだ。流行を追っかけるようなことはしなかった。俺たちが流行を作った。若い頃から一貫して「自分自身のスタイル」を追求するようにしている。どんなことをやるにしても、自分のスタイルを確立することが肝心だ。

俺もカレンも三十代の前半で、波に乗っていた。それぞれ二十代の頃はよく遊びよく働き、私生活では破局も経験した。互いにぞっこんで、一緒にいる時間を楽しんでいた。恋愛ではそれぞれ苦い思いをしたことがあり、新しい恋人は爽やかな風のような存在だったのだ。ようやく俺は運命の人を見つけたし、カレンもそう思ってくれていただろう。本当に充実したクリエイティブな日々で、互いに天の配剤だった。一緒に暮らし、一緒に働き、一緒に創造する。すべてがうまく噛み合っていた。俺たちは黄金のコンビだった。

よりエッジの利いたスタイルを好むようになったカレンのために、髪を短くカットしてやったことを覚えている。そのあとドレッドヘアにしたいと言い出したので、今度はそんなふうに整えてやった。赤や青、黄色やオレンジに染めていたこともある。いっぽう俺は自分のブロンドを黒く染めた。マリリン・マンソンのバンド仲間、ツイッギーのようだった。当時の俺たちはシリアスに全力投球していたものの、遊びのほうも手を抜かず、毎週三、四回は出かけていたと思う。しまいには、ハリウッドのロックンロールなカップルといったらあの二人、と言われるくらいになった。ナイトクラブの列に並ぼうとすると、誰かが無料で入れてくれた。「カレン、マグナス、入ってこいよ」という具合だ。ロックンロールのロイヤルファミリーのようなもので、チェリーやウイスキー・ア・ゴーゴー、サンタモニカ・ブールバードのプリティ・アグリー・クラブなんかに出入りしていた（経営していたのはテイムだ。ずっと前、俺からＰＶＣパンツを買ったあの男を覚えているだろうか）。ロックショーに行けばバックステージに通してもらい、バンドで演奏する仲間たちとつるんだ。こういったミュージシャンたちは、まめにシリアスのウェアハウスを訪れて服を買っていくのだった。気に入ったバンドにはほとんど無料で提供した。もはや俺たちを止めるものは何もなく、すべては思い通りだった。あの頃は朝の二時までクラブで遊び、散々楽しんだあとはしっかり働き、カレンと過ごす時間を大切にしていた。街では一番人気のカップルだった。

シリアスで作っていたカットソーも大人気で、有名な連中にも受けがよかった。実際のところ、最初にステージで着てくれたのはあるパフォーマンスアーティストだったのだ。まもなくビッグネームの数々が後に続いた。アリス・クーパー、クリス・アイザック、ノー・ダウト、ソーシャル・ディストーション、ポルノ・フォー・パイロス、ホワイト・ゾンビ、ストーン・テンプル・パイロッツ、スタッビング・ウエストワード、ナイン・インチ・ネイルズ、マリリン・マンソン、そのほか地元のバンドの連中だ。ミュージックビデオの出演者が着ることも多く、バンドの連中が引きも切らずウェアハウスを訪れた。あの黄金の日々。ファッションリ誌にも登場して注目を集め、スタイリストのあいだでもシリアスの服は引っ張りだこだった。「ヴォーグ」（イギリス人のスーパーモデル、ツイッギーの特集記事）、「アクセス」（グウェン・ステファニー）、「ローリングストーン」（一九九五年四月、シリアスで身を固めたベリーの写真）、「ジャスト・セブンティーン」など、さまざまな雑誌の表紙に登場した。アクション・リテーラーでは「注目の企業トップテン」にノミネートされ、「オルタナティブ・プレス」は俺のこんな言葉を引用している。「スピードカーやホットロッド、ロックンロールに強く影響を受けている」こんなふうにも言っていた。「大衆に媚びる気はない。新しいものを求める一人一人のために作っているんだ」こういったロックンロール風味は、カタログや販売戦略にも表れていた。初期は手書きだったチラシやパンフレットも、プロが作成した色鮮やかなカタログになり、ジョニー・キャッシュ、ダッジ・スーパー・ビー、ブラック・クロウズ、バイク、ナッシュヴィル・プッシー、隙間のある歯を見せて微笑むカレン、俺の写真なんかが載っていた。

パーティの場やセレブな顧客を除けば、当時の服飾業界はごく小さなコミュニティだった。名前の通った会社は五十社ほどで、上位三社がシリアス、リップ・サービス、トリップだった。シリアスが一番だと言われていた。カレンと俺は隙のないチームだった。五ドルくらいしか使わないつもりでブースにやってきたバイヤーたちは、二人で足止めし、結局二十ドル使わせるので文句を言っていた。

ビジネスという面では、俺たちには壮大な計画があった。卸しや展示会もいいが、自分たちの店が欲しかったのだ。こうして一九九六年、メルローズに一号店がオープンした。俺がすかんぴんの異邦人としてリテール・スラットに足を踏み入れ、九ドル九十九セントのＰＶＣパンツを穿いて汗をかきながらテイムと話をしていたのは、わずか十年前のことだ。店を構えるなんてリスクが大きすぎるという連中もいたが、俺たちの考え方からすると難しい判断ではなかった。二人とも決断に時間は掛からなかった。最初からずっと「直感に従え」と言っていたのだ。友人も何人かニューヨークに店を持っていて、みんな順調だった。自分の店を持つのは、商品開発にとっていいことで、卸しよりマージンがいいし、客の嗜好《しこう》を追っかけられるという点でも優れていた。服の着心地はどうか、耐久性はあるか、何か問題があるか、あったとしたら改善できるか、リアルタイムで絶えずフィードバックが得られる。商品を卸す場合、問題がないかぎりフィードバックは得られない。だから簡単な判断だった。仕事の量は多かったが、少なくとも俺たちにとっては大きなリスクというわけではなかった。

　カレンには店で働いた経験があり、俺も遊歩道沿いで店員の真似ごとをしたことがあったので、経験をもとにプランを立てることができた。店はゴシック調にヒョウ柄の布を使い、壁は金色に塗り、ベルベットのカーペットを敷き詰めた。ちょっと面白い話がある。さっきテイムの名前を出したが、この頃やつのバンドはツアーの回数が減っていたので、シリアスの店で働いてもらうことになったのだった。テイムをめぐる物語がこんな結末に落ち着くとは。最近、この本を書くためにメルローズまで車を飛ばした。今では当時のおもかげはないが、シリアスをオープンした当時は週末になると魅力的な連中が街にあふれて、チラシを配ったり、バンドの宣伝をしたり、あたりをそぞろ歩いたりしていた。街は活気に満ちていた。

カレンと俺が店頭に立つことはほとんどなかった。品物を卸すというビジネスに忙しかったからだ。最初は自分たちのブランドしか扱わなかったが、しばらくするとよそのレーベルも仕入れるようになった。誰も彼もがシリアスのブランドを欲しがっているわけではないのだから、バラエティ豊かな品を提供することも必要だっただろう。友人のラインナップからアイテムを買うことが多く、それは楽しかったし、互いに助かるのだった。俺たちはビジネスの成長と同時に学習していた。学ぶ好奇心というものは、失ってはいけないのだと思う。

メルローズに店を構えたことで、知名度をぐっと高めることができた。ロサンゼルスで演奏していたロックンロールのバンドは、漏れなくメルローズに買い物にやってきたからだ。より多くのビッグネームと触れ合うチャンスができた。シリアスの店はロックスター御用達になった。連中はよくウェアハウスにもやってきたが、ハリウッドには一日しか滞在しないでサンセット・ストリップに泊まったり、近くで演奏することもあった。そんなときはメルローズの店に行くほうが、足の便がよかったのだ。店の中でバンドが小編成の演奏をすることもあった。

世の中には、小売業にまつわるプレッシャーや諸経費に悩まされるのが嫌だという人間もいる。だが俺たちにとっては問題ではなく、ストレスを抱えることもなかった。もちろん忙しかったし、先を読まなければいけなかったが、二人とも五ヶ年計画を立てるようなタイプではなかった。ただひたむきに仕事をこなすうちに、組織は自然と大きくなっていった。持てる力をすべて注ぎ、商売に打ち込んだ。どちらも一心不乱だった。好機が訪れれば、迷わず飛びつく。その繰り返しだった。

九〇年代後半はいい時代だった。二人ともまだ夜遊びを盛んにやっていて、週に三回くらいは街をうろついていたが、それはブランドの宣伝という意味でも効果的なのだった。俺たちはシリアスの服を着て、有名人とつるんでいた。店のほうも商売繁盛で、卸しに関しても非常にうまくいっていた。会社はフル回転していて、営業担当を二人、事務長をひとり、製造担当を二人雇って、次々と商品を製造し、一点の注文につき三千〜五千点単位でホット・トピックに納品した。シリアスは絶好調だった。メルローズに開店して三年経つと、通りの向こうのより条件のいい立地に移った。扱っている商品は同じだったが、新しい店舗は六〇年代のポップアートスタイルで、プレキシガラスを使ったディスプレイ用の棚なんかがあり、とてもクールだった。店の改装にはしっかり金をかけたが、会社の経営状態は良好だった。九〇年代の半ばから後半がビジネスの最盛期で、年間三百万ドルくらいの売り上げがあった。

シリアスの絶頂期、ウェアハウスにはいつもエネルギーが満ちていた。会社には優秀な人材が揃っていて、みんな同じ目標に向かって集中していた。毎日が興奮や期待の連続で、人びとが忙しく出入りし、俺たちは荷物を発送し、新しいラインナップをデザインし、服を縫製し、スチームアイロンは甲高い音を立て、ミシンはカタカタと鳴り続けるのだった。カレンと俺はいろいろなことを手がけていた――デザイン、営業、電話での材料の確保。ノンストップだった。会社はクリエイティブな空気に満ちていて、意欲的な人材が揃っていた。みんな、ひとつの目標に向かって全力を尽くしていた。

この時点で、俺はアメリカで暮らして十年ほどになっていた。シリアスはフルスロットルで活動し、新しい店もでき、地域でトップファイブの会社に名を連ね、調子よくやっていた。商品を山のように卸し、十分な利益を上げ、一週間に千個の帽子を売ったこともある。だが俺はグリーンカードを持っていないせいで、シェフィールドに帰れずにいた。嘘のような話だが、書類が揃わなかったので、兄貴の結婚式にも出られなかったのだ。ロンドンに渡って式に参列した場合、アメリカに再入国できるかわからないという状態だった。それはリスクとしては大きすぎた。シリアスは絶好調で、俺の生活の基盤はすべてロサンゼルスにあったからだ。強制送還なんてことになったら、目も当てられなかった。

運のいいことに、家族とは時々会うことができた。両親や親戚が二回ほどアメリカにやってきて、家に泊まっていったのだ。自宅にはでかいロフトがあり、客室もたくさんあったので、俺はホテル・カリフォルニアと呼んでいた。ツアーガイドの腕も磨かれた。

俺は書類上ではオーバーステイだったが、社会保障番号と銀行口座があり、税金も払っていて、六人くらい従業員を雇っていた。出国したらもう戻ってこられないかもしれない反面、アメリカの警察が俺を捕まえに来る心配はなかった。それでも何の手も打たずにいるわけにはいかなかったので、「第一優先」と呼ばれるシステムにもとづいてグリーンカードを申請した。ある程度の「芸術的価値」がある個人にカードを交付するシステムで、言い換えるならアメリカに対してクリエイティブに、かつポジティブに貢献している個人が対象とされる。政府は外国人が仕事の口を持っていくのを好まない。俺はアメリカ人のための雇用を創出していたのだが、それでも長々しい手続きを踏まなければいけなかった。

俺が「芸術的価値」を持っていると証明するには、知人から推薦状をもらわなければいけなかった。おわかりのようにシリアスは安定していて、ブランドの服はミュージックビデオに使われたりMTVに登場したり、ローリングストーンや「イタリアンヴォーグ」といった雑誌の表紙を飾ることもあった。そこでビジネス上の付き合いがあった何百人という人間に手紙を書いて、推薦状を依頼した。一晩で片がつくようなことではなく、何ヶ月も忍耐を求められたが、最後にはアリス・クーパー、クリス・アイザック、グラマー、ウォルト・ディズニーTV、MTVをはじめとする多くの方面から推薦を受けることができた。みんな、こんなふうに言ってくれた。「マグナスは立派な人物だ。とても人望があり、筋が通ったところ、誠実なところ、プロフェッショナルなところが業界全体で評価されている」必要な作業をすべて終え、巨大なフォルダに新聞記事の切り抜きや特集記事、カタログを詰め込んだ。かなり大掛かりな仕事で、相当骨が折れた。今でもこれらの推薦状は持っている。俺の自慢の品だ。

ようやくグリーンカード取得のための面接の日が訪れた。巨大な入国管理局のビルの地下で行われるとのことで、建物ときたらX-ファイル顔負けだった。当日、入国管理局の係員があまり親切でなかったことはよく覚えている。俺はかなり緊張していた。どんな展開になるのかわからなかったし、俺にとって重要な、人生が変わるような瞬間だったからだ。面接官はまったく人間味が感じられなかった。入国管理局の連中は、俺がみじめな思いをするのを楽しんでいるかのようだった。途中でこんなことを訊かれたのを覚えている。「あなたのどこがそれほど特別なのですか?」俺は答えた。「自分が特別だと言うつもりはないですが……グリーンカードが要求する十のカテゴリを満たすと記した書類がここにあります」ここでカードの支給を拒絶されていたら、どうなっていたのだろうか。何年間もアパレル会社を経営し、何ヶ月もかけてフォルダいっぱいの書類を仕上げ、不愉快な面接に臨んだ結果が、今出ようとしていた。

幸いなことに、最終的にはカードの支給が認められた。どれほどホッとしたか、言葉では言いあらわせない。どこに行けばグリーンカードが受け取れるのかと訊くと、相手はこう答えた。「ご自宅に郵送しましょう」俺は内心思った。「まどろっこしいな。速達か何かで届けられないのか」当時住んでいた建物は、いつも郵便物が受け取れる状態ではなかった。早くカードをこの手に収めたかったが、そういう手順にはなっていないのだった。俺は尋ねた。「郵送中にカードが紛失したらどうなるのですか」面接官は答えた。「それは我々の責任ではありません。あなたが申請した住所に郵送しますが、入国管理局を離れたら我々に責任はないのです」そんなわけで、グリーンカードは単純に郵送されてきた。幸いにも無事届いた封筒には、住所がわざわざ手書きされていた。

グリーンカードをめぐる騒動には、珍妙なおまけがついた。カードを手に入れたあと、イギリスで展示会をすることになった。もうアメリカに再入国する際のことを心配せず、俺が現地に行けるようになったからだ。カレンと一緒に行き、やれることをすべてやって、いつものように充実した時間を過ごした。さて帰国しようとヒースロー空港に向かったときも、すっかりリラックスしていて、ポケットにはグリーンカードが入っていると信じて疑わなかった。けれど実のところ、入国管理局からの手書きの封筒を開けて以来、俺はちゃんとグリーンカードを見ていなかったのだった。普通はそんな必要などないからだ。免許証と違って、毎日持ち歩くものじゃない。グリーンカードはパスポートのようなもので、一、二年のあいだ海外旅行をしなければ目にすることもない。俺はヒースロー空港の入国審査に向かい、書類を提出した。グリーンカードも取り出して、担当の係員に渡した。

「失礼ですが、このグリーンカードは期限が切れていますね」

しまった！

「それではまずいですか」と、俺は訊いた。

「有効期限内のグリーンカードがなければ、飛行機には搭乗できません」

なんてこった。

その日は金曜で、大使館は月曜の朝まで開かないということだった。「仮のグリーンカードの発行を申請するしかありませんが、それには長くて二週間かかります」最悪だ。俺は当然ながらパニック状態で、カレンも頭を抱えてしまうし、どうしたらいいのかわからなかった。実際のところ空港の係員はとても親切で、アメリカ合衆国国土安全保障省の人間を呼んできて話をさせてくれた。俺たちは事情を説明した。驚いたことに、その男はポルシェの愛好家だった！　ポルシェや車の話をし、９１１についてもたっぷり語り合ったあと、そいつは二十四時間限定の緊急グリーンカードを発行してくれた。

「いい空の旅を。アメリカに帰ったら車を楽しんでください」
ポルシェ狂に、悪いやつはいない。

シリアスの常連になった有名人の中で、特に親しくしていたのはアリス・クーパーだった。出会いのきっかけは、友人の友人がギタリストのライアン・ロクシーだったことだ。服が欲しいとライアンから電話がかかってきたので、こんな感じに答えた。「もちろんですよ。ちょっと立ち寄ってください。ご相談に乗ります」仲良くなった人間には無料で服を提供していた。金は問題ではなかった。そういう連中が服を着てくれるだけで、最高の宣伝になったのだ。最初はライアンに服を提供し、次にアリス自身がやってきた。ロックミュージック中毒の俺としては、本当に胸がドキドキした。土曜の午後、アリス・クーパーはアシスタントと一緒にふらりとウェアハウスに現れた。とてもいいやつだった。最初の訪問のあと、服の作り替えや、オーダーメイドを手がけるようになった。個人の客のオーダーメイドを作るのは、骨の折れる作業だ。商業的な面からいえば、一つのスタイルを千枚作ったほうがよほど実入りがいい。だがアリス・クーパーに服の注文をされたなら、洒落たデザインで応じるのが筋ってものだ。その服を着てくれれば、何よりの宣伝になるだろうし、そんな機会に恵まれること自体が感激だった。アリス・クーパーのために服をデザインするとは！　何年か前、シェフィールドのクラブにタダで入店し、五十ペンスのビールを舐めていた俺には想像もできなかっただろう。

やがてアリスと協力し、ワードローブの一角を占めるパンツやジャケットを作り始めた。彼は店にやってきて、こんなふうに言うのだった。「悪くないパンツだが、もうちょっと『マッドマックス2』みたいにできないかな」当時俺たちは、マッドマックスをもとにしたビニールを使い、革製品っぽくくたびれ、弾丸ホルダーやパッチワークのついた服を大量に作っていた。エイリアンとマッドマックスを掛け合わせたようなものだった。アリスはとても協力的で、だから服を作るのも難しくなかった。サイズはわかっていたし、専用の型紙もできていたし、アリスは比較的細身だった。とてもやりやすい客だった。

アリスとの一番の思い出は、一緒にドライブをする幸運に恵まれたことだ。「俺たちと一緒にツアーに来てくれよ」と、誘われ続けていた。「是非そうさせてください」と、俺は答えていた。そんなわけでカレンと一緒にラスベガスに飛び、ショーを見物したあと、カレンはロサンゼルスに帰り、俺はツアーバスに乗り込んで他の連中と一緒にラスベガスからニューメキシコ、デンバーをめぐるツアーに帯同した。ステージは十時半か十一時には終わったが、楽屋はもう七〇年代のロックンロール式のパーティというわけではなかった。誰も薬などやっていなかったし、酔っ払ってもいなかった。かわりにバスの中でカードゲームに興じるのだった。俺は普段それほどカードをやらないが、アリス・クーパーに誘われたら断る手はない。遅くなってから二段ベッドにもぐり込み、三、四時間睡眠を取って、次のギグ会場に到着し、また一から繰り返した。アリスはよくゴルフや買い物に出かけていた。ニューメキシコでは一緒にリサイクルショップに行った記憶がある。本当に楽しい思い出だ。

アリスはいつも完璧で、何くれとなく俺たちの面倒を見てくれた。そういう男なのだ。俺のウェアハウスには、やつにサインしてもらったクールな革ジャケットがある。本人のために仕立てた服ではなかった。アリス自身が七〇年代に入手したジャケットで、「ビリオン・ダラー・ベイビーズ」時代にはよく着ていたという。アリス・クーパーは地に足がついた男だ。あんなに魅力的な男はめったにいない。

他のセレブとはほとんど付き合いがなかった。スタイリストの友人が、マドンナのためにシリアスの服を買っていき、どうやら気に入ってくれたとのことで、俺たちはガッツポーズをした。その後、同じ服を十着くらい作ることになった。そうしたらツアーの最中、足りなくならないからだ。ショーの最中には何度か衣装替えをするとのことで、パンクロックスタイルのコスチュームを提供した。

ロサンゼルスとは、こういったチャンスがわんさと転がっている土地なのだ。

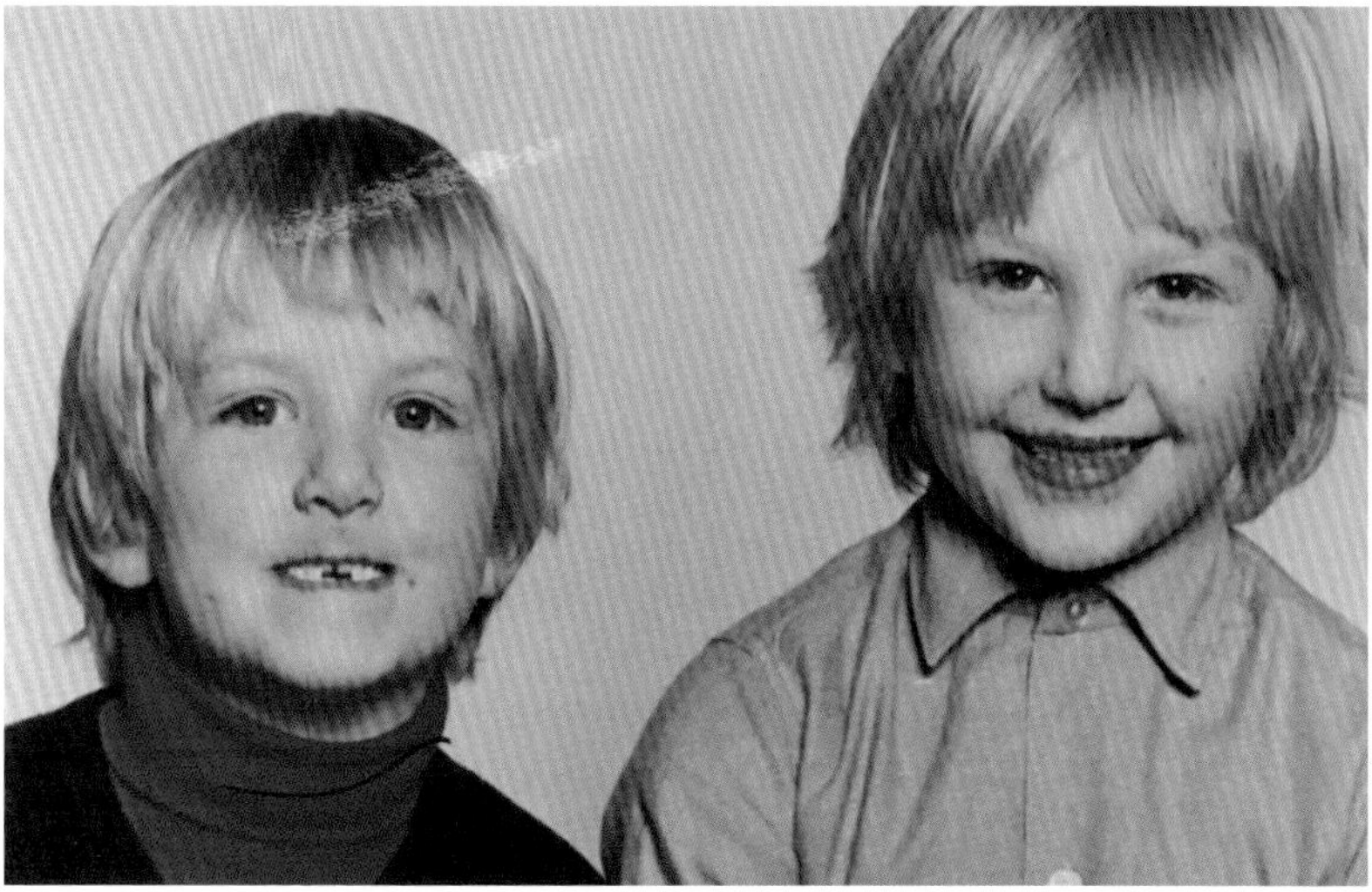

前歯が抜けていた幼い頃。兄貴と一緒に

左：7歳のときの妹
右：母と兄貴と、プールサイドにて。
「グラマラスな」70年代の写真

シェフィールド、ベンツ・グリーン・ロード6番地。
アメリカに移住する直前に住んでいた家

シェフィールドのネザー・グリーン中等学校

Sheffield Federation for School Sports

CROSS COUNTRY
MIDDLE SCHOOLS' CHAMPIONSHIP

SIXTH INDIVIDUAL

19 78

CERTIFICATE AWARD

to Magnus Walker
Nether Green Middle School

CHAIRMAN

HON. SEC.

Sebastian Coe
well done

シルバーデール高等学校の制服

SOUTH YORKSHIRE SCHOOLS' A. A
(AFFILIATED TO E.S.A.A.)

Cross Country
Championships 1980

Junior Boys

AWARDED TO

Magnus Walker

1st PLACE

TEAM AWARD

Chairman, S.Y.S.A.A.

Secretary, S.Y.S.A.A.

10歳のとき。ハラムシャー・ハリアーズ
の一員として走りに行くところ

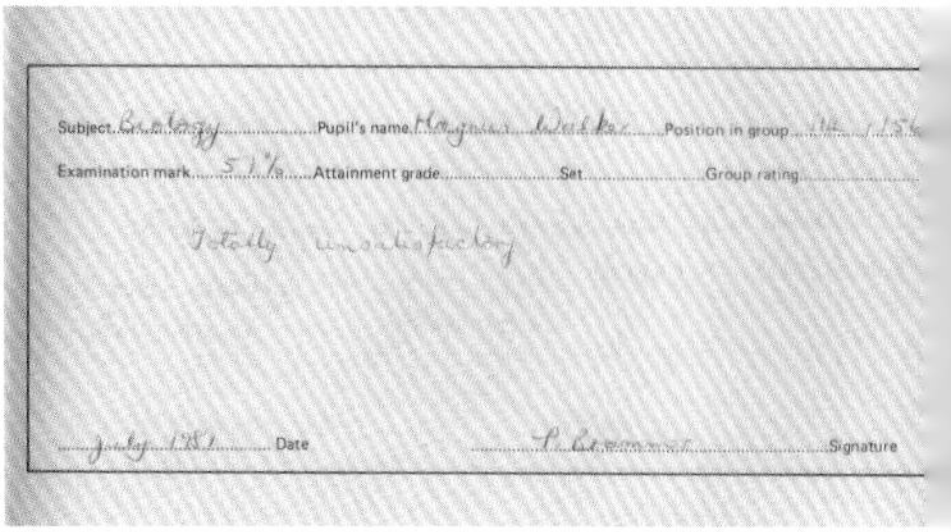
Subject Biology Pupil's name Magnus Walker Position in group 14 / 15
Examination mark 51% Attainment grade Set Group rating

Totally unsatisfactory

July 1981 Date Signature

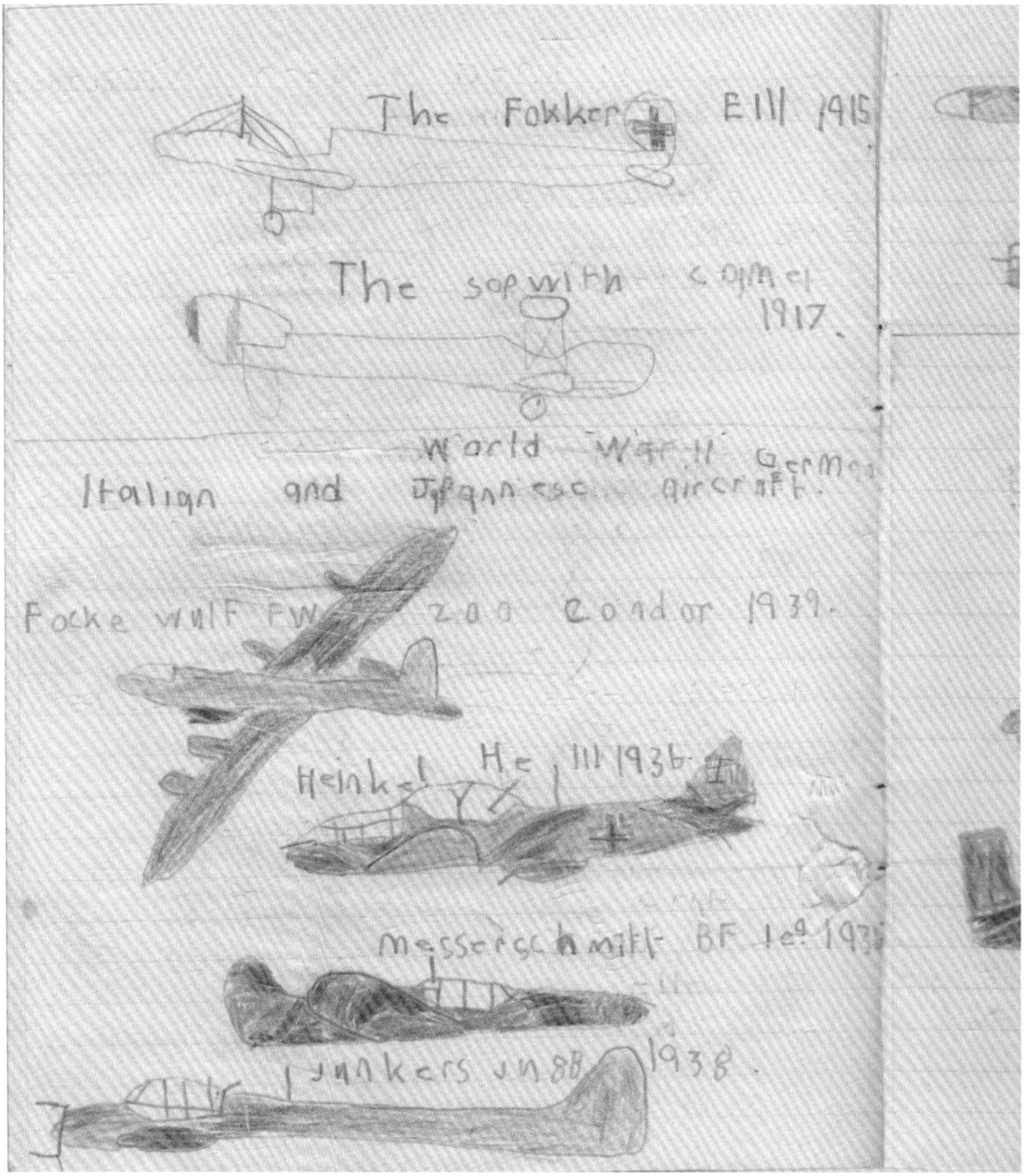

1983年、シルバーデール高等学校のクラスメートと

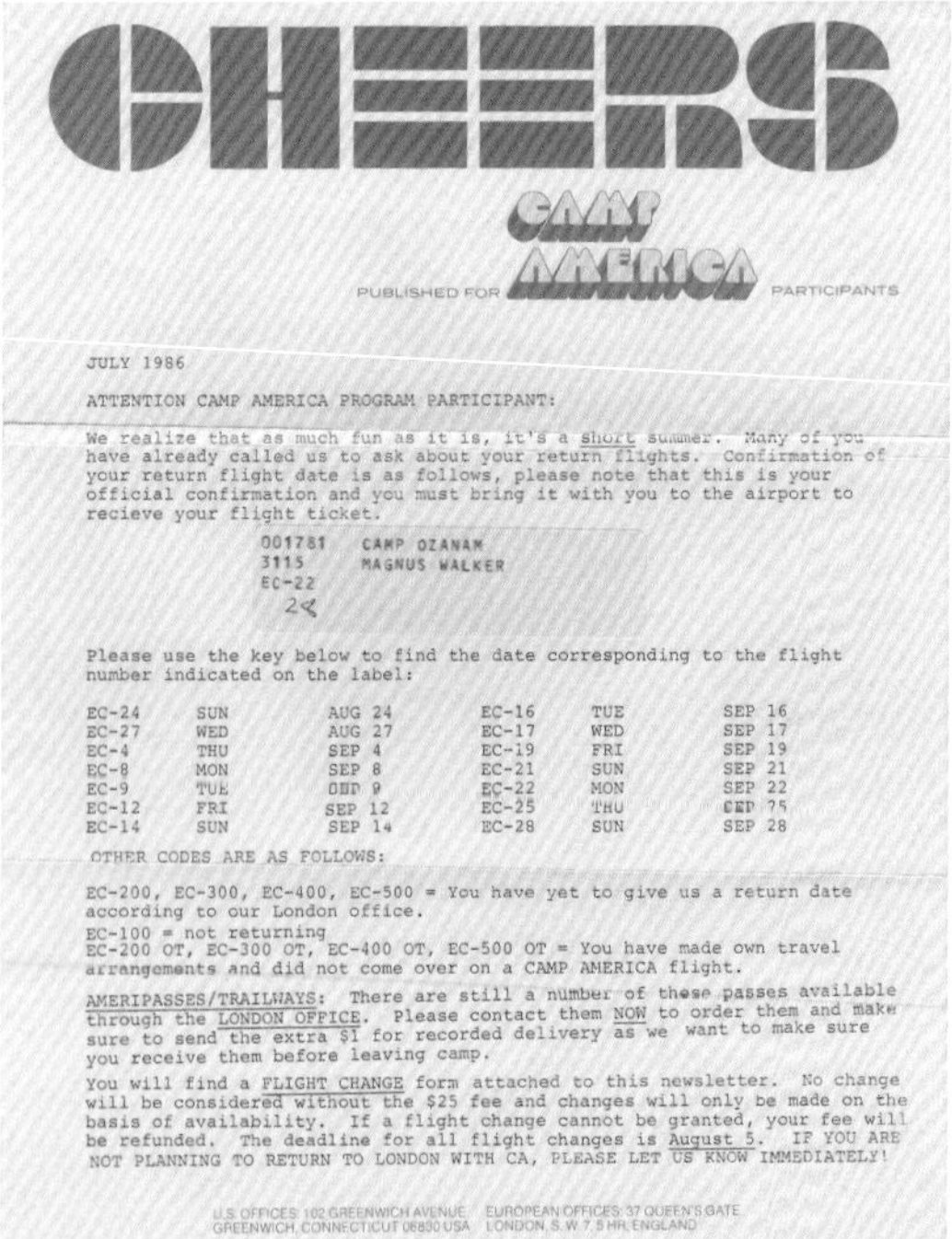

CHEERS

PUBLISHED FOR CAMP AMERICA PARTICIPANTS

JULY 1986

ATTENTION CAMP AMERICA PROGRAM PARTICIPANT:

We realize that as much fun as it is, it's a short summer. Many of you have already called us to ask about your return flights. Confirmation of your return flight date is as follows, please note that this is your official confirmation and you must bring it with you to the airport to recieve your flight ticket.

001781 CAMP OZANAM
3115 MAGNUS WALKER
EC-22
24

Please use the key below to find the date corresponding to the flight number indicated on the label:

EC-24	SUN	AUG 24	EC-16	TUE	SEP 16
EC-27	WED	AUG 27	EC-17	WED	SEP 17
EC-4	THU	SEP 4	EC-19	FRI	SEP 19
EC-8	MON	SEP 8	EC-21	SUN	SEP 21
EC-9	TUE	SEP 9	EC-22	MON	SEP 22
EC-12	FRI	SEP 12	EC-25	THU	SEP 25
EC-14	SUN	SEP 14	EC-28	SUN	SEP 28

OTHER CODES ARE AS FOLLOWS:

EC-200, EC-300, EC-400, EC-500 = You have yet to give us a return date according to our London office.
EC-100 = not returning
EC-200 OT, EC-300 OT, EC-400 OT, EC-500 OT = You have made own travel arrangements and did not come over on a CAMP AMERICA flight.

AMERIPASSES/TRAILWAYS: There are still a number of these passes available through the LONDON OFFICE. Please contact them NOW to order them and make sure to send the extra $1 for recorded delivery as we want to make sure you receive them before leaving camp.

You will find a FLIGHT CHANGE form attached to this newsletter. No change will be considered without the $25 fee and changes will only be made on the basis of availability. If a flight change cannot be granted, your fee will be refunded. The deadline for all flight changes is August 5. IF YOU ARE NOT PLANNING TO RETURN TO LONDON WITH CA, PLEASE LET US KNOW IMMEDIATELY!

U.S. OFFICES: 102 GREENWICH AVENUE GREENWICH, CONNECTICUT 06830 USA EUROPEAN OFFICES: 37 QUEEN'S GATE LONDON, S.W. 7, 5 HR, ENGLAND

1986年、
キャンプ・アメリカ参加許可証

1990～91年頃、
ベニス・ビーチにて。
24歳のとき

1995年頃、カレンと一緒に

KROQウィーニー・ローストにて。29歳のとき

シリアスのラインナップ

シリアスで使っていたミシン

シリアスのカタログとパッチ

2001年頃、カレンと俺、
アリス・クーパー

2002年頃、カレンと子犬のスカイナード

2005年5月1日、ラスベガスのザ・ホテルで結婚。シンプルにやることに決めて、ラスベガスにはふたりだけで行った

第７章

荒削りのダイヤモンド

九〇年代後半、俺とカレンは三十代前半で、順風満帆だった。ロサンゼルスのダウンタウンに、三千五百平方フィートくらいの広々としたロフトをレンタルして住んでいた。シリアスの事務所として、五千平方フィート超のウェアハウスも借りていた。言うなれば二人分の住宅ローンを払っていたのだ。銀行には預金があり、ちゃんと金を稼いでいて、ビジネスは安定していたし、請求書もきちんと払っていた。だが物理的に不動産を所有しているわけではなかった。だから次のステップとして、自分たちの物件を持つべきだと思った。実際のところ、そう主張したのはカレンだった。アトランタに家を持っていたので、俺たちも共同の不動産を所有するべきだと考えたのだ。

ある日帰宅したカレンが、ロサンゼルスのダウンタウンのウィローに感じのいい古いウェアハウスを見つけたと言った。俺も足を運んでみたが、実は最初はさほどいいと思わなかった。だからその建物はあきらめて、もっと適当な物件を探し回った。今思えば、カレンは俺よりも物件を見る目があったのだろう。とても賢い女性だった。

ある時点ではハンコック・パークでも物件探しをしたが、二ヶ月経ってもまだお互いに納得できるものは見つかっていなかった。そしてある日、俺は思った――こんなにもたつくくらいなら、不動産ブローカーに電話して、ウィローの物件がまだ売りに出ているか訊いてみよう。

悔しいことに連中は、俺たちが最初に見学に行ってから建物の値段を少々吊りあげていた。既に購入に関して銀行と融資の話はついていたので、カレンに黙ってもう一度見学に行った。そして購入した。その晩、家に帰って俺は言った。「なあカレン、俺が今日何をしたと思う？ウィローの建物を買ったのさ」

メルローズに店舗を構えたときと同じように、ウェアハウスを買うのは大きな挑戦だった。人生の大事な時期に、カレンと二人で下した決断のひとつだ。自分の直感がそうしようと言っているのなら、そうするべきだと強く思う（このことについては、後でもう少し詳しく語りたい）。周りの連中にはどうかしていると言われた。当時ロサンゼルスのダウンタウンは、今と違って人気があったわけでも、芸術家が集まっていたわけでも、ボヘミアンだったわけでもなかったのだ。八〇年代半ば、俺がロサンゼルスに引っ越した頃は、ダウンタウンなんて誰も見向きもしなかった。宝石を売っている一角や、こまごました店があったが、夜になるとほとんど何もなかった。サンドイッチ一袋が五十ドル、コーヒー一杯が五ドルするようなオーガニックのデリもなかった。そんな世界とは程遠かったのだ。工業用の倉庫が並ぶ味気ない町並みで、ショッピングカートが道路の脇に打ち捨てられていた。特に治安が悪いというわけではなかったが、よそから流れてきたホームレスが大勢橋の下のテントに住んでいたし、売春婦たちがトラック運転手のイチモツをくわえていた。ホームレスが牛乳瓶のケースにまたがって、道の端で脱糞する光景も珍しくなかった。そんな土地柄だったのだ。でも俺たちはあの倉庫に惹かれていて、そこで何をやりたいのかもはっきりしていたし、計画を実行するのは俺たちの十八番だった。いわば真っ白なキャンバスだった。大きな挑戦だった。そんな土地の真ん中の寂れた大きなウェアハウスを買うのも、決して無茶な冒険というわけではなかった。アクセルを全開にして、こんなふうに考えていたのだ――ごちゃごちゃ言うな。俺たちは何だって乗り越えられる。世界だってこの手に収められる。俺たちを邪魔するものは何もない。全速力で走るスチームローラーのようだった。

金銭面でも特に問題はなかった。新しい住宅ローンも、今まで払っていた二軒分とたいして変わりがなかったので、俺たちは迷わなかった。メルローズに店を開いたときと同じように、頭で考えすぎることはしなかった。当時確かにあのウェアハウスは安くないと思えたが、それは単に物件を買った経験がなかったせいもあるだろう。十五年後、この原稿を書いている今では、建物は払った金の十五倍くらいの価値がある。投資の見返りとしては悪くないだろう。未来を見通す水晶玉がそこまで高性能だったと言うつもりもないが、俺たちには直感を信じて判断を下し、勇気を持って行動するだけの気骨があった。そしてそれは報われた。

ちょっと話を先に進めすぎてしまった。その物件は二〇〇〇年に購入し、九月にシリアスを移転させ、二〇〇一年の夏には上階を自分たちの住まいにした。最初からそのウェアハウスは昔ながらの住居兼作業場にしようと考えていた。物件そのものがレンタルの価値を持つとはまったく考えていなかった――その話は今からしよう。洒落た建物に住み、自分たちの所有する建物で仕事がしたかっただけだ。

だが仕事に取りかかる前には、建物を全面的に改装しなければいけなかった。一九〇二年に建てられた物件で、二万六千平方フィート以上の広さがあり、三軒分くらいのスペースがあった（中心的な建物は一九〇二年に建てられたあと、一九二八年に増築され、俺が愛車のほとんどを保管しているガレージは五〇年代に建てられたのだった）。ずっと工業的な用途と倉庫に使われてきた建物で、一時期はトラックの部品も保管されていたようだ。その建物は、デニムジーンズの裁断に使っていた韓国人の服飾業者から買った。そいつ自身は十年くらい前に買ったというが、そのときはタダ同然だっただろう。それ以前のある時点で、おそらく届け出なしにロフトに作り替えられていたはずだが、築何十年の建物の歴史をきちんと把握するのは難しい。決して誰かが不法に住んでいたことはなかったが、ちゃんと人が暮らすように作られてもいなく、要は商業目的の建物だったのだ。嘘のようだが、マドンナがここでごく初期の映像を撮影したこともあるらしい。のちにこの物件が何に使われるかを考えると、なかなか興味深い話だ。

さっきも言ったように、ウェアハウスの骨組みはしっかりしていて、俺たちもいわば骨格の部分は大いに気に入っていた。だが内装に関しては、相当手を入れなければいけなかった。工場として使われてきた歴史のせいで、メンテナンスが先延ばしにされていたのだ。だから建物の土台部分はしっかりしていて、スプリンクラーも完備していたものの（耐震基準を満たすようにその都度改良されてもいた）、全体的に経年劣化が激しく、たとえば屋根はひどく傷んで雨漏りするようになっていた。上階の床の片隅には穴が開いていて、雨が下の階まで濡らした。ネズミの死骸もあちこちに転がっていた。浴室はひとつあったが、『トレインスポッティング』もかくやの代物だった。まるで豚小屋、ちょっとしたあばら屋だ。そこでちゃんとした住宅政策に従い、正式に改装した。当時のロサンゼルスは、元工場を再利用することに寛容だったのだ。折しもロサンゼルスのインナー・シティの高級化《ジェントリフィケーション》が始まったところだった。

そのウェアハウスを理想の住居兼作業場にするために、徹底して手を加えていった。自分たちのビジョンを実現するためなら、大金を投じるのも厭わず、とにかく何ひとつ妥協しなかった。まず塗装をすっかり剥がすために砂吹きをした。元の建物はどこもかしこも、白と灰色の塗装をかぶっていたのだ。上階の壁のレンガも床も塗装され、天窓は潰されていた。何十年もかけて、重たい工業用の塗料が何層にも積もっていったのだろう。天窓はタールを塗られ、雨漏りしないようにゴミ袋で覆われていた。砂吹きは手間がかかるし難しいので、専門の業者に依頼した。仰天するほどのゴミが出たが、おかげで倉庫は何エーカーもの打ちっぱなしのレンガと梁に生まれ変わった。悪くない結果だった。

カレンと俺は現場監督の役割を務めた。自分たちでハンマーを振るったわけではない。人を雇って作業の様子を観察しながら、建物をデザインしたのだ。毎週、次から次へと小切手を振り出したが、そのぶん作業はフルスピードで進んでいった。良さそうなアイデアが浮かんだら、時間もエネルギーも金も、ためらいなく注ぎこんだ。あのウェアハウスは、俺たちの仕事のやり方を完璧にあらわしたものだと思う。

巨大なオープンスペースの床にはダクトテープを貼って、間取りを決めた。「ここに寝室の壁、ここにキッチン、ここが居間だ」メルローズの店の工事を担当した業者はフランス人の大工と契約していて、その男を一年近く雇い続けることになった。大工仕事は複雑かつ精密だった。情熱と、仕事への愛情のたまものだったのだろう。きちんと仕事をしようと思えば、時間がかかる。たとえば書斎だけでも三ヶ月かかった。だが作業をぶつ切りにしたくはなかった。そういうことをやっていると、往々にしてプロジェクトは完成しないのだ。ビジョンを描いて、作業に取りかかり、一気に仕上げること。妥協も遠慮もなく、やる気を維持すること。大事なのは粘り強く取り組み、簡単にあきらめないことだ。いったん作業を始めた以上、このプロジェクトが確実に終わることを俺たちは望んでいた。

元のロフトは借りたままだったが、街の反対側にシリアスの作業場として借りていた倉庫は手放し、改装作業と並行して、確か三ヶ月も経たないうちに下の階で服飾ビジネスを運営できるようにした。それから一年間かけて、上階を理想の状態に整えていった。シリアス・クロージングを下の階で経営しているかぎり、街の向こうまで改装の様子を見に行かなくてもいいということだった。俺たちは一日中ウィローにいた。服飾ビジネスはその頃もまだ好調で、ロックスターやセレブの注文に応えつつ、卸しもやっていて、ホット・トピック相手にもかなり大口の取引をやっていた。一年間に二万ユニットくらい注文があったこともあるはずだ。いい時代だった。シリアスの従業員は八人ほどで、部屋にはミシンや大型の裁断台が並び、頭上には巨大な工業用の照明、周囲には生地を保管するためのスチールのラックが置かれていた。とてもクールだったし、効率という面でも抜群だった。

上階は俺たちの住居と決まっていた。ウェアハウスはかなりいろいろなスタイルの寄せ集めだったが、煎じ詰めればカレンと俺の個性なのだった。デザイン上の意図としてはイギリスの田園地帯の家をモデルにしていて、小型のハースト・キャッスルと二十世紀半ばのポップアートを掛け合わせた感じだった。理論上はそんな組み合わせがうまくいくわけがないが、実際俺の目にはそれなりにうまく溶け合っているように見えた。イギリスの邸宅風と、ゴシック風の味わいが全体に生きていた。ポップアートと今世紀半ばのモダニズムが共存していて、それ以外にもいろいろな芸術運動のモチーフが見え隠れしていた。主寝室にはドラマチックなゴシック風のアーチがかかり、ドアには巨大な赤のステンドグラスがはめ込まれていた。ハーレムの教会から運んできたステンドグラスの窓もあった。吹き抜けの天井は高く、モダンなキッチン、ダイニングルーム、書斎に主寝室、ゲスト用の寝室があった。でかい建物だった。アイデアのいくつかはガキの頃、お袋にナショナルトラストハウスに引っ張っていかれたときの経験をもとにしていた。フランスの宗教的なレリーフや、インドネシアから輸入した家具があった。ローズボール・フリーマーケットで見つけたファイバーグラス製の折り込み広告も使った。たぶん映画の小道具だったのだろうが、結局それを埋め込む形で壁を一枚作ったのだった。ちょっと宗教的なテイストの入った小物もあった。屋外にはライトもあり、本物のアンティークやレプリカも置いてあった。そういったものを全部うまく並べたのだ。かなり質の高いものもあれば、フリーマーケットやガレージセールで入手したものもあった。だが互いがうまく引き立てあっていた。アイデアと個性の巨大なるつぼだった。

モダニズムのテーマはより古いテーマと共存していた。十八世紀のイギリスのオーク材でできた棚など、かなり希少性の高いアンティークもあった。バリ島から輸入した美しい小物もあったし、チベットから輸入した家具も、レプリカのアンティークもあった。教会のガーゴイルや、モロッコから輸入した品もあった。ネズミがはびこった通路も改装をおこたらず、ジャスミンの花やハーブ、噴水などが飾られた小道に変えたのだった。東西の壁には窓も増やし、明かりが入るようにした。

内装に使う小物は、ありとあらゆる場所から持ってきた。今日はＩＫＥＡに行ったかと思うと、明日はリサイクルショップやヤードセール。決まったルールのようなものはなく、センスがよくて自分たちのビジョンに合うと思ったら買うだけだった。値段の高い安い、新しい古いなどは問題ではない。俺たちは買い物が好きで、リサイクルショップが好きで、ヤードセールが好きで、家具が好きで、建築が好きで、デザインが好きだった。創造的な作業に携わるのが好きだった。雑多なものを掛け合わせるのが好きだった。キッチンがいい例だ。いろいろな品をミキサーにかけたようなものだ。ＩＫＥＡで買った実用的で手頃な家具と、高価なフィリップ・スタルクのシンクのような、高級なブランドものが共存している。家具の多くは俺たち好みに改造した。たとえば机なんか買わずに、自分たちで作った。古いアルミのパイプを用意して、フォーマイカの天板に取り付け、業者に頼んで赤白青に塗装させたのだった。懐かしのエベル・ナイベル、キャプテン・アメリカ、スターズ＆ストライプス。実用性と芸術性が共存していた。

下の階についてては階段を移動させて、ウェアハウスの真ん中を通らなければ上に行けないという状況を改善した。住居と作業場はきちんと分けておきたかったのだ。ある一面において、職住近接は素晴らしいが、二日ほど外出しないでいると多少息が詰まってくる。だが全般的には、そこに住んで働くのは最高だった。大きなメリットのひとつは、朝の三時にアイデアが浮かんで目が覚めたとき、そのまま下の階に行って作業ができるということだった。

一階の作業場も俺たち好みに仕立てた。そこにはサイン入りのギターやロックンロール時代の思い出の品が所せましと置かれていた。壁はキース・リチャーズやレッドツェッペリンのポスター、それ以外のシリアスの商品や、当然のことながらポルシェの絵や写真で埋め尽くされていた。

確かにスタイルのごちゃ混ぜという感じだったが、それはそのまま俺たちの作っていた服だった。必ずしも相性がいいとは思えない素材を集めてきて、ミキサーにぶち込み、混ぜ合わせて、仕上げに期待するのだ。俺たちには長年、忠実に守ってきたビジョンがあったというわけだ――のるかそるかということだ、俺は他人の意見を求めるタイプではない。そういうことをしていると、迷いが生じる。他人の考えばかり気になって、自分の意見はどこかに行ってしまう。「タラレバ」を言い続けるような男になるのはごめんだ。

結果的にエネルギーに満ちて、魅力的な空間ができあがった。ここを訪れる客は口を揃えて、いい空気が感じられるし、クリエイティブだと言う。バーバラ・ソーンバーグが『ロサンゼルスのロフト（未訳）』という、ロフト暮らしについての本を書いて評判になったが、その中で俺たちのウェアハウスは「現実離れしていて……冷凍保存された『市民ケーン』のセットのようだ」と書かれている。それはウィローが、後に予想もしない新しい展開を俺たちの人生にもたらすことを暗示していた。

二〇〇一年九月、同時多発テロのわずか二週間後、ロサンゼルス・タイムズから連絡があった。郊外のロフトの高級化について記事を書く予定で、是非取材したいという話だった。かつての工業的な建物が、ロフトとして適応型再利用《アダプティブリユース》されるようになった、その第一波について詳しく報じるそうだった。ただし実際のところ、こういったプロセスは五〇～六〇年代くらいから、世界中で大なり小なり始まっている。ロンドンのソーホー、ニューヨークといった場所だ。ロサンゼルスはちょっとだけ後れを取っていた。その記事は「失われた都市の探訪者」と銘打たれ、こういったライフスタイルが広まり始めた時期のさまざまな人間に取材していた。紹介されていたロフトは十軒以上あり、一ページしか割り当てられていない建物もあった。俺たちは中央の見開きをもらった。とてもよくできた記事で、誇らしかった。

チャンスは自然に訪れるもので、そういった瞬間にどう振る舞うべきか、今までに何度か語ってきたと思う。この記事が世に出ていなかったら、俺たちも映画ビジネスに手を出すことはなかったかもしれない。記事が公開されてまもなく、ある映画会社からまったく予想もしない電話があった。「ロサンゼルス・タイムズの記事を読みました。ミュージックビデオの撮影のために、ロフトを貸し出してほしいのですが」『バットマン』や『ターミネーター』『バニシングｉｎ60"』など、ダウンタウンでしょっちゅう撮影が行われていることは知っていた。アートで有名な地域では珍しいことでもなく、映画の撮影は五〇年代から行われていたはずだ。ロサンゼルスの暮らしの一部なのだ。ダウンタウンはロケ地として人気があったが、当時俺たちは映画業界とはまるで縁がなかった。映画で儲けることになるなんて、もちろん思いもしなかった。それまで物件すら持っていなかったのだ。ポップスターがビデオやプロモ映像の撮影のときに着る服を買おうと、店にやってくることはよくあっても、ロケ地にするなんて考えてもみなかった。ウィローに建物を作ったのは、そのためではない。あくまで理想の住居兼作業場にするためで、そのアイデアの実現に向けて心血を注いだのだ。

だが、どこからともなくチャンスが降ってきた。あとは俺たち自身が、そのチャンスをどう生かすかというだけだった。

電話を受けたときのことに話を戻そう。相手の男は言った。「ラップスターのニューシングルの撮影のために、場所を探しているんです。あなたがたの建物は理想的です。ロケ地として使わせていただけませんか」

俺がなんと答えるか、もう想像がつくだろう。

「わかった。使ってくれ」

失敗したって、死にゃあしない。

「ちょっとヤバそうな話なら、むしろやってみろ」というのは俺の口癖だ。人間にはそれぞれ目標や夢があり、生きていればときにはその実現のきっかけが訪れる。そのことにどう反応するかが、その先の道のりを決める。ガキの頃、スイミングプールの高い飛び込み台に立ったことがないだろうか。てっぺんまで登ったら、飛び降りるか、飛び降りないか、どちらかだ。どうしても足が動かず、飛び込み台をすごすごと降りていく連中もいるだろう。誰もがジャンプできるわけではない。中には階段すら上らない連中もいる。要するに、そういう瞬間のことだ。

映画会社とはレンタル料金について何度か話し合った。一日ごとの支払いは悪くなかった。俺たちはこういった状況にはもちろん素人だったが、一流のアパレル会社を長年経営してきたのだ。だから素早く学習し、一番いい方法を見出した。いわば現場力のようなものがあったのだ。ウィローで初めて撮影を行うという契約がまとまったときは、俺もカレンも興奮気味で、新しい冒険に胸を躍らせていた。

撮影の日、朝六時に俺は現地管理者および「ミスター勤勉」として現場に顔を出した。この建物はビジネスの場所であり、自宅でもあったのだ。撮影は上階だけの予定だった。順調な滑り出しだったが、午後になると連中は言い出した。「もしよかったら少し、会社の様子を撮影したいのですが」もちろんかまわない。こういうときは、流れに任せるものだ。

四時間後、現場には三十人ものスタッフがいた。ここで何が行われているのか、俺は疑問に思いはじめていた。要するに連中は、オリジナルのミュージックビデオに加えてコマーシャルを撮影していたのだった。そんな話は聞いていなかった。

教訓その一。たった一インチでも譲れば、やつらは一マイル踏み込んでくる。それから連中はガレージを使わせてほしいと言ってきた。当時はまだ数台しか車を置いていなく、ナイトクラブのシーンを撮影するのに理想的だそうだ。使ってもかまわないと俺は言った。車を移動してやると、ナイトクラブのシーンの撮影が始まったが、みるみるうちに五十人ものエキストラが集まってきた。まったく、なんて連中だ。こんなに大勢やってくるなんて、誰も言わなかったじゃないか。

結局のところ、撮影は十四時間以上続き、真夜中を越えてしまった。契約したはずの十二時間のリミットをはるかに超えていたが、あと一時間半で終わるとの話だった。朝の一時にもなると、俺はさすがにイライラして、連中が早く引き揚げるのを待っていた。前日の朝の六時から起きていて、うんざりしていたし、疲れていたし、いささか飽きていたのだ。

だが連中は「あと一時間だけ」と言い続けた。朝二時ごろ、俺は言った。「いい加減にしてくれ。十八時間以上撮っているじゃないか」すると倍の料金を支払うと誰かが言ったが、俺は答えた。「そんなこと知るか。さっさと切り上げてくれ」本当なら二日間に分けるべき撮影で、俺のお人好しなところを利用されたような気がした。ようやく連中は撮影を〆《しめ》にかかった。すべて片付いたのは朝四時だったので、俺は二十二時間起きていたことになる。カレンも俺もムカついていて、二度とこんなことには関わらないと言った。それでも互いに気持ちが落ち着き、月曜がやってくると、小切手の額には驚かされた。予想していた金額の三倍だったのだ。一日五千ドルのはずが一万五千ドルにもなっていて、これならもういっぺんやってもいいかもしれない、という気になった。

初回の撮影はいい勉強になったというところで、金はたっぷり入ったが、きちんと線引きをして、どこまで同意するかはっきりさせる必要性にも気づかされた。映画ビジネスに関しては、本来の俺とは異なる態度が求められるようだ。つまり、気前よく振る舞うのがあだになる場合があるのだ。実生活での俺は、いつも利他的に振る舞うことを心がけている。友人知人を手伝い、力を貸し、みんながもっと楽をできるように立ち回るのだ。「情けは人の為ならず」という諺《ことわざ》を俺は信じている。いっぽう映画ビジネスはひどく商業的な世界で、俺たちはすぐ教訓を得た。撮影に携わる連中が、できるかぎり効率的かつ生産的に動こうとしているのはよくわかった。俺たちにできるのは、学習して次に進むことだけだった。

ロケ地ビジネスにどの程度可能性があるか、試してみることにした。そこで六つくらいの代理店と契約し、そいつらが約束どおり、俺たちの建物を使ったビジネスの案件を獲得してくるのを待った。だがいくらも経たないうちに、自分たち以上にあの建物を売り込むことのできる人間はいないことに気づいたので、自前のウェブサイトを作った。カレンが建物の写真を撮り、パンフレットのデザインと印刷をした。長年シリアスのために華やかなカタログを作ってきた経験が生きた。問い合わせの電話がかかってくるようになり、まもなくビジネスの七割くらいは直接こなせるようになった。

それから三年くらい、年間十五〜二十件の貸し出しを行ったはずだ。ただし、当時はまだ副業だった。自分たちの家を貸し出していたのだ。ときには家を出なければいけないこともあり、映画会社が俺とカレン、猫二匹と犬のスカイナードのために手配してくれたホテルに泊まるのだった。そんな生活はたちまち飽きがきた。

こうして本当の意味でのターニングポイントが訪れた。このときも積極的に交渉したり計画したわけではなく、自然にそんなチャンスが訪れて、直感的に反応しただけだ。二〇〇四年のブルース・ウィリスの映画『隣のヒットマンズ　全弾発射』に協力することになり、その映画にはマシュー・ペリーやアマンダ・ピートをはじめとする大勢のビッグネームが参加していた。巨大予算の映画で、関係者たちは丸一ヶ月もウィローに詰めていた。支払いは上々だったし、ハリウッド・ヒルズのホテルを四週間も用意してくれたのだった。頭の中でまた電球がピンとついた。もし俺たちがこの家に住んでいなかったら、いつでも撮影に使ってもらうことができるわけだ。そんなわけでブルース・ウィリスの映画の撮影が終了したあと、俺たちは宿泊していたハリウッド・ヒルズの隣の物件を借りた。これまた試行錯誤で、「引っ越してから様子を見よう」と互いに言い合った。幸いなことにとてもうまくいった。二年後、ウィローのロケ地ビジネスは堅調で、俺たちはまだハリウッド・ヒルズの家を借りていた。

最初の六ヶ月くらいは楽しかった。一年くらいはいい調子だったが、正直言ってその頃から新鮮味が失われはじめた。実際にハリウッド・ヒルズの家を買おうとしたが、それはうまくいかなかった。結局、二年後にはダウンタウンに戻ることを決めた。二〇〇五年、ウィローの近所にあるロフトを買った。ウェアハウスはまだ撮影の予約がいっぱいで、ビジネスは大いに成功していた。そんなわけで人生の次の段階が訪れた。十年にわたるロケ地ビジネス時代だ。

この頃、年間に平均百日ほど撮影をしていて、百二十日以上使った年も二度ほどあった。『CSI：ニューヨーク』のようなTVドラマから携帯電話やファストフード、ビールやイベントなど雑多なCMまで撮影を許可したし、ミュージックビデオや映画のロケにも貸し出した。『アメリカズ・ネクスト・トップモデル』のようなリアリティ番組にも何度となく協力した。撮影チームは一度やってくると八週間ほど滞在するのだった。準備と設営、調整に二週間、撮影に三、四週間、撤収に二週間。『アメリカズ・ネクスト・トップモデル』の撮影チームはよく油の差された機械のように無駄なく動き、ちょっとした軍隊のようだった。平均的なリアリティ番組には五十人ほどスタッフがいて、朝から晩までウィローに詰めているのだった。夜間は最低限の人数しかいなかったが、昼間は五十人以上いた。ウィローのウェアハウスは柔軟性を評価されていた。いろいろなセットが組めたのだ。一枚の屋根の下にさまざまな場面が出現した。合計十五ほどのリアリティ番組に関わったはずだ。

最初の撮影から学習したとさっき言ったが、まもなく現場の代表者が必要なことにも気がついた。万が一、撮影班が床を傷つけたり何かを壊したりしたときに、ちゃんと補償が得られるようにしておかなければいけなかったのだ。自分たちの財産を守らなければいけなかった。同時に俺たちは、仕事のしやすい人間だという評判を固めていった。たとえば誰かがマンションを借りて撮影中に、オーク材の床に引っかき傷をつけてしまったとしよう。五百ドルあれば弁償できる傷だ。だが建物のオーナーが、床をそっくり張り替えることを要求したら、二万ドルになってしまう。そんなオーナーのところに、たくさん仕事が来るはずもない。俺たちは床にちょっとだけ保険をかけた。ひどい引っかき傷の場合は五百ドルもらい、貯金箱に入れる。そして一年の終わりに床を張り替えるのだった。俺たちのやり方はいつもフェアだった。だから撮影にぴったりなロケ地を所有しているだけではなく、仕事がやりやすいという評判も得たのだった。

だが、相手の言いなりになるつもりもなかった。きちんとバランスを取らなければいけない。限度を越えた相手に対しては、映画『セクシー・ビースト』の主人公のように反撃する。つまり、遠慮なくキレるのだ。基本的に俺はこれ以上ないお人好しだが、図に乗った相手に対しては「セクシー・ビースト」がお目見えする。「あんたが俺に了解を求めるのは五度目だが、もうノーと言ったはずだ」と突っぱねたこともあるし、それでも粘る相手に対してはこんなふうに答えた。「俺はノーと言っている。どこが理解できないんだ」それでもまだ俺の立場を無視してしつこく迫ってくるなら、こんなふうに言った。「あんたの選択肢は二つだ。黙ってこの場を立ち去るか、もう一回尋ねるか。もう一回尋ねた場合、即刻この場を引き払って、よそのロケ地を探しに行ってもらうぞ」ここまで言えばたいてい解決した。

物事はおおむね順調で、ロケ地ビジネスは繁盛していた。ある時期など、雇われデザイナーのように、建物の内装をデザインしなかった。俺たちにとっては納得できるデザインでも、相手にとっては無理のある話で、いっぺんも実現しなかった。俺たちにとってほしいと頼まれたくらいだ。ただしさすがに無理のあるそうだとはかぎらないし、何より俺たちはモノを作るにあたっては情熱を大事にしていたのだ。小切手が欲しかったわけではない。

あの頃は忙しかった。一階ではシリアスを経営しつつ、上階はロケのために貸し出していた。本当のことを言うと、シリアスはやや勢いが落ちていた。もう大量の服の卸しはやっていなかったし、まだ利益は出ていたものの、俺たちにとって最重要ではなくなっていたのだ。その一方で、ロケ地ビジネスはますます伸びていた。撮影に協力して稼ぐのは、服を作って稼ぐのに比べてひどく簡単だった。ロケ地ビジネスの大きなメリットのひとつは、自分たちの手で品物を作らなくてもよかったことだ。みんなが使いたがる建物を、もう持っていたのだから。問題となるのは誰に貸し出し、どう契約を結んで、うまくまとめるかということだった。相手が壁の一部を塗りたがったり、家具を動かしたがったりすると、多少話は面倒になった。だがそういったことを除けば、効率的なビジネスだった。いっぽう服やファッションというと、一年に二回、まったく新しいシーズンが始まり、デザイナーは大車輪で仕事を続けなければいけない。ウィローに関しては、そんなことをしなくてもよかった。

当時手がけていたのは、ロケ地ビジネスだけではなかった。不動産全体に関しても、積極的だったのだ。二〇〇五年以降、懐具合のよかった俺たちは、次々と土地や建物を手に入れていった。たとえばウィローに面した区画を買い、「チョップ・ショップ」、すなわち「盗難車の部品を売る店」と名づけて、改造途中や半分廃車になった車を置いた。別の土地でざっくり仕上げた車を置くこともあった。イーストロサンゼルスにも、元フリーメイソンの建物だった物件を買った。フォース・ストリート・ブリッジの下にあった、売却中でもない土地さえ買った。ロンドンのバラ・マーケットの周辺が再開発された経緯は知っていたし、使われなくなった鉄橋やスペースの再活用はよく行われていたから、ロサンゼルスでも同じことができるんじゃないかと思った。ロンドンの場合、高架の下はだいたいカフェやブリックヤード、ホームセンター、タクシー乗り場、ナイトクラブやガレージになっている。なかなかうまいものだ。

俺たちの雇った不動産屋曰く、橋の下の土地は鉄道会社が管理していたが、法的な根拠はないはずだった。テキサスに本社がある鉄道会社に問い合わせたが、どの土地のことだかわかっていない始末だった。未来の光景が見えたような気がした。あたり一帯が、人気の住宅地になるところを思い浮かべたのだ。最初からそんな絵が見えていた。鉄道会社には高架下の土地を使うあてなどないということだった。怪しげな一角で、ぼろっちいテントが並び、つまらない犯罪が起きたり、ヤクの売人や売春婦がうろついていた。頭上には鉄橋があるし、地役権もちゃんとしているはずなのに、手に入れようとするとひどく難易度が高かった。

それでも俺たちはあきらめず、九ヶ月かけて複雑な法律の世界を歩き、最終的にその土地を手に入れた。カレンは絶対にへこたれず、一度も弱気にならなかった。本当に偉かったと思う。それから建築デザインと設計図を発注した。このささやかな土地を、ロンドン同様に個別に貸し出したり売却したりする予定だった。その土地は撮影班の駐車場にもよく使った。撮影班がウィローに滞在するなら、百台くらいの駐車スペースが必要になるのも普通で、角の向こうに一日千五百ドルで停められる土地があるのは好都合だった。うまい商売だった。

俺たちは開発業者の五年ほど先を行っていたはずだが、新聞やその他のメディアで取り上げられるようになると、不動産業者も貪欲にそのエリアの、地価の安い工業用の土地を買って、ロフトに改装していった。まだ経済危機が訪れる前で、銀行にとって大事なのが、土地を買えない人間に金を貸すことだった時代だ。そんな状況を前にも見ていたから、これらのビルがすべて住宅地に作り替えられるのも時間の問題だと悟った。その後はいったいどうなるのだろう。コーヒーショップやアートギャラリー、贅沢なコンドミニアムの類が立つのだ。今、まさにそういったことが起きている。高級化は進行している。

この原稿を書く五年前、ダウンタウンの中心部には一台のクレーン車もいなかったはずだ。今ではいたるところで建設が進んでいる。ロフトや事務所、店舗など、以前は空っぽで打ち捨てられていた土地が、高価な不動産に変身を遂げている。ウィローの目と鼻の先でも、現在進行形で巨大なショッピングモールの建設が進んでいて、そこかしこにオーガニックカフェやフィットネスジムが登場している。カレンと一緒に移り住んだときとは大違いだ。都市の中心部の高級化について言うならば、ロサンゼルスは周回遅れだった。カレンも俺も、マーケティングや経営、コンドミニアムの販売という意味ではデベロッパーではなかったが、土地を確保する手段は持っていて、それに頼ったのだった。胆力と自信が必要だった。歴史的な面から見ると、ロサンゼルスのダウンタウンの地域の不動産については、時代を先取りしていたと思っている。

この頃には二人で服飾ビジネスを始めてから十五年近く経っていて、互いに三十代後半から四十代前半というところだった。さすがにもう週に三回夜遊びをすることも、新しい音楽を夢中で聴くこともなく、本音を言えば近頃の若者がどんな服を着ているのか、興味もなくなってきていた。少なくとも俺に関しては、毎日ほぼ同じ服を着ていた。そんなわけで「自分が着たい服しかデザインしない」というモットーも、少し変わり始めていた。やむを得ないことかもしれないが、会社の売り上げも落ち始めた。もう年二百～三百万ドルの売り上げというわけにはいかず、せいぜい百万ドル程度で、やがて百万ドルを割り込み、ついには赤字になった。まだ従業員はいたが、俺もカレンも連中の首を切ることはできなかった。家族のような存在だったからだ。一緒にビジネスを軌道に乗せた間柄なのだから、追い出すような真似はできなかった。それなら損をするほうがましだった。もちろん、長い目で見れば現実的な策とはいえなかった。やがて数人が辞めていき、ついにやむなく一人か二人を解雇した。当初の小規模な経営に戻したのだった。その頃の俺たちはすっかりしょぼくれていた。経営上の問題に加えて、もう仕事に情熱が持てなくなっていたからだ。

そのいっぽう、ロケ地ビジネスの収入は十分で、不動産の購入は続けていた。そんなわけで俺とカレンは、シリアスをどうするべきかじっくり話し合った。もう情熱は失われていた。俺たちにとって「成功」が何を意味するのか、意見を交わし、要するに好きなことをすることだと納得した。だったらどうして俺たちは、面白くもないことを続けているのだろうか。カレンは給与支払い簿をつけたり、労災補償の計算をしたり、朝から晩まで請求書の支払いをすることにほとほとうんざりしていた。俺自身も前ほどシリアスを大事に思えなくなっていた。撮影のロケ地に関することをあれこれやっていて、客を案内してみたり、契約を結んだりしていたのだが、そっちのほうが新鮮で面白かったし、次に誰が申し込んでくるかもわからなかったからだ。

経営者が情熱を失っていることを、周りの人間はすぐに嗅ぎつける。俺たちのデザインする服から、みんなそれを見てとった。かつてのクリエイティビティが失われていたのだ。必要な努力を怠っていたし、昔のように服を売ることに熱意を持てずにいた。情熱がなければ何も始まらない。いい学校に行って、ビジネスの資格をかき集めることもできるが、情熱がなければそこから先には行けないのだ。

そこでシリアスの服をデザインするのをやめ、展示会に参加するのもやめ、一年ほど売り上げが落ち込むのを見届けたあと、終了宣言をした。シリアスはここで終わりだった。ロケ地ビジネスのおかげで、住宅ローンを払うには十分な収入があった。ただし次の契約がどこからやってくるかはわからなかったが。それでもいつものように直感を信じて跳んだ。俺が帽子を売り始めたときと同じだ。カレンと出会い、公私のパートナーになり、メルローズに店を開き、建物を買ったときと同じだ。必要なのは胆力だった。

シリアスを畳むのは簡単ではなかった。何年もかけて育てあげた子どものような存在だったからだ。解散するのが遅すぎたとも言われたが、今思えば現実的にはあのタイミングが正解だったのだろう。利益が上がる年もあれば、まったく冴えない年もあった。会社が黒字のあいだに閉じてしまえばよかったとも言われたが、売却だけはしたくなかった。世の中にはビジネスを立ち上げ、ブランドを成長させ、その後で売却する人間もいる。コンサルタントが「出口戦略」と呼ぶ手法だ。俺たちにはそんなビジネスプランはなかった。自分の情熱を追っていただけで、戦略を立てて行動していたわけではなかった。青写真もなく、ただ直感とあふればかりの情熱、エネルギーがあっただけだ。

ロケ地ビジネスは楽しかった。どんな人間がウィローを訪れたか、ちょっと想像してみてほしい。そういうことがあるから、俺はロサンゼルスが好きなのだ。たとえばブルース・ウィリス。さっきも言ったように、やつはウィローで『隣のヒットマンズ　全弾発射』の撮影を行った。ウィリス自身の映画会社が手がけていた作品で、公開されると評判になった。現地にはトレーラーが三台置かれていた。ウィリス自身のため、友人のため、残りのひとつはジムとして使うためだ。もちろん映画のスターはウィリスだった。俺たちは映像がどんなふうに受け入れられるか楽しみにしていた。もちろんウィリスは世界有数の映画スターだからだ。

ウェアハウスを目にした人間がすっかり魅了されて、所有者は誰かと尋ねるのも珍しくなかった。現場監督がこんなふうに言うと仰天するのもお馴染みの光景だった。「そのあたりを歩いているロックンローラー風のカップルがいただろう。ドレッドヘアにタトゥーを入れた男と、スーパー美女なロックンローラーな女性。あの二人ですよ」そんなことは何十回も起きた。みんな、いまいちよくわからないようだった。それはともかく、『隣のヒットマンズ　全弾発射』の撮影中、俺たちはブルース・ウィリスに会うことができた。ウィリスは冗談まじりに、この建物を買いたいと言った。俺たちは答えた。「申し訳ないが、こいつは非売品なんだ」彼は冗談がわかる男で、かわりにこのウェアハウスの歴史を知りたがった。俺たちがどうやってこいつを手に入れるに至ったのか、そしてどうやって改装したのか。好奇心にあふれた、面白い男だった。

俺たちは二階に上がり、ウィリスが自分自身の映像の撮影を指揮するのを眺めた。撮影監督に、この場面をどんなふうに撮影したいかと説明していたが、監督は別のやり方で撮りたがっていたので、ワンカットの撮影に丸一日かかった。カレンとはよく、映画業界とは「急いで休め」という場所だと冗談を言った。本当に、あんな場面はいっぺんも見たことがなかった。ウィリスはやる気に満ちていて、仕事熱心なタイプで、俺たちにも感じよく接してくれた。その場で見ているのは楽しかったし、なんといっても自分の建物なので、出ていけと言われることもなかった。もし席を外すよう現場監督に頼まれたら、丁重にこう言うのだった。「あんたがたは建物を借りているだけで、所有しているわけではない。俺たちはここにいていいはずだ」

ロケ地を貸し出すことのもうひとつの大きなメリットは、一流のバンドの連中と知り合えることだった。さっきも言ったように、ガキの頃はロックにハマっていた。若い頃はバックステージにもぐり込んで、憧れのスターの姿を一目見る幸運を狙っていた、うまくいけば握手してもらえたり、サインしてもらえたりしたが、相手はそれだけでどこかへ行ってしまうのだった。トータル十秒というところだ。ただ相手の世界をうろうろしているだけの存在で、「すごい演奏でした。応援しています」と言う何百人ものガキのひとりにすぎないのだった。スターたちはサインを済ませて行ってしまう。コミュニケーションの機会はあまりなかった。だがウェアハウスを持っていれば、撮影にやってきたロックスターたちは俺の世界にいた。たとえば二〇〇四年には、エディ・ヴァン・ヘイレンの撮影に立ち会った。倉庫を間に置けば、俺たちは対等になるという証拠だ。エディ・ヴァン・ヘイレンはがんから復帰したばかりで、新しいツアーのためにプロモ映像を撮影していたのだった。エディ、アレックス、サミー・ヘイガーが揃っていた。ガキの頃、そしてもうちょっと年を取ってからもヘビメタにハマっていたことを思えば、本当に心震える瞬間だった。エディ・ヴァン・ヘイレンがキッチンに現れ、俺のギターを手にとって弾き始めた。サミー・ヘイガーもリズムを取っていた。興奮のあまりキッチンに足を踏み入れると、連中が俺を値踏みするのがわかった。ロックンローラー風の格好をしているのが、どうやらちょっと戸惑わせたようだった。たぶんこんなふうに考えていたのだろう――こいつは誰だ。どんな経歴のあるやつなんだ。そんなことが起きると、たとえ相手がビッグスターであっても、ある意味で立場が対等になる。彼らが俺の世界で気詰まりだったとは言わないが、力関係が少し変化し、連中は正体不明の俺に興味を惹かれたというわけだ。もちろん俺は相手のことを残らず知っていたので、こんなふうにカードを切った。「いつも応援していますよ。二十年前に初めて演奏を聴きました」とかなんとか。俺はイギリスに行ってきたばかりで、シェフィールドの実家から当時のコンサートのプログラムを持ってきていた。そういったものを取り出して見せると、やつらは目を丸くしていた。プログラムの一枚は一九八四年、バンドにとって最大の成功の年のものだった。大ヒットのシングル「ジャンプ」が十二月にリリースされたばかりで、世界中の名声をほしいままにしていた。なんとアレックス・ヴァン・ヘイレンはポルシェ好きということがわかり、車の話が始まった（ポルシェ好きに悪いやつはいない）。三人とも一日中ロケ地にいてくれて、俺にとってはこたえられない状況だった。

ちょっとだけモーターヘッドレミーの話をさせてもらおう。七〇〜八〇年代のロックファンにとっての大きな存在のはずだ。だからモーターヘッドが倉庫でBBCのドキュメンタリーの一部を撮影すると聞いて、俺がどんなに興奮したかわかってもらえると思う。ブラック・サバスのギーザー・バトラー、ビル・ワード、モーターヘッドのレミーが、イギリスのヘビメタの歴史についての番組に登場するというのだった。この原稿をタイプしているキーボードの向こうに、レミーが口をつけたジャックダニエルのボトルがある。今や俺の一番大事な宝物だ。レミーは四時間ほどこの場所にいて、俺はカメラから十フィートほど離れたところで、自分の歴史について語るのに耳を傾けていた。ジミヘンの付き人をしていた六〇年代から、ホークウィンドの一員だった七〇年代半ば、モーターヘッドを結成するまで。何もかもだ。俺にとってモーターヘッドはただのバンド以上の存在で、人気のアルバム以上の存在でもあった。モーターヘッドは生き方そのものだったのだ。「ファック・ユー」という感じの生き方だ。だからレミーと一緒にウェアハウスで過ごした時間は宝物だった。

レミーの撮影の少しあと、今度はプリンスが企画を温めているという連絡があった。どうやら劇を創作しているらしく、脚本はまだなく、三日間ロフトを借りたいということだった。先方のスタッフから下見の申し入れがあり、それはかまわないと言ったところ、何人かでやってきて大いに気に入ってくれた。だが数日後にはこんな返事が来た。「プリンスは大変気に入っているが、悪魔風のガーゴイルなんかを全部どかすか、覆ってもらわなければいけない。セットに邪魔されたくないそうだ。そしてプリンスがやってきても顔を見ないでほしい」間違いなくそんなふうに言われたと思う。「ああ、それからみんな黒あるいは白のTシャツを着てください」

撮影当日、プリンスは巨体のボディガードと一緒に現れた。もちろん俺は、顔を見て挨拶せずにはいられなかった。「ようこそウィローへ。マグナス・ウォーカーです」実際のところ、プリンスはとても感じがよかった。ところが昼頃になると、その場を立ち去ってしまった。厳格なヴィーガンなのだが、誰かがチキン料理を注文してしまったらしく、建物内は肉厳禁というルールが破られてしまった。プリンスはチキンが届いたことを知り、二度と戻ってこなかった。

ポッシュ・スパイスことヴィクトリア・ベッカムが、日本のジーンズ会社の撮影をしたこともあった。本番の二日前、ヴィクトリアのボディガードがやってきた。SWATやSAS、MI5に所属していたという雰囲気の男だった。とても感じが良く、超プロフェッショナルで、すかさず設備の点検に取りかかったので、俺は訊いてみた。「何を調べようとしているんですか」すると「ヴィクトリアのためですからね」という答えが返ってきた。この建物にはビッグネームが何人も訪れていると俺は言った。するとこう言われた。「それとこれとは別の話です。建物の周囲の距離や、いろいろなことを調べなくてはいけない」たとえば彼は、ストリートに面した電動のゲートが閉じるにはどれくらい時間がかかるのかと尋ねた。そんなわけで俺たちはヴィクトリア・ベッカムの来訪に際して、どんな心の準備をしておけばいいのかわからなかった。だが意外な結果だった。大いに敬意を表したいところだが、当日ヴィクトリアは自分で白のベントレーを運転して登場し、側近もついていなければ、運転手がいたわけでもなかった。本人が運転して現れ、後ろの黒い車にはボディガードが乗っていた（幸いにもゲートはちょうどいいタイミングで閉じた）。

実物のヴィクトリアはとても感じが良く、にこやかだった。一時間くらいの滞在になるだろうと想像していたが、だが実際は八時間もそこにいた。たぶん当時の最大のビッグネームのひとりだったが、そんな人が一日中俺たちの建物に滞在して、全員に感じよく接し、熱心に仕事をしながら、丁寧にフレンドリーに振る舞っていたのだった。俺たちはみんな内心思っていた。「ものすごくちゃんとした人だ」

ヴィクトリアと雑談していたときようやく、相手がいつも五、六人のパパラッチに追われていることに気がついた。旦那のデイヴィッド・ベッカムがロサンゼルス・ギャラクシーに移籍を決めて、ロサンゼルスに引っ越した直後だった。パパラッチは屋根にはしごをかけたり、壁を乗り越えようとしていたという。例のボディガードはそんな状況を踏まえて、仕事に当たっていたというわけだ。

ウィローではありとあらゆるロックスターの撮影が行われた。全員の名前が思い出せないくらいだ。十四年間にわたり、年間百日ほど撮影していれば、千四百日になる。この建物を訪れた人間の数といえば天文学的だが、カレンと俺には記録をつける習慣がない。セレブと肩を組んだ、いかにもな写真を壁に張り出す中華料理店みたいにはなりたくなかったのだ。だから写真も撮らなかった。あるとき誰かに訊かれた。「ジェイZ《ズィー》が撮影していたときのことを覚えているか」俺は「ジェイZがここにいたのか」と訊き返す始末だった。

幸せな思い出だ。シェフィールドに留まっていたら、当然ながらこんな経験は一切できなかっただろう。ロサンゼルスらしい人生の一幕だった。そしてロサンゼルスだろうが他の場所だろうが、ウィローに建物を買わなかったらこんなことも起きていなかったはずだ。だからあのウェアハウスは、俺自身の物語にとって大事な役割を持っていた。シリアスを畳むという決断を可能にし、いっぺんも考えたことのなかったビジネスに乗り出すチャンスをくれたからだ。おかげで金もしっかり稼げた。

そして俺は、あり余るほどのポルシェを手に入れるチャンスを得た。

第８章

鋼のハンドル

俺が一番よく訊かれるのは「どうしてポルシェ狂になったんだ？」ということだ。答えは簡単だが、少しだけ待ってほしい。まずちょっと時間をさかのぼって、九〇年代半ばに本格的に始まった、車のコレクションに関する物語を聞いてもらえるだろうか。最初に手に入れたトヨタ・カローラと、二台目のサーブのことはもう話した。三台目こそが初代ポルシェで、さっきも言ったスラントノーズの車だ。その後はどう説明したらいいだろうか……。要するにカレンと俺は、車を集めるのにハマったのだ。ビジネスは好調で、カップルとしてもビジネスパートナーとしても順風満帆、洒落た服をデザインしたり売ったりしていて、セレブがこぞって商品を買い求め、金はいくらでも手に入った。いい時代だった。

そう、俺たちは、とにかく買いまくっていたのだ。

一時期は六五年マスタングGT350Rのレプリカ、六七年型シリーズ1・Eタイプジャガー、六九年ダッジ・スーパー・ビー二台、七三年型ロータス・ヨーロッパ、七九年フェラーリ・308GTB、それに加えて三、四台のポルシェを持っていた。一九九五年から二〇〇五年くらいまでのことで、約十年にわたるというわけだ。あの頃のコレクションは多種多様で、ポルシェも、アメリカのマッスルカーも、ヨーロッパのスポーツカーも買った。今よりずっと守備範囲が広かった。昔からポルシェ命だが、他の車にも愛情を持っている。ポルシェ狂の人間がみんなそういう考え方をするとはかぎらない。この原稿を書いている今、ガレージには二十台くらいのポルシェ911があるのだから、矛盾した発言だと思われるかもしれない。だが俺は七〇年代の育ちで、他の車にも馴染みがあった。ジム・ロックフォードのファイアバード、『爆発!デューク』に登場する車、ジェームズ・ボンドのエスプリ、コリン・チャップマンのロータス、いわゆるフェラーリ、ジャガーなんかを目にしていたのだ。

マスタングは伝説的な車で、時を超えたアメリカの財産だ。俺とカレンはその車が大好きで、シリアスのカタログにも載せたくらいだった。ただ俺としてはブレーキの利きが少々甘く、コーナーを曲がる感触もイマイチなのが不満だった。Eタイプについては、エンツォ・フェラーリの言うとおり、世界で一番美しい車だと思う。だがEタイプのジャガーはいまひとつ信頼性に欠けた。中古のEタイプに二万ドル出したが、それまで車に費やしていた予算としては一つ次元が違った。当時は一万ドル以上は使っていなかったはずだ。おかしな話だが、二万ドルをバックパックに詰めて飛行機でサクラメントに向かい、空港で車の持ち主に会って、車に乗って帰ったのだった。ところがロフトまで二百メートル弱というところで、クラッチがいかれてしまった。Eタイプジャガーの洗礼だ。もしかしたら、あまりよく手入れがされていなかったのかもしれない。俺たちもちょっと脇が甘かったのだろうが、クールな車が欲しいという一心だったのだ。Eタイプは掛け値なしにクールだった。商売をやっていた、おじのミックがEタイプに乗っていたという話はしたと思う。おじの車を見て以来、自分でも一台欲しくてしょうがなかった。そしてとうとう夢を叶えたわけだが、あの車は不安定だった。ラジエーターを大きなものに交換して、ほかにもいろいろ手を加えたが、実際に乗る機会は少なかった。ほとんどずっとガレージにしまわれていて、ただそこに飾られていただけだった。週末になると「Ｅタイプに乗ってみようか。格好いい車だからな」と言うこともあった。ところがドライブに出かけると途中で必ず故障し、「だからＥタイプには乗らないんだ」と言う羽目になるのだった。ただし実際のところ、Ｅタイプジャガーのいいところは、誰も敵意を向けないところだ。中にはフェラーリに向かって中指を立ててみたり、マスタングのようなマッスルカーを見下したりするようなやつもいるが、Ｅタイプは誰からも好かれていた。

スーパー・ビーも俺たちの大のお気に入りで、二台持っていた。俺は六九年スーパー・ビーのタトゥーを入れていたくらいだ。３８３四速と４４０オートマチックも持っていて、どちらも荒々しいくらい馬力があった。『爆発！デューク』に出てくるような車で、ボディのタイプも同じだった。そんな車を所有するという夢も叶えたわけだ。あるときダウンタウンをドライブしようということになり、俺はスーパー・ビーに乗り、カレンはジャガー・ＸＪ６で後からついてきていた。スーパー・ビーに乗っていた俺は、ちょっとだけ得意になっていたのかもしれない。まずいことに、ふっ飛ばす後ろからパトカーがついてきていることに気がつかなかった。ふいに回転灯の光が目に入ったので、右折し、続いて左折してから停車した。警官はトランシーバーに向かって話していたが、やおら車から降りてきた。俺のもとにやってきて、スーパー・ビーから降りるよう命じ、両手を高く上げさせ、車のフロントの上に押さえつけた。ちょうどそのとき、カレンが角を曲がって現れ、目の前の光景にびっくり仰天した。すぐさま車から飛び出してきたが、近づくな、と警官が言った。カレンは言い返した。「あたしのボーイフレンドに何をしようっていうのよ」警官はこう答えた。「職務質問するだけだ」行き先を訊かれたので、家に帰るところだと答えた。「ちょっとスピードを出し過ぎじゃないか。ダウンタウンで何をしていたんだ」確かにこの地域は当時治安がいまいちで、俺のタトゥーやドレッドヘアを見て、警官は間違った想像をしたのだろう。ダウンタウンで薬物を入手していると思ったのだ。アパレル会社を経営していると言い、IDカードと運転免許証を取り出すと、警官は弱気になった。九〇年代にダウンタウンでスピードカーを運転するのは、今ほど楽しい経験ではなかった。

それはともかく、他の車の話をしよう。次に買ったのは七三年ロータス・ヨーロッパで、塗装が施され、ベージュとコッパーを合わせたようなメタリックなカラーだった。インターネットが普及する前の時代だったので、水曜の夜になるとスポーツカー・トレーダーを必ず購入し、ポルシェやマッスルカーを目当てにじっくりと読んだ。特にロータス・ヨーロッパを探していたわけではなかったが、ある週の号にその車が載っていた。最初はちょっと妙ちきりんな車だと思った。おじのデヴィッドはロータス・タイプ47を持っていて、親父と一緒に改造していた。俺は思った――残念ながらこいつはタイプ47ではないが、ヨーロッパには変わりない。車はサンフランシスコ近郊、カリフォルニア北部のウォルナット・クリークで売りに出されていた。売り主に電話をかけて、車に興味があると伝えた。結局、こんなふうに話がまとまった。「いとこがオレンジ群に住んでいるから、来週そこまで車を持っていってやろう。そうしたら実物が見られる」俺は答えた。「そいつはありがたい。おかげで飛行機代が節約できる。もし車が長旅に耐えられたら、その場で買うよ」車は確かに長旅に耐えたので、購入した。ただし残念ながら、その車とは最後まで相性がよくなかった。

七九年フェラーリ・308GTBは、一九九五年に二万ドルで買った。やはりおじが所有していたことが、俺に影響を与えていたのだろう。意外なほど乗り心地がよく、安定感のある車だった。せいぜいウォーターポンプを交換したくらいだ。たった一度だけ故障したのは、バイパーに乗った友人とラスベガスから帰ってこようとしていたときだった。

そんなわけで、俺はポルシェ以外にもたくさんの車を所有してきた。それぞれの車について、いい思い出がたくさんある。だがこの原稿を書いている今、ガレージを占めているのはこれらの車ではない。俺が有名になったのも、歴代の車のおかげではない。

最初の質問に戻ろう。

なぜポルシェだったのか？

さっきも言ったように、答えは簡単だ。歴代の愛車はよくできていたが、長所と短所を両方持っていた。マスタングは相当スピードが出たが、ブレーキの利きは悪かったし、コーナリングもイマイチだった。Eタイプのジャガーは格好よかったが、ひどく不安定だった。またEタイプは立派な車だったが、世間で名高いハンドリングを俺は評価しない。あれを良しとするのは、一種の神話ではないか。フェラーリはよかったが、何マイルも積み上げられるような車ではなかった。長距離を走ったフェラーリやランボルギーニなんて、そうそうお目にかからないだろう。安定性に欠けるか、そういう乗り方をされることがない。みんなコレクションするために購入し、走行距離を積み重ねることをひどく嫌がるのだ。

それに加えて、昔から「ポルシェ狂」の世界に憧れていた。性格の異なる、さまざまなバックグラウンドや生活環境を背負った人間たちが、この一点の趣味でつながっているのだ。ポルシェに乗らなければ決して味わわなかったような経験を、長年にわたって味わうことができた。

そんなわけで長い時間をかけて、ポルシェ以外の車は徐々に売却していった。最後まで所有していた非ポルシェの車はEタイプジャガーで、ようやく手放したのは二〇一一年のことだった（偶然にもEタイプの五十周年で、おかげで運のいいことに車は高く売れた）。別に、こういった立派な車にケチをつけたいわけではない。五十台超のポルシェを所有するに至った事情を説明しているだけだ。要するに他の車には長所と短所があったが、ポルシェはあらゆる面にわたって優れていたのだった。

この頃、こういった車を運転するのはストリートに限られていた。なかなかアグレッシブかつ大胆な運転ぶりだったといえるだろう。だが、それが車を楽しむ上では安全なやり方とはいえないことに気がつき、そんなわけである意味必然的に、車への熱意は一段階レベルアップした。二〇〇一年後半、十一万五千人の会員がいるポルシェ・オーナーズクラブに入会し、サーキット上で車を飛ばすようになったのだ。それから六年ほど費やして、運転の腕に磨きをかけ、レーシングにのめり込んでいった。

ポルシェ・オーナーズクラブに関心を持つきっかけを作ってくれたのは、ベニスの車修理店

「オットー」の店員で、最初のポルシェの面倒を見てくれたジョン・ウィリアムソンだった。初めてサーキットに出た日のことは覚えている。たぶん、カレンがサーキットにやってきたのはあの日が最初で最後だっただろう。超ミニを穿いてロックンロールな雰囲気を醸し出し、いつものように美しかったが、場所はがらんとした高地の砂漠地帯ウィロー・スプリングスで、家からは百マイル以上離れていた。何もすることがないし、空気は焼けるように熱いし、カーマニアの男たちが車やレーシングのことを喋っているばかりだった（連中は本当に車一筋なのだ）。お昼頃にはカレンはすっかり飽きていて、家に帰ろうとしていた。彼女は言った。「マグナス、あなたのサーキット行きに付き合うのはこれが最後だからね」

俺にとっては、その日は退屈とは程遠かった。その日こそ、俺が「ポルシェの沼」にハマるきっかけで、車の改造にのめり込んでいったのだった。頭から沼に突っ込んでいった。最初にサーキットに参加したのは、二〇〇二年の初レースだった。いわゆるショートトラック・ライセンスを獲得するには四回イベントに参加しなければいけないが、二ヶ月でそれをこなした。そしてすぐにタイムトライアル・ライセンスの獲得に向けて動いた。そんなわけで六月には、ウィロー・スプリングスで開催される大きな大会に出られるようになっていた。

競技を始めてまもなく、そこそこの成績を収めるようになった。二〇〇二年から二〇〇七年にかけて、ウィロー・スプリングスやサンダーヒル、ラグナ・セカ、カリフォルニア・スピードウェイ、ラスベガス・モータースピードウェイ、フェニックス・スピードウェイのサーキットを走りまくり、スキルを磨きながら、絶えず車を調整していった。たぶんレース仲間には一目置かれていただろうし、実際トロフィーはずいぶん獲得したので、努力のほども伝わっていたと思う。レーシングカーをトレーラーに乗せてやってくる連中もいたが、俺はいつもサーキットまで運転していき、思う存分飛ばしてから、また運転して帰った。二〇年代や三〇年代のレーサーのやり方で、ベントレー・ボーイズやその周りの連中は、みんなそんなふうにしていたのだ。だから俺にとっちゃ自然なことだった。それにだいたいいつも911に乗っていたので、話は簡単だった。911は適応力が高いのだ。

レースで優勝し、トロフィーや盾も増えていった。二〇〇四年には所属する階級の選手権を制覇し、その年のHPタイムトライアル・シリーズは二位につけた。今でもそのシーズンのポルシェ・オーナーズクラブの年間記録は手元に残っている。俺はショートトラックのチャンピオンとして掲載されていて、ちょっとしたインタビューも読める。新人のレーサーにアドバイスをしてくれと言われたので、こう答えた。

自分の車と呼吸をぴったり合わせて、できるだけしょっちゅう運転するんだ。走り始めるとすぐ、スピードを出すために金を使いたくなるだろうが、それは我慢しろ。仲間のドライバーにサーキットの軌跡について尋ね、できることなら一緒に練習するんだ。無理のない目標を設定して、達成するように努力しろ。少しずつ進歩し、スピードを出す鍵はスムーズさにあることを覚えておこう。質の良いタイヤを買って、レーシングカーのペイントを施して……そうしたらスピードが出るような気になる。

すると連中はこう尋ねた。「レーシングと日常生活をどうやって掛け持ちしているのですか？」俺はこう答えた。「妻のカレンに気を遣うのは大事なことだ。イベントの夜にはちゃんと帰宅するようにしている」同じインタビューで、自分にとってのレーシングとは自衛本能だとも言っている。「スピードを出して交通違反の切符をたくさん集めるのに時間は掛からない。そうなる前に、スピードを出すのは管理されたサーキット場のほうがいいと気がつくべきだ」（白状するなら、この頃まだストリートでふっ飛ばすことも多く、交通違反の切符も溜まっていた）。俺の幸運のお守りはシリアス・ナンバーワンのパッチと、ヘルメットのユニオンジャックだとも言った。仲間のレーサーやライバルにはこんな言葉を贈った。「モチベーションを保つんだ」同時にコーチングにも熱心に取り組んでいて、ポルシェ・オーナーズクラブのインストラクターになっていた。その頃には全プログラムの受講を済ませていて（ショートトラック・ライセンス、タイムトライアル・ライセンス、クラブ・ライセンス）もっと早く経験を積むために、生徒を取ることにしたのだった。義務などではなかった。自分が運転していないときも、車のシートに座っているチャンスが増えると思った。トラックを違う角度から眺めることができたし、教えることで自分も学んでいった。

五年ほど経つと、年間四十～五十本のレースに出るようになっていた。週一回くらいのペースだ。一つのイベントには週末をそっくり費やすことになるし、インストラクターもやっていた。問題は大会のレベルが上がるほどプレッシャーも高まり、出費も増えることだった。サンダーヒルは自宅から五百マイル離れていたし、ラグナ・セカやフェニックス、ラスベガス・

モータースピードウェイなんかで大会が行われることもあった。大会は金曜、土曜、日曜などに開かれるので、木曜には家を出発しなければいけない。三泊四日のホテル暮らしだ。ほとんどの場合は飛行機を使うことになった。車の輸送を依頼し、タイヤを一式買えば千ドル。同時に車を改造するし、ブレーキやサスペンションをアップグレードする。あちらで千ドル、こちらで二千ドル、ときには三千ドルになることもあった。もちろん参加費だって取られるし、車が壊れないように祈らなくちゃいけない。とにかく金のかかる話だ。一度大会に出たら最低千ドルかかるとして、一年間に五十の大会に出場する場合、どれくらいになるか計算してみてほしい。

月日が経ち、レーシングはいっそう本格的になったが、いつの間にか前のように楽しめなくなっていた。勝ちを期待する声は高まり、費用もしっかりかかっていたのに、それに見合うほど楽しくないのだった。そんなわけで二〇〇八年頃、最前線から身を引いて、参加する大会数を絞り、週末にサーキットに行く回数も減らした。車を飛ばすことへの熱意は冷めかけていて、買ったり売ったり、改造したりするほうが楽しいんじゃないかと思うようになっていた。やがてレーシングに費やす金はすべて、ポルシェの購入に使うようになった。カレンの口癖はこんなだった。「車を買うのはあなたの趣味であり、能力ね」カレンの名言のひとつだ。こんなふうにも言った。「でも、売るほうの能力も磨かなくちゃね」おっしゃる通りだった。カレンはいつも周囲の状況を察して、必要なことをぴしゃりと言ってくれた。恐ろしく頭の切れる女性だった。おかげで俺はやるべきことを迷わずにすんだ。

そんなわけでクレイグズリストとオート・トレーダーに登録し、911を買い始めた。五〜六千ドルといったところで、まるっきり高くなかった。最初に買った車のことはよく覚えている。六九年911で、ろくすっぽ動かなかった。ロサンゼルスで五千ドル出してそいつを買い、一緒に仕事をしていた友人のセルジオと二人で修理を試みた。五百ドル程度の塗装というわけにはいかず、千ドルかかったが、一応それなりの結果は得られた。セルジオと二人で内装をすべて引っぺがし、ヘッドライナーも自分たちで直し、シートと絨毯を入れ替え、タイヤも交換した。全部やり終えるには一万二千ドルくらいかかっただろう。相当に張り込んでしまった。ただしその車は二万ドルで売ったので、ちゃんと利益は出たし、結果オーライだった。ただ、いつもそんなに楽々稼げるとはかぎらなかった。もう一台よく覚えているのは七四年911カレラで、初期投資は八千五百ドル。ちょっと塗装の直しが必要という状態だった。当時のポルシェ市場は今ほど活気がなく、車の買い手を見つけるのにはえらく骨が折れ、ようやく二〇〇九年頃に二万ドルで売れた。

俺たちは実地で試行錯誤を繰り返しながら学んでいった。初期のポルシェは改造してアップグレードするのも簡単だ。クロムメッキを施し、パウダーコーティングし、カドミウムメッキを施すやり方を習得した。一番いい塗装のやり方や、内装を工夫するいろいろな手段、あれやこれやの細かい技術も学んだ。俺の場合、いわば完全に独学だった。インターネットが便利なのは、ポルシェの塗装の剥がし方だとか、部品を交換する方法だとか、問題に突き当たったらグーグル検索できるところだ。すると必ず助けてくれる連中が現れる。ちゃんと節度を持って質問することだ。そうしたら相手も喜んで助けてくれるし、いろいろと学べる。

あるとき、ヴァーノンの自宅の裏庭を作業場にしているジョゼという塗装工と知り合った。そいつはたったの三千ドルで車の塗装を請け負っていたが、クオリティは驚くほど高く、おかげで俺の車の改造レベルは上がっていった。最初の頃はおんぼろの911を持ち込んでいたのだが。912も何台か手がけた。二〇〇八年から二〇一一年にかけて、改造の腕は着実に上がっていった。だがその時点では、正直に言うとまだ俺らしさの確立には至っていなかった。これらの初期の車の多くは、俺が登録した名前にもとづき、今でも「元マグナス・ウォーカー911」と呼ばれる。だがこれらの初期の車には、ほとんど俺の個性やタッチは反映されていない。既製品を買い、改造して売却しただけだからだ。確かに俺の所有する車だったが、手塩にかけたというわけではなかった。

改造のプロセスは文章に残すようになった。「ペリカン・パーツ」について聞いたことがあるだろうか。総合ウェブサイトにして部品のサプライヤーで、オンラインのフォーラムも充実している。なので二〇一〇年頃、俺もスレッドを立ち上げた。特に目立つようなものではなく、自分の所有する車やポルシェについてちょっと記していただけだった。そのスレッドは「ポルシェ・コレクション――趣味という名の沼」と名づけていた。スレッドを立てるなんて生まれて初めてだった。二〇〇四年からペリカン・パーツに参加していたが、いっぺんも投稿したことがなかったのだ。パソコンには特に詳しいというわけではない。当時はいまひとつ肌に合わないという理由で、iPhoneも持っていなかった。今だって本当はそうだ。パソコンの得手不得手は生まれつき決まっているような気がするし、俺は店に飛んでいって最新のｉＰｈｏｎｅを買うような男じゃないというだけだ。実際この原稿を書いている今、俺はまだ旧型の携帯を使っている。それで十分だ。

そんなわけで俺はペリカン・パーツと、よりポルシェに特化した「アーリー・９１１Ｓ・レジストリー」の両方にスレッドを立てた。「趣味という名の沼」というキャッチコピーと俺の文章は、メンバーの関心を惹いたようで、コメントやページの閲覧数はかなりの数にのぼった。自分で組み立てた車のことを投稿するのは楽しい作業で、画像も使って仕事の様子を報告した。ポルシェ狂としての俺が、初めて世間に知られたのだった。それまでは地元のコミュニティや南カリフォルニアのストリート、あるいはサーキットで、大胆不敵なドライバーとしてしか知られていなかっただろう。

やがて俺も五千ドルのポンコツ車を卒業して、一桁値段の違う車を買うようになっていった。中には今、売りに出して、金を得ようとしているのもある。そんなこんなしているうちに、五十台超の車と関わりをもったというわけだ。当時はまだそれほど儲けていたわけではなく、ようやく収支が合うという感じだったが、金は問題ではなかった。ウィローをロケ地として貸し出すことで十分な収入になっていたし、それ以上に車を組み立てるのは学びの過程だったのだ。それが楽しくて仕方がなかった。今でも心血を注いでいる。車のせいで金を失おうが、数千ドル稼ごうが、俺にとってはどうでもよかった。純粋な趣味だったのだ。

だがさっきも言ったように、それは趣味という名の沼だった……。

本格的なターニングポイントが訪れたのは、車に自分の個性を刻印するようになったときだった。今では「マグナス流」と呼ばれるあれだ。たとえばルーバーを備えたデックリッド。ホットロッドでは珍しくもないが、ポルシェでは稀だ。それ以外にもツートンカラーのボンネット、ドリルで穴を開けたドアハンドル、二色のウィンカー、中央に位置したフィラーキャップ、クロムメッキの燃料メーターの枠、プレキシガラスのウィンドーなんかがある。俺はより細部に気を配るようになっていた。その頃にはポルシェ・オーナーズクラブで知り合ったフィルという男の手も借りるようになっていた。ほとんどの作業は自宅でできるようになって、学びは深まり、クオリティはさらに上がり、何より大事なことにコストが下がった。俺はいつも、きちんと組み立てることに誇りを持っている。たとえばバンパーだ。十分足らずで取り付けることだって可能だが、それではきちんとフィットしていないことが多い。ときには取り付けに丸一日かけることだってある。個人経営で一時間百ドル要求するような店だったら、まずいことになっているだろう。

徐々に自分だけのスタイルが確立されていった。そうしているうちに「ストリート対応可のスポーツカー」にたどり着いた。68Rはおそらく俺にしかできない最初の作品にして、初めて世間に知られるようになった車だ。本格的にして決定版の改造だった。その車を手がけたのは二〇〇九年だった。近所に金属の加工をやっている男がいたおかげで、作業の一部は自宅でできた。そんなときリアム・ハウレットという男からメールが届いた。ポルシェ狂は互いに惹き

つけあうというわかりやすい例だ。リアムはプロディジーという名のバンドで演奏していると

いい、もちろんそのバンドのことは知っていた。当時俺が手がけていたSTRを見たという

（その件については後で話そう）。早い話、リアムはメールを送ってきてこう言ったのだ。「い

い仕事をしているな。ペリカンのサイトやいくつかの雑誌でお前のことは知っている。俺のた

めに車を改造してくれないか」

ただ車を改造して売るという、それだけの作業に注ぐ時間もエネルギーも熱意もないこと

は、とうの昔に気づいていた。だからこう返信した。「すまないが、他人のために車は改造し

ない。金をもらって仕事はしないんだ。そういうことに決めている。単に四十年ものストリートカーを改造するのが好きなだけなんだ」

リアムからはこんな返事が来た。「だがショートホイールベースの車は持っていたことがないんだ。お前の造る68Rが気に入っているんだよ」

俺はよくよく考えてから、こう答えた。「わかった。お前にその車を売ろう」するとこんな返事がきた。「ひとつ頼みを聞いてくれないか。二色ウィンカーにしてほしいんだ」（STRを見たという）。もともと68Rは二色ウィンカーではなく、フロントではなくリアについていたのだ。ささやかなリクエストだと思うかもしれないが、そんなわけがなかった。実際のところ俺は、完璧に仕上げるために車をまるごと塗り直したのだった。だが追加の金は請求しなかった。世の中にはいっぺん塗り直しただけで法外な額を請求する連中もいるだろうが、俺は契約を守った。リアムはいい値段で車を買ってくれた。やつにとってもいい買い物だったんじゃな

いか。感じのいい男で、しばらく車を貸してくれないかと頼んだくらいだ。撮影プロジェクトが持ち上がっていて、68Rに登場してほしかったのだ。いや、先を焦るのはやめよう。

さっきも言ったように、68Rを手がけていたのは最初のSTRを手がけた頃だった。そいつは俺のもとで、実際走ることはない、マッチングナンバーでもない七二年型として蘇った。余りの部品でこしらえた2・7リットルのマルチポイントインジェクションのエンジンが埋め込まれていた。アグレッシブで、かつスタイル、パフォーマンスと細部に最大限の神経を払った車だった。売却するときは特に値段は設定しなかったが、たちまち六万五千ドルで売れた。今から考えるといささか安かったが、俺の成長を後押ししてくれた車だった。

より個人的なタッチと精密さを備えた後期の車は、俺の名声を高めるのに役立ってくれた。やがてメディアの取材を受けるようになった。最初に記事が掲載されたのはオランダのRSポルシェという雑誌で、ライターの名前はエリック・コーウェンホーフェンといった。それまでというもの、自分でもよくわからない理由で漠然と雑誌の取材を避けていた。単に落ち着かなかったし、まだその時期ではないと思っていたのだ。俺の本能がそう言っていた。だがエリックは俺のことをペリカンで見て、二〇一一年初頭に記事を書こうと思うくらい興味を惹かれたらしい。

同じ年には、オランダ人のモーリス・ファン・デン・ティラードという男からもメールをもらった。元BMX乗りで、戦闘機の修理工として空軍で仕事をしていたという、頭の切れる男だった。車が大好きで写真の腕も良く、「ダッチマン・フォト」と名づけた自分のブログに南カリフォルニアの風景を投稿するため、ホットロッドやBMXバイク、チョッパーなんかを撮りたいのだと言った。もう雑誌に記事を書いていて、南カリフォルニアのバイクの改造マニアたちとも付き合っていたが、今度はポルシェの世界に足を踏み入れようとしていたのだった。自身はポルシェのオーナーではなかったが、ペリカン・パーツのスレッドを見て、俺がどんなふうに改造しているのか興味を持ち、コンタクトしてきたというわけだ。

モーリスとは二〇一一年にラグナ・セカで開かれたポルシェの一大イベント、レンスポート・リユニオンで出会った。軽く言葉を交わし、モーリスの運転する車でロサンゼルスへ連れて行ってもらう頃には、すっかり意気投合していた。モーリスは俺よりちょっとだけ若かったが、やはりパンクロックに詳しく、いわゆるポルシェ狂とは一味違った。結局モーリスは「トータル911」の八十三号に載る記事を書いた。その中では、俺が個性的なポルシェをつくることについて詳しく書かれていた。モーリスの記事のおかげで、こんなキャッチコピーを手に入れた。

「この男こそマグナス・ウォーカー。都会《アーバン》のアウトローだ」

俺自身がアウトローという単語を生み出したわけじゃない。その単語はずっと前からあった。ポルシェとのわかりやすい結びつきといえば、みんなが356を改造していた五〇年代、ジェームズ・ディーンの時代だろう。だが単語自体は、もっと昔までさかのぼれる。四〇年代後半から五〇年代初頭にかけて、第二次世界大戦から戻ってきた男たちはみんな車をいじっていた。古いフラットトップのポルシェとか、そういうものだ。南カリフォルニアの車文化は、太古の昔から続いているのだ。この原稿を書いている場所から一マイルも行かないところに、老舗のフォード・モーターカンパニー工場がある。昔、その向かいに住んでいた。今ではアパートへの建て替えが進んでいる。車とカリフォルニアは切っても切れない関係なのだ。

アウトローという単語の定義を調べると、普通の法律の範囲に収まらない人間のことを指すと書いてある。「既存のルールや団体に縛られることを拒否する人間。反逆者、ノンコンフォーミスト」その単語は反逆者や犯罪者の時代から存在し、ある種の生き方やライフスタイルを指して、より一般的に使われるようになった。車に関して言うなら、既製品を買って普通とは違うスタイルに改造する人間のことを指す。スタンダードな工場の規格品とは違うものを作るのだ。

長年アウトローという単語は、ポルシェ356とからめて使われることが多かった。ロッド・イーモリー率いるイーモリー・モータースポーツは、この分野に関しては最も秀でた団体だろう。だがアウトローとしての本能は、時代を問わない。俺が自分のポルシェに対して行っているのは、ホットロッド風味のテイストを加えることで、そういった改造は何十年も行われている。トータル911はそんなクリエイティブな伝統に目をつけたのだった。記事の中でモーリスはこう書いた。「これから先、こういった美を目にすることはもっと増えるだろう」

こうして種がまかれた。

第9章

誰もが俺に訊きたがるのは277のことだ。本当のことを言えば、ちょっと妙な話だ。その車には、俺の特徴的なタッチはほとんど加えられていないのだから。だがそれでも人気は高いようで、雑誌やウェブサイトにコレクションの写真が掲載される場合、必ず検索結果の上位に入る。277は二台目に買った911で、世界に一台しかない、いろいろなパーツを組み合わせた車だ。マッチングナンバーの既製の車が趣味なら、911としては不満を覚えるだろう。初めて七一年型の911Tを目にしたのは、その種のイベントとしては世界最高の一九九九年のポモナ・スワップ・ミートだった。無数の車が揃っているし、オイルとガソリンの匂いが充満していて、時折タイヤのきしむ音がする。そこかしこで車に関する熱心な会話がかわされ、空気はエネルギーに満ちてざわついている。

277の元所有者は航空宇宙工学の専門家で、ロッキード・ボーイングで働いていたとのことだった。俺は七千五百ドル出して、改造済みのその車を買った。2・7リットルのエンジン搭載だったが、車体は細身で、パーツも加えられていなかった。もともと金色だったのだが、緑色に塗り替えられ、そのあとで色合いもさまざまなホワイトに塗られていた。コンディションは良く、そんなわけで俺はそいつを手に入れたのだった。

すぐさま七三年RSレプリカ式に改造を始めた。実際にその型の車に着手されたことはない。

車は千五百八十台製造され、277は七千五百ドル出して買ったが、おそらく七三年RSは五万ドルした（この原稿を書いている今では、状態のいいRSはおそらく百万ドルする）。要するに当時五万ドルは、俺にとって百万ドルくらいの意味があった。一万ドル以下が、予算の範囲だったからだ。

結局本物のRSフレアを七百五十ドルで買い、所有して三ヶ月も経たないうちに車に溶接した。そのあと七三年RSカレラのファイバーグラス・ダックテールを入手し、車体をホワイトに塗り直し、ブラックのフックスを加えた。半年も経つと七一年型Tは、七三年RSのような外見になっていた。

その車に乗ってウィロー・スプリングスに初出場した。レースに夢中になるあまり、次々と車に改造を加え、よりよい結果を残そうとしていたのだ。格好つけようと思って改造をしているわけではない。きっかけはあまり手を加えていない車で大会に出場し、スピードが必要だと痛感したことだった。そこでパフォーマンス向上のための改造を始めた。おおむねサスペンションやブレーキ、ハンドルやタイヤの質といったところだ。ポルシェ・オーナーズクラブ主催のより大きな大会に出るようになると、安全に関する規則をあれこれ守らなければいけなくなった。そこで対策として二百ドルでMOMOの安いバケットシートを買い、五点式のシートベルトと消火器を積み込んだ。安全第一というわけだ。七一年型はスモッグチェックが導入される前の時代の産物で、つまり触媒コンバーターがついていなくてもよかった。それが初期のポルシェの長所のひとつだ。いつも言うように、あらゆるパーツが交換可能なのだ。3・6

リットルのエンジンを入れたとしても、七六年の排気量の規制以前に作られていたおかげで、スモッグチェックのテストを受ける必要はなかった。さっきも言ったように、スタイルやルックス重視の改造というわけではない。あくまで大会でよりよい成績を残せるように、いろいろ工夫していたのだ。ストリートカーからトラックカーに移行する段階だったが、それでも277は俺にとってストリート対応可のトラックカーで、サーキットまで運転していって戻ってくることができ、道路交通法には違反していないのだった。

最初の二年ほど、車のナンバーはポルシェ・オーナーズクラブからランダムに与えられた731だった。のちに幅広のリムを取り付け、車高を下げて、サスペンションに手を加え、分厚くて重いトーションバーに替え、スピンドルをつけた。アグレッシブなストリート対応のトラックカーができあがった。

二〇〇四年頃には、ブルモスのリバリーを塗装した。ブルモスは大のひいきのレーシングチームであり、車のディーラーで、五十年以上もこの業界で生き延びている。そのチームのナンバーワンのドライバー、ハーレー・ヘイウッドはデイトナで五回、ル・マンで三回優勝している。のちに俺はヘイウッドと対面するが、目の前に伝説の男が立っていると思うと、夢でも見ているのかと頬をつねりたくなった。そこで277の色合いはブルモスに似せた。もちろんブルモスの赤白青のリバリーはアメリカという国、エベル・ナイベル、本書に登場するさまざまなものへの愛着のあらわれでもある。

理由はよくわからないが、途中でポルシェ・オーナーズクラブは新しいナンバーをよこした。正確には、好きなナンバーをつけていいという話で（既に取得されていなければ）、七の入った桁の少ない数字が欲しいと思った。一九六七年七月七日生まれだからだ。よく周りには訊かれる。「277とはどういう意味なんだ。何か理由があるのか？」本気で意味があるわけではない。桁が少なくて、七が入っているというだけだ。007ならパーフェクトだったが、もちろんそのナンバーは誰かが取得済みなのだった。

車は四気筒で、四つ目の2・6リットルのエンジンは何度も手が加えられていた。一つ目の2・7リットルは、車を手に入れたとき少々参っていたので、中古で手に入れた2・4Sスペックのモーターと交換した。やがてそのエンジンもちょっと弱ってきたが、そこまで金をかけるつもりはなかった。三万ドルかけて、でかいエンジンを入れるまでの心づもりはない。俺はいつもネットで中古のエンジンを探す。そんなわけで、八千ドルで手に入れた2・5リットルのエンジンをつけた。俺はただの車好きだ。二年ほど乗り回し、エンジンが弱ってきたら取り替える。くたびれて漏れもひどくなってくると、修理するかわりにネットに広告を出す。「即使えるエンジン求む」洒落たものである必要はない。理想的なのはショートストロークでツインプラグの2・4、2・5、2・6あたりだ。でかいものが欲しいと思ったことはない。エンジンのスペックを細かく知っている必要もない。エンジンが参ってきたら、すぐ交換できれば満足だ。べらぼうに馬力が強いエンジンを求めているわけでもない。俺にとって、ポルシェとはそういう車ではないのだ。すぐに変化が実感できるから、3・2、3・4、3・6、3・8など、でかい心臓を取り付けるのが趣味の連中もいる。だが277は小型で瞬発力のある車で、そういった車のほうがドライバーの技量は上がると俺は思っている。昔、サーキットでは速い車を追うのが好きだった。そうしたら自分のペースも上がったからだが、コーナーで追い抜くと、こんなことを言われることもあった。「3・6リットルを取り付ける気はないのか？　ちっぽけな心臓でちょろちょろ走りやがって」でかいエンジンをつけたからといって、速くなるわけではない。俺の場合、物理的に自分の足を277のショートストロークで、ツインプラグの二百三十馬力の2・6リットルのエンジンに載せておくことはできないのだ。三百馬力なんて欲しいわけがない。小型の車にでかいモーターをつけて速度が上がるわけじゃない。そのままの状態でバランスはいいし、調子は整っているのだ。俺は277を「偏平足の車」と呼んでいる。ほとんどのあいだ、アクセルを踏み続けていられるからだ。ばかでかいエンジンをつけた車では、そんなことをしているわけにはいかない。単純に相手の力が強すぎるのだ。277はそれができるから、気に入っている。

二〇〇六年頃、ブルモスに影響を受けたリバリーは今よく知られているスタイルに進化した。もともとのリバリーが入ったスチールのボンネットを、成り行きで赤いファイバーグラスのものに変えたときだ。わざわざ塗ることもない。ただ取り付けるだけで格好いいだろう、と思っていた。そのあとでバンパーをブルーに塗り、ホエールテイルをルーバー付きのデックリッドに交換した。

今でもその車はトーションバーとショックをつけて走っている。コイルオーバーには改造しなかったのだ。もとのスチールのトレーリングアームをつけて走っている。軽量のアルミのアームにはアップグレードしなかった。ブレーキに関してはSCブレーキにしたのだが。これまた妙な話で、世の中の人間の大半は重いターボブレーキにアップグレードを繰り返す。だが車が二千二百ポンドしかない場合、そこまでブレーキの馬力は必要とされない。タイヤは粘着力が高く、路面をガッチリつかむ超優秀なフージャーだからだ。要するに277のパーツは、とりわけ現在のスタンダードからしたら、たいして特別でもない。実際何年もかけて改造したので、多くのパーツは今や古色蒼然《こしょくそうぜん》たる代物だ。だから最新式の超一流の目を見張るようなレーシングマシンなんかではない。もっとベーシックで、はっきり言って古い手法の改造車だ。

その車を見たらすぐわかるだろうが、長年のあいだに277の車体にはいろいろと傷もついた。俺にとっちゃ、お気に入りの古い靴のようなものだ。昔からの戦友だ。みんな「一番のお気に入りの車は?」と訊きたがる。俺はこう答える。「277以外、ありえないな」何もかもが素晴らしいのだ。さっきも言ったように、車高が低いといった点も含めて、傷や傷みがあるほどいいのだ。みんなかけがえのない思い出なのだから。新品のカスタムメイドの車や、ホットロッドの911も素晴らしいが、そういった車にはまだパーソナリティが何もない。単に新車というだけだ。俺にとって277は別の意味で完璧な車だ。完璧とはペンキを塗るという意味だけではない。あの車に乗って何マイル走ったか、見当もつかない。どれだけ金をつぎ込んだかもわからない。よくある話だがあっちに五千ドル、こっちに五千ドル、こっちに二千ドルという具合だ。別に金なんてどうだっていい。

277に関する俺の主張はなかなか理解してもらえないし、パーソナリティや傷のある車はピカピカの新車よりいいと言っても、わかってもらえないこともある。たとえばこんな話だ。あるときスパルコとレカロから連絡があり、ご親切にも277の新しい座席を提供してくれると言ってきた。今に至るまで、タダで物をもらったことはないし、値引きを求めたこともない。だからその連中には礼だけ言った。「新しいシートが欲しくて、それが六百ドルするとしたら、自腹で買うさ。それに、どうしてあの車に新しい座席をつけなきゃいけないんだ」

俺は新品のジーンズが嫌いだ。新品の靴が嫌いだ。どうして新品の座席をつけなきゃいけないんだ。ある男からは、運転席がスパルコで助手席がMOMOなのはおかしいだろう、と言われた。もしよければ新しいシートを提供しよう、そうしたら釣り合いが取れるという話だった。だが運転席というのは、レースのたびに座る場所で、破れているし傷んでいる。シートベルトのせいで擦り傷もついている。助手席に入れてある二百五十ドルのMOMOのバケットシートは、スパルコの製品に手が届くようになるまで運転席として使っていた。実のところ二つ持っていたのだが、資金のない友人に助手席を譲ってしまった。だからスパルコのものを買って、MOMOを助手席に移したのだ。そんな経緯があるのに、どうして片方を交換しなきゃいけないんだ。両方とも、ポルシェでサーキットに出るようになった二〇〇二年から車に積んでいる。それがこの車のDNAにしてパーソナリティなのだ。おかしな話だが、ナンバープレートは71T24Sだ。車に近寄ってきた人間に言われることがある。「この車は何年のものだ？」俺はいつもこんなふうに答える。「ナンバープレートを見てみろよ。なんとなく答えがわからないか」

時々277には、改造以外の理由で作業を求められる。二〇一五年、ある記者会見に参加していたときジャーナリストを乗せて走っていたら、スピンしてトラックにぶつかってしまった。本当かと言われそうだが、車で事故を起こしたのはそのときが最初で最後だった。俺はとっさに「同乗者は無事だろうか」と思った。幸いなことに何ともなく、俺もかすり傷ひとつ負わなかった。車への打撃は大きかったが、運よくぶつかったのはロールバーで、おかげで衝撃がだいぶ分散された。たいていの人間なら廃車にしてしまっただろう。俺は保険会社に連絡すらしなかった。自分で金を払った。事故からまもなく、修理した車をレンスポート・リユニオンに持っていくと、口々に言われた。「まさか同じ車のわけがないだろう」俺は言った。「いやいや、同じだ。ここへ乗ってきたのさ。277だよ」車はクラッシュ以前の状態に復活していた。語り草がひとつ、思い出がひとつ増えたというわけだった。

277は俺の「普段使い」の車で、一番馴染みが深く、世間にも俺の車として一番よく知られている。改造のおかげで名前が売れるようになってから、この車はあらゆる動画や雑誌、ウェブサイトに登場している。俺と一心同体なのだ。ある意味で、車そのものがセレブだ。あるとき東京で行われたポルシェのイベントに参加してみると、そこには277を細部に至るまで再現したという男がいた。277のレプリカが十台以上並んでいた。オンラインで車を設計するバーチャル世界の話ではない。本物の277と瓜二つの車があった。ちょっと皮肉なのは、実は俺の特徴的なスタイルがあまり反映されていない点だった。ルーバー付きのデックリッドを除けば、ウィンカーもフェンダーもフードもドアハンドルもない。277はそれ以前の車だからだ。車が誕生したのは、俺が改造ポルシェを作るようになる以前のことだった。繰り返しになるが、277はパーツのレベルでは特に言及に値するものでもない。だがその車で積み上げたマイル、時間、感情、物語、車に乗せた友人たち、ハンドルを握って作った思い出は特別だ。ある意味では象徴的な車だったといえるだろう。かけがえのない車だ。

第10章

アーバン・アウトロー

『アーバン・アウトロー』は、反逆児のポルシェの改造屋、趣味を狂気の領域に持ち込んだ男、その狂気をビジネスに変貌させた男マグナス・ウォーカーのポートレイトである。彼は911から執拗にパーツを集め、ヴィンテージの車体に接着し、世界に一台しかない車を作る。雰囲気はフェルディナンド・ポルシェだが、中身は完全に彼自身のものだ。

（二〇一二年、『アーバン・アウトロー』のプレスリリースより抜粋）

ここまで付き合ってくれた読者には、俺がそれなりに世間の注目を集めてきたことがわかるだろう。ベネチアン・パラダイスの特集記事、夫婦で時々掲載されたシリアスの日々、そしてもちろんロックスターやセレブが俺たちの服を着て雑誌の表紙を飾っていたこと。ウィローをロケ地として貸し出し、ビジネスをやっていたこともある。俺自身のポルシェの改造に関する記事まで何本か出た。だが次に何が起こるか、想像すらしていなかった。

二〇一二年、タミール・モスコビッチ監督による三十二分の短編ドキュメンタリー、『アーバン・アウトロー』だ。

その映像のおかげで俺の人生はすっかり変わった。

きっかけは二〇一一年後半、タミールという名のカナダ在住の男からメールを受け取ったことだった。こんなことが書いてあった。「君の物語に注目している。私は商業的な映画を撮っている監督で、君は短編ドキュメンタリーの題材としてうってつけだと思う。どうだろうか」

覚えているかもしれないが、俺は映画業界に十年近くいて、車に関する趣味がエスカレートするのと同時に、俺の運転する姿を撮影しようというオファーもたくさん舞い込んでいた。そういった話はいつも断ってきたから、いくつかの雑誌を除き、車という文脈では俺は無名の存在だった。どうして撮影を断ろうとするのだ、と思うかもしれない。とどのつまりは、それまで接触してきた連中と肌が合わなかったのだ。相性は重要だ。早口でまくしたてる映画界の連中は、ウェアハウスで何か撮影している最中に俺の車に目を留め、こんなことを言い出すことがある。「よし、君の車にカメラを搭載して、ちょっとした撮影をしよう」そういったことには、どうも興味が持てない。肝心なのは人間だ。何をするにしても、関わりのある人間とは呼吸が合うようでありたい。

だがタミールの場合は、メールの文章から何かを感じた。他の連中が車の撮影についてマシンガントークをかましてきたときとは、どこかが違った。そこで返信するかわりに、直接電話をかけてみた。メールを打ったり文章を書いたりするよりも、話をするほうが得意だ。メールのやり取りよりも、口頭の会話のほうがちゃんと意思疎通できる。俺はタミールに電話をかけて、言葉を交わし、すぐさま意気投合した。タミールがハリウッドの一員ではなかったことも、大きかったかもしれない。

話を聞いてみると「トータル911」が一冊、カナダにいるタミールの手に渡っていたのだった。やつ自身もポルシェ狂で、９９３を一台所有する愛好家だということだった。ペリカン・パーツの俺のスレッドも時折チェックしていて、トータル９１１の記事を読み、メールを送ってきたというわけだった。

当初のタミールの計画は、「いつもより少しだけエッジの利いた映像を撮影する」という程度だった。ビールやファストフードのＣＭを撮影するのもいいが、もうちょっと幅を広げようとしていたのだ。そのことを念頭にもう三本撮ったということで、タトゥーの彫り師についての五分間の映像、ホンダやインディ・レーシングについてのドキュメンタリー『壁の間で』などがあった。いくつか送られてきたリンクを開けてみると、クールでスタイリッシュで映画的で、とてもよくできていたし、確かにエッジが利いていた。それまでに観た車の改造に関するリアリティ番組は、どれもいささか甘ったるいし、もうひとつの出来という印象だったが、タミールの作品は本格的な映画のようだった。

最初、タミールはＹｏｕＴｕｂｅにアップする三〜五分程度の映像を撮るつもりだったという。車のコレクションに関する関心はぐんと高まっていたし、俺もその界隈では知名度があった。どう思うかカレンに尋ねてみると、やってみたらいいという意見だった。モーリスやエリック、トータル９１１で積んだ経験を生かし、いよいよ本式に取り組むための正しいタイミングと相棒がやってきたのだった。これまた直感だ。もう耳タコかもしれないが、それしか言いようがない。俺とカレンはこんなふうに考えていた。「いい映像ができるだろうし、ブログにも掲載できるかもしれない。仮にうまくいかなくても、死にゃあしないだろう」

タミールとは撮影の当日まで顔を合わせる機会がなかった。やつはマイレージを使って水曜にやってきた。木曜の朝に四日間の撮影について、ウェアハウスでミーティングが行われる予定だったので、それに先立ってやってきたのだ。ロサンゼルスで雇ったという優秀なクルーが一緒だった。幸いにも、みんな予定が空いていたとのことで、バイクの改造に関する素晴らしい映像を共に作った撮影監督のアンソニー・アーレントなんかがいた。クルーはタミールより先にやってきて、俺はそいつらとも意気投合した。そんなわけでたちまち良い雰囲気が漂った。すべてが収まるべきところに収まった。

タミールは「サプリメンタル」という名前の制作会社をやっていて、会社を通じて撮影のための資金集めも済ませており、おかげで自由に情熱を追うことができた（実際のプレスリリースにも「自由に情熱を追う」と書かれていた）。のちに『アーバン・アウトロー』と題されるドキュメンタリーは、低予算だった。正確にいくらかかったのかは知らないが、二台のキャノン5DSで撮ったのだ。俺にとっちゃ生まれて初めての撮影だった。もちろんウィローで十年間、業界の人間とは付き合ってきたが、俺自身が撮影の対象になることはなかった。カメラの前に立つということについて、何ひとつ知らなかった。おかげで胸がワクワクした。すっかり気持ちが前のめりだったが、実際どんなふうにやるのかはわからなかった。そういうことはその場で覚えていくものだ。それからの四日間、一日十二時間共に過ごして、ポルシェについて語り、ストーリーの展開に合わせて路上に出た。

ウェアハウスでロケを行ったとき、カレンと俺はすべてが「急いで、待て」であることがおかしくてしょうがなかった。ブルース・ウィリスがそうだったように、たかだか数分の撮影の準備に、延々と時間をかけるのだ。だが今回の連中からは、違う空気を感じた。どちらかといえば少人数のチームで、八人くらいしかいなかっただろう。けれどタミールと仲間たちは、驚くほど手際がよかった。ただ焦っているとか、雑な仕事をしているとか、そういう話ではない。ひたすら効率的だったのだ。

カメラの前でインタビューを受けるのは初めてだったが、タミールにはこう言っておいた。「前もって質問を見せてくれなくてもいい。考えすぎたくないんだ。ただ質問してくれ」そんなわけで、ドキュメンタリーは完全に脚本なしで撮影された。そして誰の許可も申請しなかった。一から十までブートレグ・スタイル、すなわち交通整理もなければ、警官が車を止めることもなく、撮影の許可も求めない方法で行われたのだ。いわゆるゲリラ・スタイルの撮影だった。今から思えばずいぶん集中して撮ったものだが、俺はちゃんと自分をコントロールしていて、百パーセント以上の力を注いだ。俺のすべてを差し出した。カレンも全面的に協力してくれて、お互いにとって最高の時間だった。

正直に言えば、三日目あたりで少しだけイライラしたことがある。ちょっとばかり、まどろっこしいと感じることがあったのだ。俺は何でもする準備ができていたが、まだ車を飛ばすような撮影は何もしていなかった。嘘のようだが、タミールとはささやかな言い争いもした。俺はこんな感じだったと思う。「いったい、いつになったら路上に出るんだ。話せと言うばかりじゃないか」だが、俺はタミールの構想を理解していなかった。素人で、全体像が見えていなかった。ただ自分の気持ちのままに動こうとしていたのだ。路上に出て、ふっ飛ばしたかった。だから、三日目の撮影現場はちょっとピリピリしていたが、それを除けば俺たちは完璧に息が合っていた。

『アーバン・アウトロー』には三台の車が登場する。まず六六年アイリッシュグリーン911、68R(リアム・ハウレットの車だ)、そして当然ながら277。リアムには68Rをもうちょっとだけ長く貸してほしい、そうしたら撮影に使えるからと言っていた。リアムは快諾してくれた。ある意味、68Rはこの映画のヒーローだ。

俺はたっぷり語り、たっぷり運転した。最高の経験だった。タミールはこんなふうに言うのだった。「君にとって、ポルシェとは何だろう?」俺はそれに答える形で二十分ほど、とりとめなく語る。才気煥発《さいきかんぱつ》なタミールは、俺がよく映るように撮る方法を心得ていて、もちろん俺もあとになって編集の素晴らしさを悟るのだった。

四日目が終了したあと、隣のバーでちょっとした打ち上げをやり、そのときになって少なくとも二十時間分の映像があることに気づいた。タミールは当然ながら、夜のうちに音声の入っていない未編集のフィルムをチェックしていた。どうやら俺には五分の短いドキュメンタリーに収まりきらない物語がある、と思い始めていたらしい。何かの鉱脈を探し当てたと感じていたようだ。タミールはうまいことその物語を俺から引き出し、そのことは俺が心を開くタイミングとも一致していた。その夜、バーで長編を撮る話が持ち上がり、もちろん非常に興味を惹かれた。単にポルシェが登場するだけの話ではないという。俺がアメリカにやってきた経緯や、決して夢をあきらめなかったこと、直感に従って行動したこと、進んでリスクを冒したこと、粉骨砕身したこと、クリエイティブに自分らしく振る舞ったこと、この本の中で語ったすべてのことを撮りたいということだった。タミールは俺の中に、単に自分のことやポルシェへの情熱について語るだけではない、もっと光るものを見つけたようだ。最高の素材だったのだ。タミールは飛行機でカナダに帰り、二ヶ月間音信がなかった。

これまた急げ、そして待て、ということなのだろう。俺は成り行きに任せた。タミールを急がせたくはなかった。早く撮影しろ、とせっつく気などなかった。タミールからは何度か十五秒ほどの予告編がメールで送られてきたが、それ以外は俺は黙っていた。やがて三分の予告編が届いた。二〇一二年六月、やつのSNSにアップされることになる映像だ。

世界が変わり始めたのは、この頃だった。

夏までに俺はとうとうフェイスブックを始めていた——ほとんど素人と言っても差し支えなかったが。ただし、まだiPhoneは持っていなかった。デザインを担当していたブライアンという男に、この企画が当たったときのためにやっておけ、と勧められたから始めただけだ。俺にとってはペリカン・パーツやS・レジストリーと変わりなかった。あの頃はまだウェブサイトすら持っていなかった。

優秀な映画監督にして一流のストーリーテラーのタミールらしく、三分の予告編はとてもよくできていた。俺はペリカン・パーツとS・レジストリー、フェイスブックに予告編をアップした。モーリスの手を借りて「マグナス・ウォーカー911」と題したブログも立ち上げて、そこにもアップした。だがその短い動画をどれぐらいの人間が見ようと思うのか、見当がつかなかった。さっぱりわからない。百人か千人か、もしかして三千人か。俺の予想の範囲を超えていた。

予告編は朝八時頃にアップされ、九時にはもう五千回ほど再生されていたと思う。カレンに電話をかけたことを覚えている。彼女はこんなふうに言った。「信じられない。どうなっているの?」昼頃には二万五千回になり、「いったいどうなっているんだ」という感想しかなかった。その日はほかに話題がなかったのか、みんな俺たちのやっていることに興味を持ったのか、どちらかだろう。

その後「トップギア」が映像を取り上げると、本気で火がついた。特別な一日の、特別な瞬間だった。

トップギアのサイトでは俺のことが「最もポルシェ好きらしからぬポルシェ好き」と紹介されていた。俺はトップギアの大ファンだったので、どんなふうにしろ名前を出されるとは夢のようだった。二日のあいだに話はものすごく大きくなり、SNSで大反響を呼んだ。当時俺のフェイスブックのフォロワーはせいぜい千人というところだったが、毎日チェックするたびに五百件ものフォローリクエストが入っているのだった。しかも全部スペインからだった。驚くしかなかった。スペインで何があったのか。普段ならリクエストはせいぜい一日に二件というところだ。

種明かしをするなら、スペインで車に関する記事を書いているブロガーがトップギアの記事に目を留めたのだが、それは氷山の一角だった。一週間くらいのあいだに予告編は各国で視聴された。俺のもとにはトルコ、ロシア、ポーランド、オーストラリアなど、世界中からリクエストが殺到した。トップギアのおかげで大きな注目が集まり、世界中の国々が動画を視聴し、車に関するサイトが注目し、「ロード&トラック」「ジャロプニク」「カー・アンド・ドライバー」といった雑誌が続いたのだった。まさに「炎上」だった。

すべてタミールの計算通りだった。もちろん、それまでにもポルシェに関する映像はたくさんあったが、こんな映像は初めてだった。まさに先駆者だったのだ。ポルシェの物語なのだが、あまり知られていない俺のような男を中心に据えたのは、一言で言うなら規格外だった。映像はスタイリッシュで、車を超える物語が含まれていて、世界中の人びとの琴線に触れたのだった。最初に公開した予告編は結局、二百万回以上も再生された。

その後、俺のもとには「ナイキ・アクション・スポーツ・ディビジョン」副社長のサンディ・ボデカーからメールが届いた。ボデカーは優秀なビジネスマンで、ポルシェが好きだった(GT2を所有していた)。予告編を観たとのことで、俺の物語や生き方が大いに気に入り、社員のため年に何回か開催されるナイキのデザインや宣伝ブランディングの一大サミットで話をしないか、と声をかけてきたのだった。やがて話がまとまり、ナイキの連中は実際にそのイベントをウィローで行った。ロフトで丸二日間をかけたサミットだった。念のために言っておくが、タミールが撮影したフルのドキュメンタリーはまだ公開すらされていなかった。すべて単なる一本の予告編から派生したのだった。会社の連中はハリウッドのソーホー・ハウスまで借りた。上映室として使うためで、ナイキの社員のためにまだ荒削りな映像を公開したのだった。ナイキの人びとは俺に近しい人間を除けば、世界でも最初にその映像を目にしたわけだ。名誉なことじゃないか――ナイキが俺に近づこうとするとは。まったく頭がおかしくなったかと思った。どうやら何か、とんでもないことが起きているようだった。

こうなってくると、フルのドキュメンタリーの公開への期待は高まるいっぽうだった。俺のもとには、いつ上映されるのかという問い合わせがひっきりなしに入った。予告編は「近日公開」というだけで終わっていたのだ。実を言うと、この時点ではまだ編集も終わっていなかった。九月頃、タミールから個人のＶｉｍｅｏのチャンネルに三十二分のドキュメンタリーをアップしたと連絡があった。

さて、第一印象は？

はっきり言って、全然気に入らなかった。

なんというか、もう少しテンポのいいものを期待していたのだ。無鉄砲な生き方、レーシング、スピード、爆走する車の残像や、勢いのいいドライブシーンが映っているのだと思っていた。俺は丸一日タミールに連絡を取らず、やつはそのことで（当然だろうが）気を揉んでいたという。

もう一度、映像を見直してみた。するとタミールの意図がわかってきた。全体像がつかめてきて、何をやりたかったのか伝わってきた。もう一度再生し、三度目が終わりに近づく頃にはすっかり心を奪われていた。この映像は単に車を撮影したものではなかった。タミールは俺の物語を表現したのであり、そのためには速い車以外のものも山ほど必要だったのだ。自分で気に入っている場面のひとつは、俺が黙ってミシンに向かっているところだ。優れた頭脳の持ち主でストーリーテラーのタミールは、映像全体をもっと大きな物語にフィットするように編集していた。種々雑多な映像を、物語として構成していたのだ。言葉のやり取りはそう多くなかったが、力強いメッセージが伝わってきた。この映像を見た人びとも、それを感じてくれていたらいいと思う。

ドキュメンタリーの撮影中にはちょっとした偶然もたくさん起き、それが大きな効果を発揮した。実はまったくシナリオにない出来事の数々だ。ある場面で、俺は「ポルシェ・パッションン」なるものについて語っている。その言葉をそれまで使ったことはなくそのときふと生まれたのだ。壁にもたれ、ちょっと日なたでくつろいでいる場面もあるが、すると突然美しいポルシェ356が走りすぎていった。誰が運転していたのか、結局わからなかった。別の場面では街の人びとが携帯電話を使って、風のように通り過ぎる俺の車の写真を撮っている。たまたまそこにいた人びとで、車のエンジンの音を聞きつけ、携帯のカメラを向けたのだろう。俺が110サウスの六番ストリートから降りようというときに、カメラがパンしてロサンゼルスの上空を捉え、背景にサーチライトが映る場面もある。後で編集したわけではないし、狙って撮影したわけでもなかった。たまたま同時にロサンゼルスでオスカー賞の授賞式が行われていて、バットマンのようなサーチライトが夜空を照らしていたのだった。いつも思うのだが、そんな巡り合わせというものがあるのだ。

俺はもう圧倒されていたが、さらにショックを受ける羽目になった。タミールは常に一歩先取りしていた。『アーバン・アウトロー』をトロントやサンダンス、トライベッカなどの映画祭に送付すると、あっという間に反応があった。俺たちのドキュメンタリーはロンドン・レインダンス映画祭で上映されることになったという。びっくり仰天だった。「とうとう映画祭に出演するのか」ドキュメンタリーができただけで満足していたのに、サンダンスの雨バージョンに参加できるとは驚きだった。映画は九月後半にロンドンのウエストエンドで上映されることになった。胸がワクワクした。本当に現実とは思えなかった。

タミールと奥さんが飛行機でロンドンに向かい、オンラインで俺のスレッドを追っかけていた多くの人びともヨーロッパから集まってきた。「ポルシエ・パッション」というやつだ。ポルシエとは要するに、人間のことなのだ。たとえばユースト・エルメスという男がいて（後で詳しく話すが、俺の六〇年911を探す手伝いをしてくれた男だ）、よきペンパルとしてオランダから来てくれた。そしてオープニングのシーンに登場した68Rを俺から買った、プロディジーのリアム・ハウレットもやってきた。みんなで落ち合い、俺とカレンの泊まっていたコベントガーデンのセント・マーティンズ・レーン・ホテルでちょっとした前祝いをした。お袋と兄貴夫妻、妹もやってきた。リアムに会えるというので、プロディジーのファンの兄貴がすっかり舞い上がっていたのを覚えている。トータル911の編集者のひとりと、イギリスの車に関するマスコミからも二人ほど来ていた。それくらい話題になっていたというわけだ。一生忘れられないような夜だった。ロンドン中心部で金曜の夜に行われる映画のプレミアに、生きているうちに何度くらい行けるだろう。しかも俺自身の映画だなんて。夢のようだった。決して忘れないだろう。

前祝いのあと、二十人くらいでレスター・スクエアからリージェント・ストリートのオデオン座まで歩いた。映画のチケットは完売だった。劇場には二百席くらいしかなかったのだが、とにかく一席も残っていなかった。俺はロックスターのように舞い上がった気分で、会場に入った。

何本か短い映画が上映されたあと、『アーバン・アウトロー』が始まった。まったく嘘のようだが、クレジットが映し出され、映像が流れ始めると、観客席から声援が飛んだ。この時点ではまだ、誰も大画面で観たことはなかった。俺も自分のパソコンの画面で見た程度で、TVですら観たことがなかった。確か当時持っていたTVは十四インチの、いわゆる古い時代のもので、今どきの画質がいいものでもなかったと思う。だから初めてスクリーンで観ると、グッとくるものがあった。白状すると、ちょっと泣きそうになった。上映が終わると全員で角のパブに向かった。現実とは思えない一日だった。それからロンドンで数日過ごし、ロサンゼルスに帰った。

熱狂に満ちた日々の数少ない悲しみといえば、ロンドンでの映画祭のわずか一ヶ月後、親父が死んだことだった。上映会が終わってアメリカに帰る前、シェフィールドに寄って『アーバン・アウトロー』のＤＶＤを親父に観せた。親父の状態は良くなかった。一年半にわたる咽頭がんとの闘いの最中で、その姿を見た俺は涙をこらえきれなかった。カレンには言った。「親父に会えるのはこれが最後だろう」難しい十代の頃、親父とぶつかった話はしたと思う。互いに年を取ると、俺たちはまた親しくなった。親父にしても当然ながら「髪を短くしてちゃんと就職しろ」とは言わなくなり、俺が成功を収めたことを誇りに思ってくれていた。両親揃ってロサンゼルスに来ることもあり、ときには一ヶ月くらい滞在していった。一番の思い出は二〇〇七年頃、二人でアイリッシュグリーン９１１に乗ったことだ。たぶん三百キロ以上ドライブして、砂漠に置き去りにされた廃車を見て来たのだが、大事なのは一日中、親子水入らずで過ごしたということだ。かけがえのない思い出だ。

親父が映画の件を知って喜んでくれたのは嬉しかったが、残念なことに六週間後、息を引き取り、俺とカレンは葬式のためイギリスに帰った。今から思えば子ども時代、モーターショーやレーシングを何度も観に行ったわけで、俺の人生のある部分を作ったのは親父だったのだろう。アイリッシュグリーン９１１に乗ってロサンゼルスをドライブしたのは、一周回って俺たちの関係が修復された証だった。

ロサンゼルスに戻り、『アーバン・アウトロー』の公開が目前に迫ると、いくつか片付けなければいけないことができた。ロゴを作り、ウェブサイトを整理し、ひととおり宣伝を行い、オンラインでの存在感を高めるのだ。昔からＴＡＧホイヤーのロゴが気に入っていたから、『アーバン・アウトロー』のロゴもそれに大きな影響を受けている。三分の一ほどのユニオンジャックの下に俺の名前が書かれ、その下に『アーバン・アウトロー』と書かれているのだ。俺が紙ナプキンにおおよそのアイデアを下書きし、ちゃんと絵の描ける友人に仕上げてもらった。そして二〇一二年十月十五日に映画が上映されるのに先立って、『アーバン・アウトロー』の店を開いた。

そこまでいくと、物事はますますクレイジーになった。俺の人生はもうそれまでとは一変していた。

第11章

失敗したって、死にゃあしない

ジェットコースターのような日々が始まった。『アーバン・アウトロー』の公開直後から、いくつか信じられないような出来事が起きた。たとえば毎年秋、だいたいは十一月の下旬だが、ＳＥＭＡショーという特大のモーターショーがラスベガスで開催される。大規模なアフターショーで、ホットロッドやカスタム・カーが出品される。べらぼうに速い車、マッスルカー、インポートチューナー、ケン・ブロック、ドリフトカー、主だったメーカー、個人営業の連中、ディストリビューターなんか集まってくる、想像を絶するようなショーだ。ずっとそこへ行ってみたいと思っていたが、いろいろな理由で叶わずにいた。実際のところ、ポルシェ狂のためのショーではないのだ。毎年だいたい二千台強が展示されるとして、ポルシェはせいぜい十台というところだった。

タミールのドキュメンタリーが公開されてから二週間しか経っていなかったが、ネット界隈は沸いていて、映像のリンクがそこらじゅうのブログに載ったり、リブログされたりしていた。だがその秋のＳＥＭＡショーこそ、『アーバン・アウトロー』が世の中にどれだけの影響を及ぼしたのか、初めて実感する機会だった。まず俺はショーに参加するチケットを持っていなかった。ＳＥＭＡは業界関係者のためのショーで、俺は車のビジネスをやっているわけじゃなかったからだ。だからチケットを持っていなかった。それでもめげずにバーバンク空港を朝七時の便で飛び立ち、八時にラスベガスに着いて、友人のチケットを借り、半ば強引に入場した。到着するのが早すぎてショーの開始を待たなければいけなかったが、ドアが開きもしないうちから大勢の人間が、ドキュメンタリーの話をしようと集まってきた。素晴らしい内容だったと口々に言われたが、みんなポルシェ狂でさえなかったのだ。単に車やバイク、ホットロッドのファンだった。驚くほどさまざまな人間が、ドキュメンタリーを観て共感してくれていた。

だがSEMA初日が本当にクレイジーだったのは、午前中にロバート・アンジェロという男から電話がかかってきたことだった。世界でも指折りの人気を誇る車番組「ジェイ・レノのガレージ」のプロデューサーだ。世界有数のコレクターがスポンサーをしているし、エンタメ界では知らない人間がいないくらいだ。ロバート曰く、ジェイは『アーバン・アウトロー』を観てすっかり感動し、俺がショーに出演することを願っていた。俺はびっくり仰天してその場に突っ立ったまま、事態を理解しようとした。するとダメ押しのように、相手がこう言った。「君の都合さえよければ、今度の土曜に撮影できる」ジェイが本当にドキュメンタリーを観たのか、この男がでまかせを言っているだけなのか、よくわからなかった。だが俺はこう答えた。「よし、乗った」もうおわかりだろうが、失敗したって死にゃあしない、というのが俺の哲学だ。無理やりチケットを手に入れ、たった一日ショーに参加しただけなのに、四日後のジェイ・レノのショーに出演するという依頼の電話を受けてしまった。カレンに電話して、何が起きたのか話した。カレンも俺と同じくらい仰天していた。嘘のような話だった。

土曜日、カレンと二人で277に乗ってバーバンクのジェイ・レノのガレージに向かった。

ジェイは車に人一倍の情熱を傾ける、伝説的な男だ。十万平方フィートぐらいの敷地で、これ以上なく多種多様で目を見張るような車が並び、ピーターソン自動車博物館より充実しているんじゃないかというくらいだった。所有する車やバイクの数は百五十台をゆうに超え、そのうちの何台かには日常的に乗っているそうだが、どこの博物館に展示されていてもおかしくないような、超がつくほど貴重なコレクションもある。一九〇二年のスチームカー、最新のマクラーレンや風変わりな車、ルノー5やシトロエン。他ではお目にかかれないような車もある。ジェイはマクラーレンのテクノロジーと精密さ、パフォーマンスとエンジニアリングを心から愛しているのだ。F1も昔からお気に入りだ。言うなれば生粋のイギリス人の車好きだろう。モーガン、オースチン・ヒーレー、Eタイプやアストンなど、いろいろなタイプのジャガーを所有している。イギリスの車に目がないのだ。イタリアのスポーツカーもごひいきで、ランボルギーニのドラマチックなところが好きだといい、カウンタックを一台、ランボルギーニ・ミウラを二台持っている。アメリカのマッスルカーも好きだし、メルセデスも何台も持っている。いくら挙げてもきりがない。車だけじゃなく、ポスターや思い出の品、部品なんかも集めている。真性の車オタク、油オタク、カーキチというやつだ。911もそれなりに気に入っているようだが、ポルシェ狂というわけではない。初めて会いに行ったとき、ポルシェは二台しか持っていなかった。それもスピードスターとカレラGTで、911はなかった。

それはともかく、俺たちは車を見物しながらジェイがやってくるのを待っていた。すると不意にやつが現れた。自分で車を運転してやってきたところで、運転手などつけていなかった。

シンプルなデニムを着ていて、格好つけた様子はなかった。ジェイはこっちへやってきて、俺と握手を交わし、カレンをハグして、ドキュメンタリーを褒めてくれた。一目でわかったが、超一流の車のコレクターというだけではなく、地に足がついていて、裏表のない人間なのだった。

気がつくと撮影が始まっていた。ジェイ曰く、面白いものを見つけるのにインターネットは最高だ。「TVと違って、自分が本当に見たいものを見られるんだ」ちょっとした偶然から『アーバン・アウトロー』に出会ったといい、カメラの後ろに立っていた俺について簡単に紹介してくれた。土曜日にこんなことをするとは思わなかったな、と俺は思っていた。するとジェイが言った。「それでは登場していただきましょう」なんだか妙な気持ちだった。覚えていないかもしれないが、タミールと仕事をしたのが初めての撮影だったのだ。「ジェイ・レノのガレージ」に出演するのが二度目だった。最初と二度目のあいだには九ヶ月の空白があった。

気がつくと俺は、リハーサルも脚本もなしにジェイと親しく言葉を交わしていた。二人で277の脇に立ち、車について語り合ってからドライブに出かけた。撮影は二時間くらい続いただろう。後日、ジェイの指令でクルーが何人かやってきて、倉庫の撮影をしていった。現実とは思えないような体験だった。

もちろんジェイ自身が277を運転した。なんだかおかしな光景だった。俺は自分の車の助手席に座っていて、ジェイ・レノがフリーウェイを運転したのだ。俺はただ思っていた——何がどうしてこうなったのだろう？　だがよくおわかりのように、流れに任せるのが俺の主義だ。だからジェイの話の邪魔をしないようにした。相手は経験豊富なプロだ。すべてワンテイクで撮り、リテイクをすることもなかったし、NGになることもなかった。ちょっとジョークを交わしたりして、なかなかいいコンビだったと思う。ジェイと一緒にいるのは心地よかった。ガレージに戻ってから、追加でコレクションを見せてもらった。それから自分自身の工房を案内してくれた。ジェイには部下が何人かいて、複雑な修復プロジェクトを手がけたり、コレクションを管理したりしている。自前のCNCプレシジョンマシンや、工場規格の塗装ブースも持っているのだ。

話はますます面白くなってきた。ジェイときたら、こんなことを言ったのだ。「小腹が減らないか?」十枚ほどピザを注文してくれたので、みんなでピザを頬張りながら四方山話をした。一番面白かったのが、ジェイ本人が全員のためにパスタを茹で始めたことだ。カレンと顔を見合わせるばかりだった。洗い物をするとカレンが申し出ると、ジェイは喜んでくれた。俺が便所に行こうと中座すると、便所の壁にはジェイ・レノがビル・クリントンのような超有名人と撮った写真が飾ってあった。この男にとっちゃ、どんなことも不可能ではないのだ。誰も彼もとこんな付き合いをするのかどうかは知らないが、たぶんそうなのだろう。俺の印象では少なくともそういうやつだった。

話はまだ終わりではなかった。ジェイは次にこんなことを言い出した。「スチームカーに乗ったことはあるか?」俺は絵に描いたようなイギリス人、フレッド・ディブナーの名前を出した。ヨークシャー出身の年輩の男で、北部ではよく知られ、イギリスの産業の歴史については世界的な専門家だ。ジェイはフレッドに会ったことがあるという。二人が出会ったのは、ジェイが六台ほど、二〇世紀初頭のスタンレーや白のスチームカーを持っていたからだった。

こうして瞬く間に、俺とカレンは百年もののスチームカーに乗り、ジェイ・レノの運転でバーバンク空港の周辺をドライブすることになった。スチームカーというのは、単純にキーを回せば走るものではない。ジェイは機械工を雇って車を動かしていた。まず水でいっぱいにして、それからボイラーを温め、二十分ほど適温になるまで待つ。そこでジェイをはじめとする俺たち男三人が、車を表に出した。プレッシャーが高まったあと、蒸気が漏れて、男たちは言った。「だめだな、この車には乗れない」そこでもう一台、掛け値なしに貴重なスチームカーが引っぱり出されるのだった。

こういったスチームカーはエンジンをかけるのが一苦労というだけではなく、あまりスピードも出ない。結局、バーバンク空港の周りを時速五キロ程度で走る羽目になった。その光景を思い浮かべてみてほしい。百年もののスチームカーが赤信号で停止する。運転しているのは世界的に有名なトークショーのホスト、ジェイ・レノで、ドレッドヘアにタトゥーという格好の俺は隣で頬が緩みっぱなし、カレンはいつものように魅力を放ちつつ、ちょっと後部座席で戸惑っているのだった。正直言って、何を言ったらいいのかわからなくなっていた。地元の連中が写真を撮り、ハローと声をかけてくる。人生で二度とないような体験だった。俺はただ思っていた――いったい、どうしてこうなった？

二週間後に映像が公開されると、あっという間に再生回数は二十万回を超え、『アーバン・

アウトロー』の再生回数も後押ししてくれた。言ってみればタミールが扉を開けて、トップギアがインターネットで動画に火をつけ、「ジェイ・レノのガレージ」が俺の物語をポルシェに関心のない世界中の人びとに届けたのだった。この原稿を書いている今、ジェイの十四分の動画は五十万回の視聴回数を誇っている。目の玉が飛び出るような回数だ。このエピソードのしめくくりとして、「ジェイ・レノのガレージ」にもう二回出演することになり、一回はSTRの改造について語った。その話はまた後でしよう。

狂想曲はネットやTV番組に留まらなかった。雑誌も白熱していて、それもポルシェに関する雑誌だけではなく、世界中で特集されたのだ。ジャロプニクや「スピード・ハンターズ」といった、ポルシェに関係のない媒体も、カルチャーやライフスタイルという角度から取り上げてくれた。カスタマイゼーションやパーソナライゼーションというあたりが響いたようだ。いつも言っているように、真の車好きには必ずそういう共通する要素がある。みんなと同じ車に乗るのではなく、それぞれ個性が引き立つものを選ぶわけだが、その一方でどんな車に乗っていようと関係ない。みんな情熱をわかちあっているのだから。真の車好きは同じDNAを持っている。雑誌記者やジャーナリストが惹きつけられた理由には、ロサンゼルスに来ると俺はすぐ近くにいるし、住んでいる建物は面白いし、少し変わった背景の物語もあるし、ドライブが楽しめるということもあっただろう。

二〇一三年は突拍子もない年だった。魔法のような瞬間が数え切れないほどあった。『アーバン・アウトロー』を観た人間なら、俺がまだ十歳のとき、ポルシェ社に手紙を送ったことについて回想する場面を覚えているだろう。ロサンゼルスのダウンタウンを68Ｒに乗ってドライブしている場面で、特にスピード感がある画面ではないが、照明が瞬き、都会の夜景が流れていく。タミールが俺に尋ねる——手紙を送った三十五年後、君がこんなアウトローになったと知ったら、ポルシェはなんと言うだろうか？　俺はこう答える。「笑ってくれるといいな」念のために言っておくが、ポルシェとは映像が公開されるまで一度も連絡を取らなかった。今も昔も、俺のお気に入りは古いポルシェで、新しいものは一台も所有したことがない。部品を買いにディーラーに行ったこともない。ポルシェのディーラーには、いっぺんも足を運んだことがないのだ。だから正式にポルシェと関わりのあるものとは、まったく縁がなかった。

映像が公開されて一、二週間経った頃、ポルシェの広報部門から手紙が届いた。

親愛なるミスター・ウォーカー

ここ数ヶ月にわたり、貴殿の驚くべきコレクションについて数え切れないほどの記事を拝読いたしました。我々のブランド、とりわけ911に対して、貴殿が大きな情熱と心からの愛情をお持ちになっていることがうかがえました。貴殿のようなファンを持つことは、我々にとって大きな誇りです。我々は微笑みを浮かべながら、貴殿が何年も前、ツーフェンハウゼンの招待状を紛失したくだりを読みました。

なんといっても最高だったのは、その後シュツットガルトの工場見学に招待してもらったことだ。まったく予想もしていなかった。

ドイツに行ったのはガキの頃、クロスカントリーの大会に参加したのが最後だ。ポルシェの招待客として再び足を運ぼうとしているなど、嘘のようだった。俺は招待客としてシュツットガルトに飛び、ロックスター並みの扱いを受けた。フランクフルトからシュツットガルトまで車で送ってもらい、ホテルに泊めてもらい、ポルシェの工場や会社のバックステージのツアーをしてもらった。ポルシェのキュレーターにして資料管理者、ディーター・ランデンベルガーと一緒に過ごすこともでき、俺はその機会を利用して、おそらくアメリカで初めて売られた車についての情報を共有した。俺の所有する七六年930ターボだ。ディーターが会社のアーカイブを当たって、俺の説を裏付けてくれたのがとても嬉しかった。ほとんどの人間は決して見ることのできない、製造証明書などの資料も山ほど見せてもらった。胸がワクワクした。ポルシェには王侯貴族のように扱ってもらった。

ほかにも印象的だったのは、チャルマーズ・ニーマイヤーという男と話ができたことだ。超ベテランのマーケティングマネージャーで、ポルシェのシールドと「ガレージの壁に」と書かれた手紙を送ってくれた。偶然にもアトランタ時代のカレンの友人の友人とのことで、まだポルシェに加入せず、ファッション業界で働いていた十年前に俺は顔を合わせていたのだった。その後疎遠になってしまったが、『アーバン・アウトロー』を観て連絡をくれた、という成り行きだった。ニューヨークのファッショントレードショーにいたシリアスのデザイナーが、ポルシェへの情熱を燃やす短い映像の主人公に転身していたことに、彼は驚きを隠せないようだった。ポルシェ狂というのは妙なものだ。

俺は常々、ポルシェとは一つの言語なのだと思っている。母語が英語だろうが、ドイツ語だろうが、日本語だろうが関係ない。ポルシェは人と人をつなぐ絆なのだ。世界のどこに住んでいようと、車への情熱は共有できる。同じ言葉を話す必要もない。車の周りを歩き回って、部品を指差せば、言葉を介さなくても互いに何を言っているか理解できる。俺が思うに、ポルシェは社会的な立場の違いも解消する。億万長者のポルシェの所有者に会ったことがあるが、みんな地に足がついていて、俺のことを理解してくれた。ポルシェという媒体がなかったら、彼らに会うことなどなかっただろう。ポルシェは俺のドラッグで、俺の宗教だ。ポルシェは人を結びつける。それがポルシェ・パッションというやつだ。

当然の成り行きかもしれないが、この一件のあと、正式にポルシェとの関係を深めないかと打診された。タミールがカナダ人だったおかげで、最初に参加したポルシェのイベントは映像の公開から一ヶ月ほど後、二〇一二年十一月の「ポルシェ・カーズ・カナダ」だった。アメリカ市場に向けて、俺のガレージを使ってパナメーラを披露したのだ。ロサンゼルスで開かれたショーに合わせていた。ポルシェ・ノースアメリカの社長、デトレフ・フォン・プラッテンもやってきた。『アーバン・アウトロー』を観て、感銘を受けたという。俺の六四年911の助手席に座り、正真正銘の車であるという証明書にサインしてくれた。お互い波長が合っていたと思う。クリスマスカードを受け取ったことも覚えている。ポルシェのチーフデザイナー、ミシェル・マウアーからもクリスマスカードをもらった。２７７のフロントをスケッチしてくれるなど、気前のいい男だった。

それからというもの、ポルシェとは何度も仕事を共にしている。イベントに出演することもあるし、新車のローンチのために向こうが俺のガレージにやってくることもある。あるときはディーラーのイベントが行われた。世界各国のディストリビューターが、俺のロフトでワークショップを開いたのだ。ポルシェ・クラシックは実際、ワークショップで講演をやらないかと持ちかけてきた。グッドウッド・フェスティバルには行ったし、リバイバルやエッセンのテクノ・クラシカに行ったこともある。新型のマカンのコマーシャルに出ないか、とエージェントに打診されたこともある。そのＣＭの肝は、ポルシェはあらゆる人間のために存在していると伝えることだった。それを踏まえて言うが、ＣＭに出た人間の中でポルシェのラインナップに実は登場しない車を運転していたのは俺一人だ。２７７を運転していたのだ。おそらく俺は、ポルシェの反逆児として登用されたのだろう。出演を打診されるのは名誉なことで、とりわけ２７７を映したいと言われるのは誇らしかった。何度も言うが、俺は代理人をつけていないし、広告部門もないし、マーケティングアドバイスも一切受けていない。タダでも出演していたと思うが、ポルシェはほんの一日ほどの撮影にべらぼうな金額を弾んでくれた。サンフランシスコまで車を輸送し、ファーストクラスの座席を手配してくれたが、俺は動画に五秒ほどしか出演していないのだった。

その年はポルシェ関連の映像にあと二本出演した。ひとつはツーフェンハウゼンの工場の前で、ポルシェGBのためにターボの四十周年記念について語るものだった。人間としても魅力的な一流のポルシェ・デザイナー、トニー・ハッターと一緒の撮影だった。本当に名誉なことだ。グッドウッド・リバイバルでも撮影を行った。一時は277の塗装を施した991や911を撮るという話まであった。塗装のみではなく、俺のお気に入りのリミテッドエディション二台、すなわちハイパフォーマンスな911二台がお目見えするというわけだった。スポーツ・クラシックとGT3だ。デザインを指示するという提案まであった。それも面白いだろうが、今のところまだ実現していない。またいつか、それが実現することを期待しているから、待っていてほしい。それが本当になったら、ポルシェのデザインをするという最高の夢が叶うというわけだ。アールズコートで一日を過ごしたあと、十歳の俺が書いた手紙のそのままというわけだ。四十年前のあの日から驚くほどたくさんのことが起きたが、俺は一度も自分のルーツを見失わなかったし、自分の夢も忘れなかった。そんなわけで、ポルシェと一緒に仕事をすると、いつも興奮を覚えた。

もちろん二〇一三年は俺自身の動向とはまったく関係なく、ポルシェにとって大きな節目の年だった。911の五十周年だったのだ。最初に製造ラインから出てきたのは一九六四年だったが、車そのものは既に一九六三年のフランクフルトのオートショーで発表されていた。そんなわけで五十年後の『アーバン・アウトロー』の公開のタイミングは、全世界が911についいて盛り上がっていたときで、理想的だった。星回りがよかったということだろう。ときにはチャンスのほうからこっちにやってくることがあり、そんなときはがっちり捕まえなきゃいけない。その手のタイミングが整うことは、二度とないかもしれないからだ。俺が知るかぎり、911は今でも製造が続けられている車としては三番目に古い。世界一、製造期間が長い車はシボレー・コルベットで、一九五三年に五四年モデルとして登場した。911より十年早いというわけだ。六四年にはフォード・マスタングがお目見えした。俺は911と同時にマスタングも所有していたが、二台の車は正反対だった。片方はドイツ製でもう片方はアメリカ製、片方は後部に、もう片方は前部にエンジンが搭載されている。片方は空冷式、もう片方は水冷式だ。これ以上なく正反対だが、両方とも一九六四年から製造されていて、同じくらい熱狂的なファンがついている。既成の車を大事にしたり、大幅に手を入れたりという文化が根づいているのだ。

ちょっと話がそれてしまった。本筋に戻ろう。そんなわけで911の五十周年に合わせて雑誌やウェブサイトに記事が載り、俺の物語は多くの人間の心に届いたのだった。一味違う何かというところだったのだろう。そんな事情もあって、その年俺に接触してきたマスコミの多くは、五十周年記念を意識していた。

俺の物語が受けた理由の一部は、個人ディーラーではなかったせいかもしれない。車の販売は行っていない。単にコレクションしているだけだ。バラエティに富んだコレクションで、どうしてこうなったかという話もなかなか入り組んでいる。記事の一部は倉庫の件に触れたり、ロケ地で撮影させたり服を作ったりという話にも踏み込んでいた。車の話をはるかに超えた内容だった。そんなわけで俺の物語はライフスタイルの物語としての側面をもつことになり、ファッション誌やライフスタイル誌の多くが食いついてきた。似たような意味合いで、『アーバン・アウトロー』を観て面白かったという女友達や主婦からメールを受け取ると嬉しくなる。車にはさして興味のない人間の多くが、映像に共感したということだからだ。これは情熱を持ち、モチベーションを保ち、夢をあきらめないという物語なのだ。

ポルシェに続く大規模な改造車ＳＴＲを披露すると、ますます注目は増した。『アーバン・アウトロー』の撮影の最中に改造を進めていた車だ。二台のお気に入りのポルシェ、すなわちＲと、六〇年代後半から七〇年代前半のＳＴアイコンだ。俺自身の個性を出すためＳＴＲ02と名づけた。ドキュメンタリーの成功を受けて、次の改造車にも大きな期待と注目が集まっていた。俺は「ジェイ・レノのガレージ」に再び出演し、二〇一三年三月にはＳＴＲ02をお披露目した。その時点ではＳＴＲ02は俺の代表作だった。車は９１１の五十周年を記念するロード＆トラックの表紙を飾った。信じられないようなことだった。さして有名でもない、個人で車を扱っている人間が、ロード＆トラックの表紙に載るとは――ポルシェ自身のクラシックな車やモデルではなく、有名な工場でもなく。誌面では有名なポルシェ関係者の記事に混じって、俺が「ザ・ファナティック」として紹介されていた。ＳＴＲ02はトータル９１１の表紙にもなった。懐の深いことに、俺はその号のゲスト編集者に指名された。愛車は「ニュー・レジェンド」という名前を頂戴した。後にトータル911が創刊百号を迎えたとき、巻頭と巻末の記事を書くように頼まれた。雑誌ではSTR02の特集が組まれ、俺はお気に入りのポルシェ二十五台を挙げた。

二〇一三年、俺はマスコミ関係者が言うところの「露出」を始めた。現場にいたオランダ人たちはとても親切で、友人のユースト・エルメス、最初の記事を書いてくれたエリック・コーウェンホーフェン、RSポルシェのカメラマンで友人のモーリスなんかがいた。これらのヨーロッパの連中が、世間の俺に対する興味に火をつけてくれたのだった。RSポルシェの編集者たちは「ポルシェ・フェス」と呼ばれるイベントを開催し、俺を招待してくれた。皆で空港で落ち合い、ロッテルダムのトンネルを走った。後に「アウトロー会」と呼ばれることになるイベントの初回だった。それからポルシェのディーラーシップで顔を合わせた。

『アーバン・アウトロー』のおかげでポルシェと素晴らしい関係になれたが、それだけではなく、モービルワン、ピレリ、ボルボ、ベントレー、オークリーといった巨大な国際企業とも仕事をすることになった。知り合いのチケットを借りてSEMAショー2012にもぐり込んだ話はしたと思う。紆余曲折《うよきよくせつ》の末、俺はモービルワンの招待で二〇一四年、二台の車を展示することになった。モービルワンのブースには三台しかなく、そのうち二台は俺の車、277と六七年Sだった。俺は277に乗って会場まで行った。ショーで展示される車にしては珍しいことだった。普通はトレーラーで輸送されるのだ。だが運転して会場まで行くことができるのに、トレーラーを使う意味がわからない。ただし実を言うと、277はモービルワンのスタンドでオイル漏れを起こしていた。皮肉なもんだろう。特に俺は「油をきらすな」というキャッチフレーズを使っていたのだから。

俺はこういったモーターショーが好きだ。カレンと一緒にさまざまなファッションのトレードショーをやっていた、華やかなシリアス時代のことを思い出す。サイン会もやるし、俺のファンや車好きの人間と会うのは楽しい。『アーバン・アウトロー』の公開直後、いろいろな人間からサインを求められ、本当のことを言えば最初はちょっと気恥ずかしかった。俺のサインなんかもらってどうするんだ、という気が拭えなかった。でもやがてあまり気後れしなくなった。サインしないとなれば、こんなふうに言うしかないだろう。「申し訳ないが、サインは断る」そんなことを言えば、お高くとまった野郎だと思われる。

挨拶しようと列を作る人間には、できるだけ時間を割くようにしている。そうしない理由もないだろう。会場には一番最初に到着し、一番最後に出発する。SEMAショーや、それ以降参加した数々のショーについては、この数年サポートしてくれた人たちへの恩返しのチャンスだと思っていた――わざわざ時間を割いて俺の映像を鑑賞し、オンラインで応援してくれた人たちへの。結局SEMAで行ったサイン会は三時間にもなった。二時間経ったところで、モービルの社員に言われた。「そろそろやめにしますか？　一時間もいてくだされば十分だと思っていたんですよ」俺は言った。「いや、まだ列ははけていないし、予備のポスターも残っている。このまま続けよう」こんなことを言う阿呆《あほう》には絶対なりたくないのだ。「悪いな、今日はこれでおしまいだ。忙しいんだよ」

SEMAでは計四日間、サイン会を行った。モービルの社員の一人が、俺の勤勉ぶりを褒めてくれた。「ブランドアンバサダーの中には会場にやってきて、三十分ほどサインをし、さっさと引き揚げる人間もいます。でもあなたは毎日何時間も貢献してくれた」

俺にとっては簡単な話だ。今どこにいようと、自分の原点を忘れないこと。何時間も列を作ったファンのがっかりする顔を見たら、お袋はなんと言うだろうか。さぞかし失望することだろう。根っこのところで、俺は働き者の労働者階級のイギリス北部出身の少年なのだ。だから簡単に音を上げず、最後の人間の相手が済むまで頑張った。

さっきも言ったように、シリアス時代にもある程度の有名税は経験していたので、タミールのドキュメンタリーが公開されたあとの世間の注目にも、それなりにうまく対応できたと思う。これらの華やかなモーターショーも、俺にとってはカレンとファッショントレードショーのために全力を尽くすのと変わらなかった。もっと時間をさかのぼるなら、シェフィールドのザ・ポンド周辺で商売をやっていた親戚の記憶もあった。俺の祖父母もやっていたし、自分のルーツなのだ（ルーツの話をするなら、あるポルシェのイベントに参加したとき、俺は918のスーパーカーのドアにドレッドロックの根っこ《ルーツ》を挟まれてしまった。みんな愉快そうにしていた）。

『アーバン・アウトロー』がどれくらい俺の世界を変えたかを示す、ささやかではあるがとても興味深いエピソードがある。シリアスの最盛期、トレードショーや外出のときに、よく赤の他人に声を掛けられることがあった。「もしかしてロブ・ゾンビのシンガーじゃないか」そう訊かれるたびに一ドルもらえたら、結構な額になっていたはずだ。時々ちょっと悪戯心を起こして、こんなふうに言うこともあった。「やつの兄弟だよ」ところが二〇一三年以降、こういったことはぴたりと止み、俺に寄ってくる人間はこう言うのだった。「もしかして、『ポルシェの人』じゃないですか」

俺のファンやポルシェ狂に会う別の手段として、ポルシェの走行会を開くという手があった。これまでに何十回も、こういった会には関わっている。ロンドンのノース・サーキュラーロードの有名なエースカフェで集まったことがあったし、二〇一五年のクリスマスの翌日にはスイスでイベントを開催した。俺のいとこが住んでいた城を使った。他の国でもいろいろとやった。こういった会を開くのは大好きだ。読者の皆さんにも、いずれこれらのイベントを通して会えることを願っている。

二〇一三年は特別な瞬間の連続だった、すべてを思い出して書くのは難しいが、中でもダントツなのはグディング&カンパニーのオークションを通してSTRを売却するという、予想もしないチャンスが訪れたことだった。911の五十周年を祝うペブルビーチのモントレー・ヒストリックスでの出来事だった。今まで何度か、物事は自然に起きると話したと思う。もう俺のやり方はわかっているだろう。宣伝チームが働いていたわけでもないのに、これらのチャンスが降ってきたので、俺は直感的に反応したのだった。グディングから連絡があり、ペブルビーチで土曜の夜遅く、STRをオークションにかける時間枠が与えられた。

この時点では既に全世界の車好きも、そうでない人間も、ＳＴＲをジェイ・レノがドライブするところを見ていた。車は「フィフス・ギア」にも取り上げられていて、ロード＆トラックの表紙を飾り、ほかにもたくさんの雑誌に載り、インターネットでも話題になっていた。９１１としては非常に知名度が高かったのだ。その時点では俺の代表作で、俺が改造した車の中ではベストだった。オークションが始まるまでの二、三週間は、どことなく落ち着かない日々だった。金魚鉢に閉じ込められたようだった。名高い五日間のイベントには世界中から客がやってくるし、オークションは高級車の愛好者にとって一年でも特に重要なイベントだ。「いくらで車を売る気なのか」とほうぼうから尋ねられ、出品される車の中では最も話題になっていた。思い出してほしいのだが、ある意味で俺はまだ無名の改造屋だった。ところが買い手たちはためらわず、十二万五千ドルを積んできた。あの当時、普通の七二年９１１Ｔは改造なしで三万ドルというところだっただろう。改造しても六～七万ドルを超えることはなかった。

ロット番号61、すなわち俺のＳＴＲは、結局およそ三百万ドルで落札された。それぞれの車がいくらに値するのか、判断するのは難しい。自分の愛車については、十五万ドルは下らず、おそらく二十万ドル強だろうと思っていた。三百万ドル強の価値があるとは思わなかった。

この件はポルシェ界隈では大きな話題になり、もちろんもっと広い車の世界でも取り沙汰された。車を落札したのはイングラム夫妻という感じのよい二人だった。信じられないような豪華なコレクションを持っていて、どれも工場のオリジナルだった。たぶんアメリカで三本の指に入る車の持ち主だろう。グミュント・クーペ、９１８、ＲＳすべての車種など、本格的なコレクションが揃っている。『アーバン・アウトロー』が公開されてから比較的すぐコンタクトしてきて、映像を観てファンになった、と言ってくれた。俺たちは自然に親しくなり、良い関係を築いた。夫妻は地に足のついた人間で、とても気前がよく、この世界の良心といえる人びとだ。二人は俺にカレラＧＴとコレクションのＲＳを運転させてくれた。国中で車の展示をやっていて、一度などカレンと俺をノースキャロライナ州のパインハーストで開かれたイベントに招待してくれた。西海岸でショーが開催されたときも会いに来てくれた。そのときに俺はちらっと言ったのだった。「ＳＴＲを売ることになるかもしれない」おそらく夫妻は、手に入れずにおくものか、と思ったのだろう。

改造68Ｒのおかげで軌道に乗れたとしたら、世界的な知名度を与えてくれたのはＳＴＲと言っても大げさではないだろう。要するにＳＴＲ以前、イングラム夫妻のコレクションにカスタム・カーは一台もなかった。俺の車が最初だったのだ。おかげで俺の改造車には大いにハクがついたわけで、そのことは自慢に思っている。自分の改造車をオリジナルの形に戻しても、同じ値段はつかないと信じている。改造を施したから、価値が上がったのだ。

グディングのオークションの後では長いこと、そのときの物語が記事にされたし、改造車に対する世間の先入観を変えるきっかけにもなった。もちろん大金が入ったのは嬉しかったが、もっと大事だったのは、俺の作品に信用が与えられたことだった。このことは業界に大いに影響を及ぼした。原理主義者たちは苦い顔をしていた。マッチングナンバーではなかったし、当然ながらあちこち手を加えられていたからだ。著名なポルシェのコレクター、ジェリー・サインフェルドは、なぜSTRを入手したのかとイングラム夫妻に訊いた。彼らはその理由を説明し、コレクションに加えることができて満足していると言った。後に夫妻は『予想外のポルシェ——コレクションによる発見』（未訳）を執筆するが、寄稿を打診されて大いに誇らしかった。イングラム夫妻は真心に満ちた、素晴らしい人びとだ。

やがて俺個人への興味ではなく、実際の車の改造に関わる、魅力的なプロジェクトの話がいくつも届くようになった。たとえばロサンゼルスで個人のタイヤ製造会社をやっている、フィフティーン52のマットとブラッドから連絡があった。プロレーサーのケン・ブロックにタイヤを提供している二人だ。ケン・ブロックがこれまで撮影した「ジムカーナ」の映像のほとんどで、車にはフィフティーン52のタイヤがついていて、一億五千万回くらい視聴されるのだ。フィフティーン52は、業界を代表するタイヤの製造会社というわけだ。そんな彼らから、タイヤのコラボをやろうという話が持ちかけられたのだった。実際のところ、俺のほうがあまり準備できていなかったせいで、実現するまでにはちょっと時間がかかった。周りの人間からは、どうやって車に特徴的な仕上げをしているのか、という問い合わせが来ていた。ルーバー仕様のデックリッド、ドリルで穴をあけたドアハンドル、二色のウィンカーを販売する気はないのかという問い合わせもあったが、そういったことには一切興味がなかった。その手のビジネスを立ち上げる気はさらさらなかったのだ。大量生産することで、自分のデザインを安売りするのはごめんだった。だがフィフティーン52とのコラボには強く心を惹かれた。

俺たちはデザインに関するコラボを始め、最終的には二〇一四年六月に最初の「52アウトロー・ホイール」を売り出した。デザインは当然ながらクラシックなフックスを元にしていたが、何か違いを出す必要があった。猫も杓子《しゃくし》もフックスを模倣するなか、普通ではないことをするのが俺の売りだったからだ。他の人間を真似するのは性に合わない。だからフックスのレプリカを作るかわりに同じ年代、すなわち六〇年代後半から七〇年代前半の工場で作られたような趣にした。一本のビレットからどうやってタイヤが作られるのか、プロセスを見学できたのは得がたい経験で、胸がワクワクした。製造とデザインの過程を撮影し、コラボはとてもうまくいった。

そしてある日、かの有名ブランドＭＯＭＯのオーナー、ヘンリク・シスネロスから招待状をもらって、本当に嬉しかった。ＭＯＭＯのハンドルはとても人気があるからだ。『アーバン・アウトロー』を観た、ポルシェが好きだという話だった。こうしてヘンリクがやってきたので、敷地内を案内した。彼は俺の愛車の半分が、既製品ではなくＭＯＭＯのハンドルをつけて走っていることに気がついた。『アーバン・アウトロー』の中では、マリオ・アンドレッティ、ジャッキー・スチュワート、モモ・プロトティーポのハンドルについて語った。そんなわけでヘンリクは俺の熱意に気がつき、三十分も経たないうちにハンドルに関してコラボするという話がまとまった。ＭＯＭＯは二〇一四年に創立五十年を控えていて、俺の二つのお気に入り、すなわちジャッキー・スチュワートの厚めのグリップとモモ・プロトティーポにもとづいた特徴的なハンドルを作ることで合意した。もちろん俺はちょっとした違いを出したかったので、二つを融合させたし、ミソとなるのは使い込んだ革だった。自分の車に新品のＭＯＭＯのハンドルをつけたくはない。だから俺自身の手によるハンドルも、ピカピカの新品というのはごめんだった。ヘンリクには穿き古した革のパンツの作り方を説明し、ハンドルに関しても古びた革を使うのはそれほど難しくないと提案した。創業以来、アマチュアのレーサーとコラボをやっていないと聞いて驚いたし、とても誇らしかった。ジャッキー・スチュワートやマリオ・アンドレッティ、クレイ・レガッツォーニ、ニキ・ラウダといった、綺羅星《きらぼし》のようなレーサーたちに名を連ねたというわけだ。自慢に思わないほうがどうかしていた。新作のハンドルは二〇一五年九月に世界最大のポルシェのイベント、ロード・トゥ・レンスポートで公開された。当初は五十人だけ招待したが、やがて百人になり、全員でロサンゼルスのダウンタウンからウィロー・スプリングスを走り、俺が一番気に入っているエンジェルス・クレスト・ハイウェイを通り、モントレーに到着した。俺は２７７を運転していった。イベントはＭＯＭＯのテントで開催され、ほかにも何台か車が置かれていた。俺は新しい連中と親しく言葉を交わし、嬉しいことに四百個で限定製作したハンドルは、一ヶ月もしないうちに完売したのだった。

もうひとつ思い出深いのは、俺だけのホットウィールのセットを製作するプロジェクトだった。世の中では一般的に、ホットウィールはホットロッドと関連づけて考えられ、ポルシェとは関わりがないと思われている。ホットロッドはたぶん世界最大のミニカーの製作元で、どこの国でも名前が知られている。ロサンゼルス近郊でミニカーをデザインしている彼らのもとに招待され、作業を見学するのは貴重な経験だった。ホットウィールのために結局五台デザインし、今ではポルシェ以外のモデルの製作も進めている。シュコーの277の四十三分の一モデルを持っているし、リアムの車である68Rも持っている。

二〇一五年には超人気ゲーム「ニード・フォー・スピード」への協力を打診された。正直に言うと、それほどゲームはしないのだが。先方からは新作に登場する五人の「スピードスター」のひとりになってくれないか、と丁重な申し出があった。俺が道路をふっ飛ばす姿が、ゲームのコンセプトにぴったりなのだという。誰がニュルブルクリンクを一番速く飛ばせるか、といったことを競うプロのレーシングゲームではない。どちらかというとストリートが中心だ。ほかの四人は誰なのかと尋ねると、「ケン・ブロック、世界的チューナーの中井啓氏、リスキー・デビルのクルー、諸星伸一氏」という返事だった。俺は絶句した。そんな連中と肩を並べるだけでもすごいのだが、このゲームは数百万本売れるのが確実だろう。提案を受け入れないわけがない。

俺が登場する部分はロンドンで撮影し、結局277もゲームに登場することになった。よく知られた俺の車を、自分なりのやり方で製作し、ゲームの中で俺と競うのだ。もちろん仮想の世界の話だが、周囲の光景や舞台は、この原稿を書いている部屋の半径一マイル以内がもとになっている。「ニード・フォー・スピード」に出演するのは名誉だったし、おかげで俺のことを知らなかった層に知名度を広げることができた。

こんなふうに書いていると、『アーバン・アウトロー』の公開後からべらぼうに多くのコラボをこなしてきたと思うだろう。だが実のところ、仕事相手はかなり慎重に選んでいる。たとえば新作をデザインしたいという腕時計会社が三、四社、アプローチしてきたが、俺はTAGホイヤー、オメガといったクラシックな腕時計のファンなので断った。おかしな話なのだが、『アーバン・アウトロー』の公開後、イギリスのクラシックな腕時計のファンサイトにスレッドが立ち上がり、「マグナス・ウォーカーが映像の中でつけている腕時計はなんだ」と盛り上がったという。腕時計を見ている人間がいたとは驚きだ。どうやら俺がハンドルを操る一場面で、ちらりと映っていたらしい。念のために言うなら、一九七二年頃のオメガ・スピードマスターだ。サングラスの会社からも連絡があったが、サングラスはかけない人間なので、宣伝に手を貸す理由がない。商品に興味が持てなかったり、つながりを感じられなかったりしたら、丁重に断るようにしている。俺の守備範囲じゃないからだ。

『アーバン・アウトロー』をきっかけに多くの新しい扉が開き、その中には俺自身のTV番組をやるというのもあった。本当のことを言えば、言い出しっぺはカレンだった。車に関するTV番組はいろいろとあるし、面白いものもあるが、大半は中身がスカスカだ。出来の悪い番組はどれも似たり寄ったりだ。あっちの車を買え、こっちの車を売れ、取引の様子をちょっとだけ紹介。そんなものに用はない。『アーバン・アウトロー』以来、カメラの前に立つことにあまり抵抗がなくなったので、面白そうな企画であるなら受け入れてもいいと思っていた。こうしてアメリカをロードトリップするというショーの話が持ち上がった。一九八六年にニューヨークからデトロイトへ、デトロイトからロサンゼルスへ、長距離バスで旅をした話ははじめのほうでしたが、アメリカを車で回ったことはなかった。ドライブの経験は豊富でも、アメリカ横断旅行はやったことがなかったのだ。そんなわけで話を持ちかけられたとき、すぐさま「よし、やろう」と答えた。話は簡単、カメラを持って旅に出て、一大アメリカ・ロードトリップをするのだ。みちみち車文化に親しんだ人間を探し、話をして、相手の物語を引き出し、車に乗せてもらう。誰しも好きな車と、好きな道があるはずだ。こうしてトラベルショー&車ショー&トークショーの企画がまとまった。俺はといえば同類たちと話をし、ロードを楽しみ、お喋りしていればいいのだった。

制作会社からは手を替え品を替え、アプローチがあった。こういったTV番組は形になるまでにひどく時間がかかる。複雑なプロセスなのだ。制作会社は「ファスト・アンド・ラウド」といったショーがヒットするのを見ていて、ほとんどの場合、車を改造する場面を撮りたいと申し出てきた。俺はやんわり言うのだった。「ちょっと待ってもらえないか」あるときなどクルーと打ち合わせをしてみたが、「『アーバン・アウトロー』を観たか」と訊くと相手の答えは「ノー」だった。これでは、話が進むことは期待できない。

いくつもの打ち合わせや企画倒れの末に、ヒストリー・チャンネルが撮影するという話がまとまった。先方のクルーは『アーバン・アウトロー』のスタイリッシュで映画的なところを大いに気に入っていて、響きあうものを感じていたそうだ。ショーの撮影はずいぶん骨が折れたが、ゲストの顔ぶれは素晴らしかった。結局、元アメフト選手にしてプロレスラーのビル・ゴールドバーグを招待することになった。マッスルカーをコレクションしている、感じのいい男だ。カントリー歌手にしてウエスタン・ロックンローラーのシューター・ジェニングスにも出演してもらった。父親のウェイロン・ジェニングスが『爆発！デューク』のテーマソングを作曲したという、とびきりのエピソードの持ち主で、俺はもちろん興奮しきりだった。（残念ながら実際に放映されることはなかった）ラリー・ドライバーのアレックス・ロイ、スリー・ホイールのモーガン、356の改造でポルシェ史に名を残すロッド・イーモリー、俳優にしてレーシングドライバーのチャド・マックイーンもいた。

パイロット版は二〇一五年のクリスマスの一ヶ月前に撮り終えた。評判はとてもよかったので、この原稿を書いている今、TVの世界で今後どんな展開があるか、俺は楽しみにしている。ショーが軌道に乗れば、真剣にビジネスとして取り組むことになるだろう。さて、どうなるか。失敗したって、死にゃあしない。

第12章

収拾不能な収集癖

本書を手に取ってくれている読者は、おそらく車好きなのだろう。ポルシェのファンという可能性も高いはずだ。ここまで話に付き合ってもらったのだから、車好きという視点からもう少し詳しく語らせてほしい。なぜ、あちらこちらの雑誌、ブログ、TV番組やジャーナリストが、俺のコレクションに興味を持ったのか。我がガレージを案内させていただきたい。車やポルシェに関心がなかったら、この章は飛ばしてくれて結構だ。

十歳の頃、ポルシェに夢中になった経緯はさっき説明した。最初の911を手に入れたのは一九九二年で、十五年かかった。七四年のワイドボディかつスラントノーズの改造車で、ポモナ・スワップ・ミートで手に入れた。それ以降五十台超のポルシェを所有してきたので、何台か取り上げさせてほしい。この章はウィローのガレージに机を置き、車に囲まれながら書いた。長年かけて築き上げてきた車のコレクションの薫りが伝わるだろうか。

最初に言いたいのだが、何台集めても俺にとって車の存在が希薄になることはない。人生で何が起きていようと、ビジネスや個人の領域で良いことや悪いことが起きていようと、ガレージに行けば気分が上がる。旅行で二週間ほど家を空けたとしたら、帰ってきて真っ先にやるのはガレージに行って腰を下ろし、空気に体を馴染ませることだ。それからもちろん、一台選んでドライブに行く。

表向きは、この章は車についてということになる。だがその物語を通して、ポルシェとは人間のことだと強調したい。ガレージの車には一台一台、その車に関わった人間たちの物語がある。だから俺はポルシェが好きなのだ。ポルシェ狂の人間は情熱を分かちあう。そういったわけで、何台かの話をさせてもらおう。背景の物語と、俺が手に入れてからどんな改造を施したか。うまくいけば俺が車にどんな工夫を施しているか、どんなふうに車にアプローチするかわかってもらえるだろうし、読者自身が改造を手がけるときのヒントになるかもしれない。

思いきって時間をさかのぼってみよう。俺は目的に沿ってコレクションするタイプなので、最初の頃のコレクションの話をさせてほしい。この頃の目的は六四年から七三年まで、毎年一台ずつ収集することだった。もちろん時系列に沿って達成されたわけではなかったが、それでも最後には完成した。一九六四年、ポルシェは911を二百三十二台製造した。一台もアメリカには輸入されなかった。実質的な意味では、すべて六五年モデルだった。俺にとって六四年の911を所有するのは神聖なことだった。記録が残る二百三十二台のうち、現存するのはせいぜい六十台というところだろう。妥当な数字だと思う。今では五十年が経過しているし、錆びついたり故障したり、破損したり盗まれたり、分解されたり解体されたりしている可能性があるのだ。もしかしたら百台くらいあるものの、記録に残っているのは六十台程度かもしれない。おそらくその六十台は、オリジナルのモーターとトランスミッションをつけた状態のはずだ。俺のガレージに収まっている一台は赤の内装のスレートグレーで、マッチングナンバーだ。神聖なる車、ここにありというわけだ。

　では俺はどうやって、この希少な９１１に出会ったのか？　長い話になる。あちらこちらに広告を出し、「六四年の９１１求む」と言い続けたのだ。六四年９１１を所有しているという人びとに手紙を書き、一台探していると伝えたが、どこからか忽然と車が湧いてきたわけではなかった。特定の車を探しているときは、十八ヶ月にわたって我慢強く広告を掲載したりしなければならない。だが、あるとき突然誰かから連絡が来たりする。世間的には七三年ＲＳカレラが聖なる車だと思われていて、確かにそれが９１１の典型だが、カレラは千五百八十台も製造されている。今では状態の良い七三年ＲＳは百万ドルくらいするが、十台くらい売りに出されているのが簡単に見つかる。いっぽう六四年９１１が売りに出されているのを見つけるのは難しい。たった二百三十二台しか製造されなかったし、さっきも言ったようにおそらく六十台くらいしか残っていないからだ。千五百八十台の七三年カレラは、たぶん千台くらい生き残っている。その意味では、よりありふれた車なのだ。

　それはさておき、広告を掲載してもすぐに反応があったわけではない。だがしばらくするとユースト・エルメスという、さっきも名前を出した男から連絡があった。ペリカン・パーツの俺のスレッドを読んでいたそうで、六四年９１１に心当たりがあるというのだ。運のいいことに、車はポルシェとは関係のないサイトで紹介されていた。もし９１１専門のサイトに投稿されていたら、たちまちマニアが群がっていただろう。載っていたのは目立たない車関連のブログで、オーナーのチャック・リッツォという男は、紹介に一段落しか割いていなかった。ささやかな投稿で、六四年９１１についていくつか質問していただけだった。ユーストは俺にメールをくれて、調査料など一切求めずに、ただ情報だけよこした。

こうして車のオーナーのチャックと、三ヶ月にわたる話し合いが始まった。車はペンシルベニア州にあった。繰り返しになるが、すべては人間どうしのつながりなのだ。人間の姿がなければ、車の物語も存在しない。実際のところ、歴代の愛車の七十パーセントくらいは、公に売りに出されていたわけではない。すべて口コミで手に入れたもので、「車を手放そうかと考えている人間がいる」と誰かから聞いたのだった。こういったやり方は、いろいろなことを学ぶ機会になる。学びのナンバーワンは、辛抱強くなければいけないということだ。購入を焦ってはならない。オーナーには十分語る機会を与えなければいけないのだ。車を売却しようという人間は、車に強い愛着を持っていることがあり、急がせたら動転して売るのはやめると言うかもしれない。売りに出そうとしたことを後悔して、やっぱりやめると突然言い出すかもしれない。相手の事情と、車との絆を尊重しなくてはいけないのだ。

チャックの物語は聞きごたえがあった。六四年９１１は、一九六〇年代半ばにドイツに派遣されていたアメリカ人の修理員が購入したのだという（たぶん俺が三人目か四人目の所有者だが、正確に歴史をたどったわけではない）。その男は現地で車を買い、六九年か七〇年に母国に持ち帰った。その一、二年後、車はチャックの手に渡った。チャック曰く、ペンシルベニアからフロリダまで当時の彼女を乗せて運転していたとき、時速百キロほど出して地元の警察官に捕まったのが記憶に残っているそうだ。車の没収を避けるためには、罰金を払わなければならなかった。

チャックは魅力的な男で、人柄もよかった。ポルシェ一筋というわけではなく、どちらかといえばコルベットやハーレーダビッドソンのファンで、ポルシェを日常的に使っていたわけではなかった。七〇年代の半ばには結婚して子どもができ、ビジネスも忙しく、ポルシェはガレージの片隅に放置されて、一九七九年以来運転していなかったそうだ。逆に言えばそのおかげで車は分解されたり、盗まれたり、無理な走り方をさせられたり、改造されたりすることもなかった。チャックと話をするうちに、向こうも俺の背景や考え方がわかってきたらしい。百七十四台目の911の次のオーナーが俺になるということに、納得してくれたようだった。

値段の折り合いはついたが、次の問題は俺に十分な金がないことだった。そこでチャックにはある程度の金額を前もって渡し、残りは二ヶ月くらいかけて払うと言った。カレンには車を買うということすら話していなかったと思う。たぶんその理由として、当時の俺はいささかポルシェを集めすぎだった。もう一台買うなんて、本当は論外だった。おまけにこの車は他と比べてちょっとばかり高かった。十分に手頃な値段ではあったのだが（今買おうと思ったら天文学的な数字になるだろう）。

それはさておきチャックと話をしていると、相手が二十年くらいロサンゼルスを訪れていないことがわかった。だが十八ヶ月以内に来る予定があったそうだ。チャックが言った。「ロサンゼルスに行ったら、あんたの車を一台貸してくれないか」もちろん、何の問題もなかった。

そのときはまだ交渉の途中で、俺も相手が話を呑《の》むとは本気で考えていなかったところがある。だが結果的に、俺は金を工面して差額を支払い、六四年911を手に入れることができた。チャックとは一年ぐらい音信不通だったが、その後やつは本当にロサンゼルスにやってきて、俺の六六年アイリッシュグリーンを借りた。年数が経って多少傷んではいたが、アイリッシュグリーンにはよく乗っていた。日用品の買い物に行くときにちょっと乗りたいような車だったのだ。チャックが911を運転したのは一九七九年、すなわち六四年をガレージに置くようになったとき以来だった。やつは丸一週間、アイリッシュグリーンでロサンゼルスをドライブし、すっかり気に入ってしまい、今では二台目のポルシェ911を追い求めている。ここにもポルシェの沼にハマった人間がいるというわけだ。

オランダ人の友人ユーストが六四年の車に関する情報を流してくれながら、調査料を一ペニーも求めなかった話を覚えているだろうか。その車に多額の金を払おうとする人間は、ほかに大勢いたはずだ。だからユーストにはちゃんとお礼の品を送った（たとえばやつの912にルーバーのデックリッドを取り付けて、送り返した）。こうして俺たちはいわばメル友になったが、実際に顔を合わせることはなかった。だから『アーバン・アウトロー』が公開されて、ロンドンのレインダンス映画祭で上映されたとき、俺は真っ先にユーストを招待した。逆に俺がポルシェ社を訪問したとき、アムステルダムの空港に迎えに来てくれたのはユーストだった。ロッテルダムにドライブに行くとき、ユーストは自分の車に乗せてくれた。本当にいいやつだ。だから俺は、ポルシェと言うときは必ず人間の話をしている。ユーストはその完璧な一例だ。やつの粘り強さとシャーロック・ホームズ並みの嗅覚がなければ、六四年９１１は見つからなかっただろう。それにも増して、俺たちが親しくなることはなかった。

今、倉庫の奥に六四年９１１が置いてある。シルバーの車体で、ポール・スミス仕様のストライプがついていて、俺は「ジェントルマンのレーシングカー」と呼んでいる。これまた九ヶ月、ひたすら相手を説得して獲得した車だった。９１１としては三百十番目に作られた車で、六四年より百三十六台あとだ。六五年の車の素晴らしいところはブルモス・ポルシェが（俺の一番のお気に入りのディーラーだ）、最初にアメリカに輸入した約十台のうちの一台というところだ。実際のところ、俺はその車の映像を作ってブルモスに提供している。

二〇〇八年に買った９１１の話はしたと思う。セルジオをはじめとする友人の手を借りつつ、最初に改造を手がけた車だ。いったん六九年Tを入手して改造してしまうと、次の目標はポルシェとしては最も名声が高く、つい夢中になって語ってしまう９１１・９３０ターボだった。今回もまた、ターボのコレクションは一から始めた。いわゆるジェネレーション一の三リットルの車で、七五年、七六年、七七年に製造されたのだった。これぞポルシェ、という形だ。本書の下書きをしている今、俺の隣にはターボが六台停まっている（今までに七台、所有した）。最初に手に入れた車に話を戻すなら、シルバーの七六年９３０だった。ターボが公開されたのは一九七五年だが、どうやらそれらの初期の車はアメリカの排気量の基準を満たさず、信じられない話だが一九七五年まで輸入が許可されなかったのだ。アメリカが五十年にわたってポルシェの最大の市場だったことを考えると、奇妙極まりない話だ。そんなわけで最初にアメリカでターボが販売されたのは一九七六年で、俺は一台持っている。本当に特別な車だ。カリフォルニアの車で、いっぺんも州の外に出たことがない（だが正直言って、車が一度も雨に降られたことがないという宣伝は信用しない。運転すれば降られるはずじゃないか）。車を扱っていたのはボブ・スミス・ポルシェで、一九七五年十月に七六年モデルとして製造され、シルバーがよく似合っている。その過程は工場の記録に残っていて、VINナンバーは15で、アメリカで製造された史上初のポルシェということになる。最初に製造されたわけではない。VINナンバー11、12、13、14の原型があり、俺の車の番号は15だ。ナンバー11は記録に残っていて、赤の内装にシルバーの車体ということだ。ナンバー14も記録に残っていて、グリーンの車体のはずだ。ナンバー12と13はなくなってしまい、話によるとどちらか一台は雑誌の出版社が所有していたが盗まれてしまったのだという。そんなわけで最初の七六年USターボ四台は「原型の車」と呼ばれることがある。製造ラインから生まれた、たった四台の車なのだ。その点については異論も聞こえてくるので、深入りしないようにしておこう。VINナンバーの若さからして、俺には自分の車が最初のUSターボではないかという勘が働いていたが、全体の歴史を知っていたわけではなかった。九十パーセントは確信があった。二〇一三年、ポルシェの工場と展示館を訪れ、ディーター・ランデンベルガーと一緒に過去の資料をあたったとき、手書きの製造証明書を目にすることができたのだった。

実際のところVINナンバー11〜14の四台は、マスコミの宣伝用の車で、そのために貸し出されていた。最初の一台はディーラーを通して公に売却され、ポルシェの資料にもその経緯が記されているが、それが俺の車だ。俺が四代目のオーナーだ。友人のマーティは二十年にわたって二代目と三代目、そして俺のためにその車のメンテをやってくれている。マーティにはポルシェ・オーナーズクラブを通して出会い、トランスミッションをいくつも作ってもらったり、機械的なことを手伝ってもらったりしている。まさにターボを知り尽くした男だ。

俺の車は四十年もので、面白いエピソードを持っている。実際のところ、記録に残されていない素晴らしい歴史の一部を教えてくれたのはマーティだ。噂によればその車は俳優のロバート・レッドフォードの注文で作られたが、どうやら本人は結局その車を引き取らなかったようで、ターボにその名が冠されることもなかった（実際に引き取らなかったかどうか確証はない。あくまで噂だ）。ボブ・スミス・ポルシェはきちんと製造して、ちゃんとレッドフォードに渡しているのだが、何らかの事情でレッドフォードは車を買わなかったし、自分の名も冠さなかったようだ。本当のところ、何があったのかは誰も知らない。さっき「ターボ・フィーバー」という動画を撮影して、レッドフォードの逸話にちょっと触れたという話はしたと思う。二〇一四年にＳＥＭＡショーに行ったとき、突然ひとりの男が近づいてきて、「ターボ・フィーバー」を観た、七六年にコロラドのどこかでシルバーのターボに乗ったロバート・レッドフォードと鉢合わせしたことがあると言った。本当の話だ。仮にその男の話がでっち上げだったとしても、友人のマーティが嘘をつくはずはない。二十年、この車と一緒に過ごしてきたのだ。果たして同じ車だったのだろうか。レッドフォードの名前は冠されていないのだから、ある意味ではどちらでもいいともいえる。俺にとってもどちらでもいいが、面白い話であることは確かだ。繰り返しになるが、大事なのは結局人間だ。俺にとってこの車の一番スペシャルなところは、自分が手に入れた最初のターボで、最初にアメリカで作られた930だという点だ。

つまり最初に買ったターボは七六年、アメリカで最初に作られたものだった。ターボの空気感に一目ぼれし、一時期は五台所有していた。七六年を三台、七七年を二台だ。だが製造の最初の年で、ターボの中でも聖域とされている七五年は持っていなかった。その車はいわばジグソーパズルの欠けたピースだった。七五年のターボは六四年の911と同じぐらい希少だ。一九七五年、わずか二百八十四台しか作られなかったからだ。だが六四年の911と違って、ターボは持ち主をショールームの外に誘い出し、最初の週のうちに林の中を縦横無尽に走らせるようなところがあった。スロットルを開放し、ハンドルを切り、勢いよく走るのだが、そのうち事故が起きる。車のパフォーマンスに人間の技量がついていかないのだ。そんなわけで初期のターボはクラッシュしたり、盗まれたり、分解されたり、改造されたりといったことで悪名高かった。後期のターボには皆がこぞって大きなエンジンやブレーキをつけたりしたので、手を加えられていない初期のターボを見つけるのは難しい。

そんなわけで七五年を探す旅に出た。既に相当値の張る代物になっていたが、幸いにもまた少し先取りしていた。いつも比較的ツイているのは、初期の車を探すとき、必ず人より早くスタートが切れることだ。たとえばマッチングナンバーは二台だけにせよ、俺は六七Sを五台持っていた。そのうち一台は九千五百ドル、もう一台は一万八千ドルで買った。今では十倍の値段になっている。ガレージの車はほとんどが相当安く手に入れたものだ。この点はいくら強調しても足りない。俺は決して腐るほど金があり、少しでも心が動いたら小切手を振り出せるような人間ではないのだ。興味を持った車について調べるのが好きで、そんな時間は心地いいし、自分の好きな車を見つけるのも楽しいが、ある程度の自制心は失わない。探し始めた頃、初期のターボはアメリカでは二〜三万ドルだった。誰もそんな車を欲しがらなかった。だから俺は六台も入手できたのだ。

それはさておき、七五年のターボを探す旅の途中で、自宅にいながら世界中の車を俯瞰《ふかん》できるインターネットという優れものに出会った。日本にあった一台は取り逃がしたが、気持ちは折れなかった。何ヶ月も探した末に、右ハンドルの七五年ターボを、こともあろうにオーストラリアで見つけた。最初はこう思った――畜生、地球の反対側じゃないか。

だがおわかりのように、俺にとって車がどこにあるかは関係ない。世界のどこから取り寄せることも厭わない。おまけに多くの人間は、オーストラリアにあると聞いただけで気勢がそがれていた。右ハンドルの車で、売り手を見つけることができなかった。車はオーストラリアの車専門のウェブサイトに載っていたが、本人の電話番号とメールアドレスは記載されていなかった。おかげでこの男と連絡を取るためには、ログインしてオーストラリアの電話番号を登録しなければいけなかった。俺はオーストラリアの電話番号など持っていなかったので、アメリカのものを入力しようとした。うまくいかなかった。結論から言うと、俺は持ち主を捕まえることができなかった。

六ヶ月後にもう一度ウェブサイトをのぞくと、まだ車は売りに出されていた。その二ヶ月ほど前、カリフォルニアを訪れたときに、シドニー近郊のオートハウス・ハミルトンに勤めているという男たちと顔を合わせていた。そこで連中に電話をかけて車のことを尋ねてみたが、既にチェックしていたもののやはり相手の連絡先がつかめないとのことだった。そうこうするうちにある日、この謎めいた売り手からオートハウス・ハミルトンに連絡があったとのことで、俺はオートハウスを雇うような格好で、かわりに車の様子を見てきてもらった。購入前に車を調べたのは、後にも先にもこの一台だけだ。相手と連絡が取れず、判断の材料がなかったからだ。ちょっとだけ話がそれるのを許してほしい。時々イギリスで、911の購入を考える人間たちと接していると、その石橋を叩く慎重ぶりに驚かされる。車の出所や走行距離、いずれ売却するときの値段をひどく気にしているのだ。俺はいつもこんなふうに言う。「なあ、もうちょっと気楽にやらないか。悪くないと思ったら、とりあえず車を買って楽しめばいいんだ」

まあいい、七五年ターボの話に戻ろう。車の値段が判明し、オートハウスは車を点検したことでいくばくかの手数料を取ったのち、俺の代理で車を購入してくれた。その後はオーストラリアから船で車を取り寄せた。オリジナルの色ではないが、コッパーブラウンのメタリックだった。一九八〇年に祖国を離れてオーストラリアに行ったイギリスの車で、二〇一四年にアメリカにいる俺のもとに届いたというわけだ。その年には十七台の右ハンドルのターボしか作られていないはずで、現在どれくらい残っているというのだろう。俺の予想では十台以下だ。つまりごくごく珍しい車というわけだ。右ハンドルと左ハンドルの七五年ターボを両方持っている人間は、ほかにいないはずだ。

その車の右側に置いてあるのがターボ27番だ。ブラックの車体で、これまたえらく格好いい。数学ができる人間ならわかるだろうが、15番が最初に売られた車だとしたら、27番はたった十三番目ということになる（もちろん時系列で販売されているわけではない）。それ以外にも気に入っているターボは、ヨーロッパ産のミネルバブルーの車で「アウトロー・フィーバー」にも登場している。フィフティーン52と「アーバン・アウトロー」のハンドルをコラボさせた車をお披露目した映像だ。この車は世間の反響も大きかった。タータンの内装の七七年アイスグリーン・メタリックも持っていたことがある。これまた特別な車だった。

おわかりのように、車を購入するときはかなりの忍耐心が要求されるし、相当綿密な調査もしなければいけない。これから紹介する話を読んでもらえば「ポルシェの神」とでも言うべき存在が実感できるだろう。あるときメールが届き、七五年ターボローラーに興味があるかと訊かれた。正確に言えばトランスミッションとエンジンがついていない車だそうだ。俺は返信した。「もちろん興味はある」メールを送ってきた男曰く、アルバカーキの車置き場で見つけたそうだ。防水シートで覆われていたらしい。どうやら車はモーターを失っているそうだ。車体から取れてしまったようだ。こういう場合もよく相手の話を聞いて、慎重に判断するのが大事だ。この男は積極的に売りたいわけではなかったが、俺がどのくらい興味を示すか、うかがっているのは明らかだった。そして車を買うときに払った金額を明かすというミスを犯した。ほんのはした金だった。いくらで売りたいのかと訊くと、案の定そいつは俺の嫌いな答えを返してきた――「まずオファーをしてください」相手がいくらで買ったかは知っていたので、その値段の倍だけ出すと宣言した。それでもまだずいぶん安かった。相手は納得しなかったので、もう千ドル上乗せしたが、まだ話はまとまらなかった。そこで俺は手を引いた。大勢の人間がいきなり電話やメールをよこして、車を売りつけようとする。本気で売るつもりのない連中もいる。聖なる車を所有していると思っているのだ。だが俺はあまりそういったことを気にしない。特にこのターボはマッチングナンバーではないことは確かだった――この時点では。

三ヶ月が経ち、その間にレッドの七〇年ターボ、ワイドボディと、七五年のターボエンジンとトランスミッションを買った。それから七五年のターボモーターを持っている男とあらためて話をした。そいつにはもちろん、エンジンとトランスミッションを手に入れたことは黙っていた。

俺はもう一度尋ねた。「いくらだったら手放すんだ」

相手は答えた。「ターボみたいな車が欲しいだけなんだ」

俺はひらめいた。

「俺が持っているレッドの車と交換するのはどうだ。エンジンを除けばターボらしい外見をしている。この車と取り換えることにしないか」相手は納得したので、交渉がまとまった。そんなわけで俺は、エンジンがついていない七五年ターボローラーを所有している。

続いてメールが届いた。買ったばかりの七五年ターボローラーのオリジナルのエンジンを、どこかの誰かが見つけたというのだ。メールを送ってきた男は実際、ターボの購入を考えていたが、その車が俺の手に渡ったと知り、ちょっとした捜索をして、オリジナルのエンジンのありかを突き止めたのだ。こうして突然俺は七五年ターボと、マッチングナンバーのエンジンを手に入れられることになった。細かい話は省くが、エンジンの所有者と連絡を取り、長い長い交渉を経て手に入れた。こうしてマッチングナンバーの車に再びエンジンが取り付けられた。一九七五年の製造当時に搭載されていたエンジンだ。マッチングナンバーではない車に比べてはるかに大きな価値が生まれた。干し草の山から針を探すというやつだ。

こんなことは一生に一度、ありえない話だと思うかもしれない。そんなことはない。俺は干し草の山から三回、針を見つけたことがある。別の言い方をするなら、エンジンのほうが俺を見つけたのだ。どうしてこんな貴重な車が、エンジンやトランスミッションを取り外されるような羽目になるのかと思うかもしれない。実は911も昔から価値があったというわけではなかった。実際問題としても、トランスミッションは損傷したり壊れたりして、交換されることがある。三十年前、六五年の車が何の価値もなかった頃、モーターが壊れたりダメージを受けたりすると、修理にかかるのはおよそ五千ドルだった。だから車の持ち主は地元のショップに行って、店員の言うとおりにした。「2・2Tのエンジンがうちにあります。千五百ドルで取り付けましょう。来週には車に乗れますよ」初期の911ではこんなことがしょっちゅうあった。あるいは持ち主がこんなふうに考えることもあった。「考えてもみろよ。3・2リットルの二百三十馬力の車に乗れるというのに、どうして2リットルの百三十馬力の車で我慢しなきゃいけないんだ」こうしてオリジナルの2リットルが取り外され、3・1あるいは3・2リットルが取り付けられるのだった。持ち主がレーシングカーを作りたかったからかもしれない。こうして六五年のエンジンは忘れ去られ、車と離れ離れになる。その後、車は五人の所有者の手を経る。それでもまだ五千〜一万ドル程度の車だ。だが三十年後、車の価値が二十万ドルに跳ね上がったとしたら、オリジナルのエンジンを探そうとする人間が現れるのは当然だろう。時間が経ったのだ。だいたいこんな流れになる。さっきも言ったように、珍しくもない物語だ。

干し草の山から1036という名前の針が見つかったこともある。俺は一万一千ドルくらいでそいつを入手し、しばらく保管したあと一万五千ドルで売った。たいした儲けというわけでもなく、その車のことはそれっきり忘れていた。先に進んだというわけだ。俺が車の売買を積極的にやっていて、オンラインのフォーラムでも活動的だった頃の話だ。あるとき、こんなメールが届いた。「信じられないかもしれないが、あなたの1036に搭載されていたエンジンを入手しました」ロサンゼルスのある店のクレイグズリストに載っていたらしい。ちょっとおかしな話だ。俺は一度もエンジンを探したことはなかったのに、ずっとニューヨークにあったのだから。俺はこう返信した。「その車は売ってしまった。だがオーナーとはまだ連絡を取っている。その男にあなたを紹介しよう」結論から言えば、俺は二人を引き合わせ、確かその男は車自体を買うよりも高い金を、マッチングナンバーのエンジンを買うのに払ったはずだ。その男はマッチングナンバーの1036を手に入れ、後にペブルビーチで売却している。

「元マグナス・ウォーカー所有の車」として出品されていた。それはともかく、車はかなりの値段で売れた。

そして二〇一四年、俺は友人のヘルムットと一緒にテキサスで開かれたUSグランプリ・イン・オースティンを観戦していた。F1は七〇年代から見ていたが、実際のレースに行くのは初めてだった。会場にいたとき、フランス人の男が近づいてきて言った。「あなたが昔持っていた車を所有しています」その男はジャン・トッドの息子、ニコラ・トッドだということだった(ジャンは元レーシングドライバーで、今では国際自動車連盟代表を務めている)。ちょうどマッチングナンバーの1036を買ったとのことだ。なんという巡り合わせだろう。おかげで物語が完結した。

三度目にそんな経験をしたのは、三百六十五台目の911絡みだった。詳しい理由は覚えていないが、俺はそいつをeBayで売りに出していた。これまた結論から言うと、オークションが終了する四日前、ある男から連絡があった。「あなたの車と同じエンジンを持っています」俺はそいつと交渉することになった。つまり三度、干し草の山から針が発見されたというわけで、そのうち二回は超初期の六五年911、もう一回はこれまた初期の七五年ターボだった。ポルシェの神は俺に何度も微笑んでくれた。

さて、俺の所有した車の中で一番よく知られているポルシェの話をしよう。一部では「レリジョン911」として知られている車だ。俺はターボのコレクションに一区切りつけ、Gボディと呼ばれる車に手をつけ始めていた。つまり七四〜八九年の車で、911としては七四〜

七七年、七八〜八三年SC、八三〜八九年3・2カレラを含む。七八年SCHRは「クルージング・マイ・レリジョン」と題されたYouTubeの動画に登場し、広く知られるようになった。

この車は多くの人間の共感を集める。それというのも俺の言葉を使えば「予算制限に勝った」車だからだ。もともとはレーシングカーで、比較的安く手に入った。少し粗いところもあったが、走れる車だった。俺は六週間かけて外側を改装した。ざっくり言えば車高を下げ、リムを交換し、ダックテールを取り付けた。フルケージの前半分は取り払った。シートは中古のものを百五十ドルで買った。内装のタータンの布地はシリアスの在庫から持ってきたもので、RSスタイルのドアハンドルにも使った素材だった。ABSプラスチックのシートを使い、軽量のスプリッタを作った。ペリカン・パーツ経由で入手したブラックのビタローニ・セブリングミラーを取り付けた。予算には上限があり、全面的とはいえない改装だった。制限のある中、八週間以内で完成させるという課題に取り組みたかったのだ。数年がかりで莫大な金をかけながら製作するという話はよく聞くが、ポルシェのファンの多くはそこまでできるわけではない。金がないかもしれないし、エネルギーがないかもしれないのだ。俺の目標は、予算が厳しい中でもクールな車は作れると証明することだった。

さっきも言ったように、最初その車は比較的走れたが、少し粗いところがあって、内装も工夫がなく、ロールバーが取り付けられていた。そのかわり記録はきちんとしていて、大事にされていた。動画の意義は、これらの車は十分手の届く範囲で、べらぼうに高いわけではないと知らせた点だった。俺のもとにはしょっちゅう「ポルシェを一台手に入れてみたい」という手紙が届く。ポルシェにはいろんな予算に合わせたものがある、といつも返事をする。手元に五千ドルしかなかったらボクスターを買えばいい。924を買ってもいい。二万ドルあったらもう少しランクを上げて、SCか996を買えばいい。そんな具合だ。レリジョンはそれが可能だと示すための車だった。おかしな話だが、あの車は人の心をとらえるようで、いつも質問される。最近でもイギリスから友人がやってきたが、自宅を出発する前、必要はないし予算もオーバーするような車を買ってカリフォルニアを後にするな、と奥さんに釘を刺されてきたらしい。そいつはちゃんと約束を守るつもりでやってきた。だがやってきた当日、二時間も経たないうちに大のお気に入りのレリジョンの実物を見て、その場で俺にオファーしたのだった。そいつと奥さんにとっては幸運なことに、車は非売品だった。

似たような車でも、おもしろい話がある。俺は七九年SCだと思って、車を一台買ったことがある。これまた元レーシングカーで、他の車を改造する一年半ほどのあいだ、道路の向かいのガレージに保管していた。もともと車体はレッドでハンドルは白、ターボテールがついていたが、ツートンカラーのゴールドをまず吹き付け、しばらくしてからブラックに塗り直した。するとと友人のオリーがその車をすっかり気に入って、ポルシェを所有するのは初めてということだったが、売る気はあるかと本気で尋ねてきた。最初はあまり売りたいと思わなかったが、あるとき決心した。なんといっても、オリーの最初のポルシェかもしれないのだ。やつにとってはある種、理想の車だった。だが少なくとも俺にとっては、テールの部分に罠があった。タイトルをじっくり眺めたことがなかったのだが、よくよく見たら七六年カレラだったのだ。どういうわけか七九年SCとして売りに出されていたが、実際は七六年カレラだった。この時点でもうオリーには売り値を伝えていた。このことを知っているかわからないが、七六年カレラと七九年SCでは、価値に大きな差がある。だがもちろん、最初に伝えた金額を守るつもりだったし、オリーは車にぞっこんだったので、すべて丸く収まった。

そんなわけで俺は十分な数のポルシェと付き合ってきた。今の目標は七種類ある911モデルをすべて所有することだ。今現在964まで手に入れている。ショートフードの最後の一台で、かの有名なGボディスタイルで、空冷エンジンだ。実際のところ993は空冷式の911としては最後だが、そういうふうには見えない。964は実質的にSCとそんなに違わないようで、違いといえば大きなバンパーとサイドロッカーだけだ。歴代の911に関する詳しい歴史を語るのはやめておこう。DNAと作りは964に関しては大きく違うものの、外見はそっくりなのだ。

『アーバン・アウトロー』が公開され、世間の注目が集まって以来、俺の改造車は大きな期待を集め、詳しく分析されるようになった。だが正直に言えば、直前に作った車からそれほど進化はないものだ。この原稿を書いている今現在、俺の代表的な改造車といえばやはりイングラム夫妻が買った七二年STRで、その物語は既にしたと思う。ただし、ごく最近の改造にも大いに満足している。このところ、ようやく注目を集め始めたスレートグレーの964だ。

964はいわば七二年STRを大型にしたようなものだ。964に手を加え始めた当初、俺は改造車を十台もデザインしていなかった（部分的な改造を除く）。俺の964はもちろん911の一種だと一見してわかるが、よく見てほしいのは細部だった。356の風味も入っているし、スポーツ・クラシックの要素も入っているし、ルーフやフードのチャネリングという意味では今のGT3RSのテイストも入っている。いくつもの個性の違う車をブレンドし、それぞれを足したときよりも良いものを作るというのが俺の到達している地点だ。

964を手がけるにあたっては、一般的なやり方が二つほどある。まずは七三年RSRやSTのような、過去の車に見せること。流行りの方法だ。だがRAの改造を手がける人間の多くは、部分的に取り外すだけで実際は何も変えていない。あるいはワイドボディの改造車を作る人間もいる。怪物級のレーシングカーみたいになって、結局964とは似ても似つかない代物になる。ナローボディの964は誰も作っていないんじゃないかという気がした。そこで俺はそのアイデアを生かし、さまざまな要素を取り入れて964をアップデートしつつ、オリジナルのDNAは残すようにした。つまり特大ワイドボディのウィング付きにはせず、ユニークで個性的でありつつ、はっきり964だとわかるようにしたのだ。

964を買うときはたいして金がかからなかった。これまた元レーシングカーで、いささか走りすぎ、後輪を取り替えなければいけなくなっていた。くたびれた元レーシングカーには993のエンジンがついていて、それ自体を変える気はなかった。俺にとって964はオリジナリティがすべてだ。古びた感じが欲しかったので、内装は使い込んだ革にした。スレートグレーに赤の内装というクラシックな色のコンビネーションを使ったが、その点は六四年911

と同じだ。スレートグレー一色の964は、一見して地味な印象を与える。さまざまな色を使ったり、ストライプが描かれているわけではない。だが車は十分格好よかったので、カラフルにする必要はないと思った。無理に色を増やしたら、車の持ち味が失われてしまっただろう。それでも、手を抜いたわけではない。パフォーマンスという観点からは、この車は俺が手がけた中でも最も能力の高い車だ。車はおよそ二千三百七十六ポンド、つまり千百キロに少しだけ届かないというところだ。993の3・8RSエンジンが入っていて、およそ三百四十馬力出る。ブレンボのレーシングブレーキパッケージが惜しみなく使われている。

車は角ばったところのない、なめらかな流線型で、それこそが一番いいところだ。たとえば964のタイヤのアーチは角がある。俺の車の場合は、その部分を丸くした。それだけで気が遠くなるような時間がかかった。一見したところはわからないかもしれないが、よくよく見れば細部はそんなふうになっていて、ほぼあらゆる部分に手が加えられている。フロントバンパーの付け替えから、フードやルーフ、ホエールテイルのチャネリング、ルーバー式のフロントフェンダー、より細かいパーツまで。この車に関してあまり手を加えていないのはドア二枚くらいだ。

たとえばフードを見てみてほしい。通常ターボには二十二インチのスコープがついているが、この車の場合チャネリングされ、十二インチにサイズを変更されている。ルーフスキンも新しい。もともとはサンルーフがついていたが、俺は風で髪が乱れるのが嫌いで、顔に日光が当たるのも苦手だ。おまけにサンルーフはしょっちゅう故障する。だがこの車にもともとサンルーフがついていなかったとしたら、スコープ式のチャンネルフードにはしなかっただろう。俺のお気に入りのポルシェの一種、スポーツ・クラシックにはチャンネルルーフがついている。そこでその要素を拝借し、911GT3RSにもチャンネルルーフがついている。昔のアイデアを蘇らせたのだ。すべて精密で細部まで考え抜かれ、車に風格を与えていて、世界に一台しかない車としての価値を際立たせている。

964の最も特徴的な外見は、フェンダーにルーバーがついている点かもしれない。俺の代名詞のルーバー式デッククリッドを思わせるが、フェンダーをつけるのは一筋縄ではいかない。ポルシェは一九七〇年代に917にルーバーをつけたが、もちろんこれらはフラットだった。まっすぐなデッククリッドと違い、フェンダーは丸みを帯びているので、そこへルーバーを取り付けるとすると、ひとつひとつ正確に作らなければいけない。ひどく時間のかかる作業だ。一つのルーバーを手がけるだけで何時間もかかる。今まで誰もやったことがなかった。

誰もやったことがないというのは、手本がないということだ。そこで俺はロッド・イーモリーに連絡を取った。356の改造を手がけた伝説の男で、俺の考えを伝えてみた。ロッドは才能に満ちあふれた男だ。それまでにやったことはなかったが、挑戦すると言ってくれた。その前にも二人ほどルーバーを作ってくれそうな人間を当たっていたが、どちらも気が進まない様子だった。これはチームワークで、一人で作るわけではない。アウトソーシングの度合いも大きいのだ。だが基本的に俺は一人でコンセプトを考え、プロジェクトのマネジメントをする。

フェンダーのカーブはとても繊細なので、ひびが入ったり割れたりしないよう注意しなければばいけない。ルーバー一枚につき、気をつけなければいけない点が山ほどある。レーザー加工されているわけでもなく、すべて人間の手で行われていて、本物の職人技だ。十六分の一インチずれているだけで影響があり、うまく取り付けられていないルーバーは悪目立ちしてしまい、全体が台無しになる。どれだけ緻密にできるかという勝負なのだ。964には二枚のルーバー式のフェンダーがついていて、計十二枚ということになり、それがそのまま作業の回数になる。

ウィンドークランクとガラスは六五年の912から仕入れ、964のフレームにそのまま挿入した。ドアのプレス加工はSCや3・2と変わりがなく、手動式のウィンドーがつけられた。何も修正の必要なく、ただはめ込むだけだった。一九六四年の911がどれほど巧みに作られていたかという証拠だ。初期の三十年の車はどんなふうにでも改造可能だ、といつも言う所以《ゆえん》だ。俺の愛する当時の車は匠の技で、964はまさにその申し子だ。一九六五年のフェラーリの窓ガラスを外して、一九九〇年の車に取り付けるわけにはいかない。

つまり外見からすると、964は改造車の911とは似ても似つかないが、純粋な意味合いでは俺が手がけた最も大胆な改造車なのだ。それまでのどんな作品よりも手がかかっているし、パフォーマンスは高いし、サスペンションもよく利いているし、どんな車よりもアップデートされている。今までに手がけた改造車の最高峰を選ぶとしたら、間違いなくスレートグレーのあの964だ。

あの車は俺自身の特徴的なタッチを進化させるという意味もあった。一台一台同じやり方をしていたら、早晩飽きてしまう。前進し、作り続けなければいけない。言わせてもらうとしたら、この点こそ他の改造屋と違うところなのだ。同じようなアイデアで同じような年代の車を作り続けている連中もいるが、俺の見たところでは、ほとんどの人間は自分の個性を車に反映させようとしていない。単に工場が作ったものを再生産しているだけなのではないか。俺の改造車が注目を集めるのは、俺自身のテイストや自分らしさがうまく反映されているからだと思う。

どこからアイデアを得るのかと訊かれることがある。それは比較的シンプルな話だ。車が道を切り開くのだ。９６４にはサンルーフがあったので、チャンネル式のルーフができた。他の車はそこまで手を加える必要もなかった。たとえばアメリカで最初に販売されたターボの場合、俺がやったのは車高を下げることだけで、車を改造する必要はなかった。マッチングナンバーでオリジナルカラーの六四年の９１１も同じことだ。これらの車はそれ自体で十分な価値がある。手を加える必要などない。

あまりいじっていない車は注目を浴びる度合いも少ない。俺は反逆児の改造屋だの、ホットローダーだの呼ばれている。そのほうがマスコミ的には面白いのだろう。だがすべてオリジナルかつマッチングナンバーのままにしておくという選択肢もある。それにしても「改造車か、オリジナルか」という議論はやはりナンセンスだろう。車がオリジナルであるのは一度きりだ。タイヤひとつ、ナットやボルトを取り替えたら最後、もう元と同じとは呼べないのだから、どこで線引きをするのだろう。実際のところ、俺は改造の手腕でよく知られているが、ガレージで保管している車の半分以上はオリジナルのマッチングナンバーだ。トータル９１１にも「オリジナルか、改造か」というテーマで記事を書いたことがある。

だがそれはともかく、俺にとってすべての車はスペシャルな存在だ。それぞれにパーソナリティがあり、だからこそ今でもこの世界に存在しているのだ。たとえば964の改造版を売却する日は決して訪れないと思う。そんな計画はない。売却するために改造したわけではないのだ。俺自身を表現するための車で、964を改造したらこんなふうになるというビジョンを実現するための車だった。

俺の真のDNAを注入したあげく売却したという車も、数少ないが存在する。もしかしたら五、六台はあるだろうか。それこそ俺自身の分身である車だ。それに加えて十年くらい前に所有していた初期の十台ほどには、さほど手を加えていないものもある。そのうち何台かは単に遊んでいただけで、売るつもりはなかったが、思いがけないオファーが舞い込んできたりしたのだ。これらのいわゆる「元マグナス・ウォーカー所有の911」が『アーバン・アウトロー』公開前に四万ドルで売れるのを見たことがあるし、今ではその五倍の値段がつく。中には愛着が生まれる車もあるし、そうでない車もある。歴代のポルシェ五十台が、手元に揃っているわけではない。そのうち三十台くらいは愛着を感じられず手放してしまった。あるときは1000番台の911を何台も持っていて、VINナンバーも記憶していた。174、310、342、336、365、841、1036だ。これらは特別な車だったが、すべて手元に残したわけではなかった。スペースには限りがあるし、金も払わなくてはいけないのだから、いくつかは手放すことになる。別の車を買うためということもある。あまりないことだが、車以外の何かを買うために売却することもある。だがいくつかの車は交換不可能で、決して売却することはない。

ここ数年のあいだに空冷のポルシェの価格は跳ね上がった。俺自身の車の価格についても、俺という人間のブランドが後押しした。俺自身の株価や社会的価値、なんと呼んでもかまわないのだが、そういったものが上昇したのだ。だが車を売る気がなければ、数字にもさして意味はない。理論上の価値は、はっきり言ってどうでもいいのだ。もし俺が改造車の一台を手放すことにしたら、いつも十数台の車を売りに出している人間より高い値段がつくだろう。この原稿を書いている今、最後に改造車を売りに出したのは三年前、イングラム夫妻にＳＴＲを売ったときだ。

価格の上昇を背景に、よくこんなことを訊かれる。「空冷の９１１を手に入れてみたいのだけれど、どうしたらいいですか」俺の答えはいつも同じだ。完璧を求めないこと。七五年のターボしか購入前に調査を行わなかった、という話を覚えているだろうか。馬鹿げていると言われるかもしれないが、俺のモットーは不変だ。最悪を想定し、最高を期待しろ。もちろん金を無駄にしてはいけないが、こういった古いポルシェに関しては錆が一番大きな問題で、床やロッカー、フロントサスペンションに関しても、予想外の状態にあるかもしれないことを覚悟するべきだ。ただし本書はバイヤーのためのガイドブックではない。俺が言いたいのは、こういった車は引く手あまたなので、ぐずぐずしている暇はないということだ。引き金に指をかけ、弾丸を発射し、思いきって行動するべし。俺のアドバイスは「すぐさま行動しろ」の一言に尽きる。友人のひとりに三年間も完璧な911を探している男がいる。俺はこう言いたい。「さっさと一台買ってしまえ。完璧な911なんて存在しないのだから」五十台以上を所有した身として言うが、まったく修理の必要がない車など一台もあったためしがない。心の準備をしておけばいいだけだ。とにかく俺のアドバイスは、あまり細かい要求をしないこと。運転席に座って徐々にフィーリングをつかむ、そのこと自体がスリルと冒険の一部なのだ。

実際のところ、911へのオブセッションは俺の中で進化を遂げた。911を揃えるという野望を達成したとして、次の大きな目標はこれまでに製造されたポルシェを残らずコレクションすることだ。フロントエンジンの水冷式、すなわち924、928、944、968、それからミッドエンジンの空冷および水冷（既に914を二台持っている）、その次にリストに浮上するのはおそらくケイマンだ。俺はルーフが好きで、ボクスターにはさほど関心がないが、ケイマンは水冷で、ミッドエンジンの時代の産物だ。そうしたらスポーツカーとしてのポルシェをすべて体験することができるだろう。

今現在、俺のガレージには二十台超の911が保管されている。当然のことかもしれないが、どうしてそんなに車を買うのかとよく訊かれる。理由はいくつかある。ひとつはコレクションを完成させたいこと。おわかりのように、当初は六四年から七三年まで、911を一台残らず揃えるのが目標だった。その後、俺はターボにハマった。今ではもっと大きな目標を追いかけている。「水と空気」とでも言うべきか。俺の目標は993を手に入れ、続いて水冷の996と997、最終的には991を手に入れることだ。多様なコレクションに取り組むのは最高だ。毎日同じミルクシェイクを飲もうとする人間は少ないだろう。一台のポルシェだけで満足しろと言われても無理だ。それぞれの車に価値があり、それぞれ異なる方法で挑戦の甲斐がある。９１１には俺の心を強く惹きつける何かがある。それぞれの車の魅力を語るのはときに難しい――それはフィーリングなのだ。言葉にするのは難しいが、車に乗ってみると、匂いだったり、音だったり、それぞれが二つとない冒険をもたらしてくれる。

車には中毒性がある。車の購入自体、喜びに満ちたプロセスで、勝ったり負けたりするが、その道のりでたくさんの魅力的な人間に出会うことがある。俺はそのプロセス全体が好きだ。

車をコレクションするもうひとつの理由はタイムトラベルだ。アイリッシュグリーンの車に乗れば、文字どおり五十年ほど時間をさかのぼることができる。シルバーのターボに乗れば、突如として七〇年代半ばに放り込まれる。こうして次の質問への答えが出る――なぜ、たくさんの車を一度に所有したいのか？　年代を選び、タイムトラベルする時代を選べるようになるからだ。同じ走りをする車は一台としてなく、同じフィーリング、同じ時間の感覚、同じ体験をもたらす車もない。おかげで、それぞれの車を比較することもできる。車は一台ごとに特別なのだ。

だから俺は複数の車を所有しようとする。

実際のところ、俺の場合は二十台超だ。

「もし車を一台も持っていなかったら、どんな人生になっていたか」と訊かれることがたまにある。９１１を持っていなかったら？　その頃のことはもう覚えていない。

第13章

カレン

二〇一五年十月二十八日、大切な妻カレンが夜、突然亡くなった。プライベートなことなので詳しい話はしたくないのを、どうか理解してほしい。俺が言いたいのは、妻が突然にして予想もしない形でこの世を去り、俺は打ちのめされたということだけだ。この話をするのは正直とてもつらいのだが、俺のリトル・ジョージア・ピーチ、カレンについては語りたいことがたくさんある。俺のソウルメイトにして、人生で出会った最高の女性。苦心するのはわかりきっていたから、この章を書くのは先延ばしにしていた。だが思いきって書いてみようと思う。彼女がどんなに素晴らしい女性だったか、皆に知ってほしいからだ。

カレンに出会った日の俺は、生涯最高にツイていた。彼女は身長百五十センチほど、体重四十三キロと小柄だったが、華があって、南部らしいチャーミングな人だった。超セクシーで超美人。以前も書いたように、俺たちは即座に意気投合した。ほとんど一心同体だった。カレンはどんな男でもお望みしだいだっただろうが、幸いなことに俺を選んでくれたのだった。

俺たちが出会った経緯については、これまでにも少し記した。カレンがシリアスに加入してからというもの、会社は黄金期で、素晴らしい服が生まれ、セレブやロックスターが俺たちの服を着て、倉庫にやってきた。俺たちは愛し合っていて、毎日一緒にいるのが幸せで、すべてバラ色だった。二人でパーティにも足しげく通ったが、仕事も一生懸命やった。あるパーティの晩に起きたおかしな出来事について、話をしよう。

子どもの頃のカレンはちょっとお転婆だったが、いささか不器用なところもあったという。あるときスケボーで遊んでいたが、うまくバランスを取ることができず、ひっくり返って前歯を二本折ってしまったそうだ。家に走って帰るカレンの後ろから、友人が血だらけの前歯を持ってついてきて、カレンのお袋さんは当然ながら真っ青になったという。そんなわけで大人になっても、カレンの前歯二本は差し歯だった。歯医者にせっせと通い、一時期は小さめの仮の差し歯を入れていた。九〇年代半ばのある夜、俺たちはコートニー・ラブがエド・ノートンのために開いたパーティに行く準備をしていた。出かけるまさに二十分前、カレンの仮の歯にヒビが入って、取れてしまった。たいていの人間なら、華やかなパーティに出るのはあきらめただろうが、カレンは違った。「かまわないわよ。前歯がないのも、ちょっとしたパーティのネタになるでしょ」会場に行ってみると、スパイス・ガールズをはじめとするセレブが勢揃いしていた。ある女優が近づいてきて言った。「ねえ、その歯、なんとかしたほうがいいんじゃないの」俺たちは爆笑した。カレンはどんな状況も楽しんでしまう女性だった。自由な魂の持ち主だったのだ。

カレンは話も上手だった。俺はあんなふうにチャーミングに語ることはできない。カレンの十八番の話は、俺がクールで悠然としていると誤解した一件だった。さて、いったいどんなときだったのか？　実はある晩、俺たちの隣の席にはパメラ・アンダーソンとトミー・リーが座っていた。当時、二人は世界で最も有名なカップルだった。するとパメラが俺のほうに身を寄せてきて言った。「素敵な髪型しているじゃない」俺は答えた。「それはどうも。褒めてもらえて嬉しいですよ。あなたも素敵なコートを着ていますね」そこで話は終わりだった。カレンはそのやり取りを聞いていて、俺が落ち着きはらっているのに心底驚いていたそうだ。どぎまぎしてもいなかったし、世界的女優のパメラに出会ったことで舞い上がってもいなかった。種明かしをすれば、俺は相手が誰なのかわかっていなかったのだ。

カレンは誰からも愛されていた。みんなカレンと一緒にいたがったし、カレンは相手の一番いいところを引き出していた。パーティの中心人物はいつもカレンだった。絵に描いたような南部の美人だ。パーティで注目されることもないし、さほど社交的なタイプでもない俺とは正反対なのだった。誰かと会う場をセッティングするのはいつもカレンで、俺たちには山のように友人がいた。今振り返れば、あの頃は本当に楽しかった。あるときアトランタに里帰りし、カレンのお袋さんに会ってきた。俺が『爆発!デューク』のファンなので、カレンはロケが行われた場所に連れて行ってくれた。そこではカレンの兄弟のトミーや、友人たちとも顔を合わせた。

当時、俺たちはまだ結婚していなく、そうするまでには少し時間がかかった。互いにバツイチだったこともあり、もう結婚する必要はないと感じていたのだ。でも互いのことを心から信頼していたし、決して離れ離れになるようなことはなかった。新しいロフトを手に入れて暮らし、そこで服のデザインのアイデアを練っていた。俺は決して猫好きではなかったが、カレンに出会ってからは必ず一、二匹飼うようになった。愛犬スカイナードもいたが、残念ながらこいつも二〇一五年に死んでしまった。知り合いのカップルはよく喧嘩していたし、一緒に仕事をすることもなかったたし、一日八時間は離れて暮らしていた。いっぽう俺たちはパーティにもよく足を運んだが、ビジネスもちゃんとやっていた。よく遊びよく働くというやつだ。シリアスにとっては当時が黄金時代で、ビジネスは一年で五十万ドルから百万ドル、二百万ドルに成長した。勢いは止まらなかった。一日二十四時間、緊張感が高く忙しい職場で過ごし、あちこちのトレードショーに行き、一年に五つの服のブランドを手がけ、二十万ユニットの服を納入していた。俺たちは一心同体で、完璧な相棒だった。それでも、もっとカレンと一緒に過ごしたいと思うのだった。

カレンは頭もよかった。ものすごく頭がよかった。シリアスには十人ほど社員がいて、カレンはいつもビジネスが円滑に進むよう目を配っていた。頭がよくなければとてもできないだろう。俺にとっては天国みたいなものだった。それから十年くらいはすべてがうまくいっていた。メルローズに最初のシリアスの店舗を開き、一九九九年には二号店を開いた。ビジネスは絶好調で、すべてが思い通りだった。何もかもスムーズに流れ、そうこうしているうちにカレンがウィローを見つけてきた。その話はもう話した通りだ。最初は購入を見送ろうと思ったのだが、俺はもう一度その場を訪れ、結局買うことにした。その晩家に帰り、ウィローを買ったとカレンに告げたときのことを思い出すと、つい微笑んでしまう。なんて素敵な思い出なんだろう。

カレンの四十歳の誕生日、二〇〇五年五月一日に俺たちはとうとうラスベガスで結婚した。

その話はほとんど誰にもしなかった。互いにバツイチだったし、大げさに騒ぎたくなかったのだ。だから誰も招待しなかった。カレンと俺の二人だけだった。俺たちはマンダレイ・ベイ・ホテルで結婚した。

俺たちは二人で世界旅行をした。アジアやヨーロッパに行き、カレンはイギリスがすっかりお気に召したようで、現地の空気と歴史に夢中になっていた。『ジェーン・エア』や『嵐が丘』といった古典作品をずいぶん読んでいたので、チャッツワースのような場所を訪れるととても喜んでいた。ウィローは築百十年で、アメリカでは古い建造物の範疇《はんちゅう》に入るのだが、イギリスではその程度などなんでもない。カレンは古いイギリスが息づいているのを見て喜んでいた。たとえば市場があって歴史の長い、眠ったような小さな北部の町ベイクウェルをずいぶん気に入っていた。最近の俺は、イギリスを訪れるのを楽しみにしている。海外に住んでいると、イギリスらしさへの見かたが変わるようだ。随分とおかしなこともある。五人の労働者が輪になって、全員がギネスを飲んでいるのを見るとつい笑ってしまう。カレンもそんな文化的な違いを面白がっていた。

あるとき、俺たちは絵に描いたようなイギリスの田舎道をドライブしていた。細い道で、両側には石積みの塀があった。すると電動車椅子に乗った老人が、どこからともなく現れた。ロサンゼルスではそんな光景にはお目にかかれない。またあるときは、俺の妹の結婚式のためにイギリスを訪れていて、朝ホテルで過ごしていたのだが、ベイクウェルに見物に行こうという話になった。俺たちはホテルの持ち主の老人に相談した。誰もが思い描くようなイギリス人の紳士で、皇太子のようなチェックのツイードのスーツを着こみ、歳は七十代というところか。ベイクウェルまでの行き方を訊くと、彼曰く「道の向こうに大きな木が見えるでしょう。あの木のところまで歩いていって左に曲がり、道なりに歩き、右に曲がると、ベイクウェルに続く大きな道路にぶつかるんです」道といっても、広くて整備されたアメリカの道ではなく、随分と細い田舎道で、両側には一メートルくらいの古い石塀がある。つまりぬかるんだ道の端を歩くことになり、しかも自分の身は自分で守らなければいけないわけだ。散歩を始めてみると、半マイルほど行ったところでゴルフGTIが猛烈な勢いでやってきた。俺は何も考えなかったが、車は突然隣で停車した。おじのデヴィッドが、ベイクウェルに向かう途中だったのだ。イギリスというのはこんな狭い世界だ。ロサンゼルスではこんなことは起きない。イギリスならではというところだ。俺たちは車に乗せてもらった。おじはカレンとは初対面だったが、話は常々聞いていたわけで、「華やかな人だ」という感想だったそうだ。俺たちはベイクウェルに向かった。

子どもの頃はよくベイクウェルに行っていたので、ノスタルジックで懐かしい一日になった。デヴィッドにあたりを案内してもらい、カレンは街の様子を大いに気に入った。ベイクウェルは絵葉書のような町で、中心を川が流れ、いかにもな光景が揃っている。俺たちは地元のパブにも行ったが、十月だったので午後四時頃にはあたりは暗くなっていた。霧が忍び寄り、小さな村を包み込む『悪魔の異形』の一場面のようだった。人影が一気になくなり、突然寂しげな光景になった。当然ながら雨が降っていた。ホテルまで六キロも歩いて帰るのはごめんだったので、フィッシュ・アンド・チップスを食べ、ビールを飲んでから店員に頼んだ。「タクシーを呼んでもらえないだろうか」相手の答えはこうだった。「たった今、行ってしまったところです。お望みなら明日お呼びしますよ」タクシーが一日に一台とは。しばし唖然《あぜん》としてから、カレンは笑い転げていた。

子どもの頃、親父やお袋に歴史的な建物へ連れて行ってもらっても、当時は何の興味も覚えなかったが、この頃にはふいに「よし、チャッツワースへ行こう」と思い立つくらいになっていた。カレンはチャッツワースも気に入ってくれた。子どもの頃は身近にありすぎて、歴史的な価値などわからないものだ。そこを訪ねるのは、俺の過去を訪ねることでもあったし、視野を広げることでもあった。だがそれでも、イギリスに帰るつもりはなかった。カレンはイギリスに引っ越すことを夢見ていたが、俺にとってはロサンゼルスでの生活が忙しすぎるのだった。

カレンはシェフィールドの俺の実家を訪れるのも楽しんでくれた。親父とお袋をはじめ、家族全員がカレンを気に入って、相思相愛の仲だった。俺に対してよりも、親父やお袋とよく喋っていたのではないだろうか。そのことにはいつも感謝していた。月に二、三回はお袋に電話し、俺なら十分程度で切り上げるところ、一時間も喋っているのだった。妹の家に泊まるときは、俺自身は日付が変わる頃には寝室に引き揚げるのに、女二人は朝の一時か二時まで、飲んだり喋ったりしていた。みんな、自分の母親にも言わないようなことをカレンに打ち明けるのだった。誰もが彼女には心を開き、話をするのを楽しんだ。カレン自身も仲の良い大家族の出身で、五人きょうだいだった。母親ととても仲が良く、毎日電話していた。

カレンはロンドンも好きで、いつもセント・マーティンズ・レーン・ホテルに泊まった。俺たちは裕福だったが、金を湯水のように使う真似はせず、センスのいい生き方を心がけていた。ちょっとした宝石のようなものをよく俺はプレゼントしていたし、カレン自身がエステに行くようなこともあった。それでもカレンは決して欲張らなかった。

カレンは決してノーと言わなかった。いつもみんなの力になってやったのだ。シリアスについて俺が何かしら提案すると、いつもサポートしてくれた。車を買うにしても、応援してくれた。ウィローを買ったり、映画ビジネスに参入するときも、ポルシェのコレクションを増やすときも、『アーバン・アウトロー』に出演するときも、いつも快く応援してくれた。別に俺に気を遣って、いつも合わせていたわけではない。彼女はとても頭のいい女性で、クリエイティブな素晴らしいアイデアや、鋭い意見をたくさん持っていた。俺の提案に納得できないときは、ちゃんとそう言った。そうであるべきだろう。俺に反論したり、遠慮なく物を言ったりすることもあった。彼女は山羊座で、俺と同じようにちょっと頑固なところがあった。だがそれは俺のことを愛してくれていて、俺自身や一緒に作ったものを深く気にかけてくれていたからだ。そんな意味で、俺たちは本音の付き合いをしていた。それにカレンは人を見る目が確かだった。時々こんなことを言うのだった。「マグナス、あの人のことなんだけれどね……ちょっと気に入らないのよ」とか「あの人たちはあなたのことを利用しているのよ」とか。彼女はいつも正しかった。俺はどちらかといえば「行きあたりばったり」だが、カレンは必要なときには警告してくれて、いつも守ってくれた。

俺たちは何でもかんでも買えるわけではなかった。彼女の誕生日にフォルクスワーゲンタイプ3カルマン・ギア・ノッチバックと、六七年ジャガー・Eタイプを買ったことを覚えている。それが俺にできる精いっぱいだった。俺がマスタングやフェラーリを欲しいと思ったとして、カレンが反対することはなかった。百パーセント応援してくれて、つまらないことを言ったりしなかった。俺も彼女の力になれていたのだろうか。もちろん、そのつもりで過ごしてきたが。カレンがフーチを経営していた頃、地元で店をやっていた男が支払いを無視していたことがあった。俺はそいつのもとへ行って、金を払わなかったら尻を蹴飛ばすぞ、とすごんでやった。「ふざけるな。彼女のことをナメているのか？　きっちり精算しろ」そんなふうに俺たちは互いを支えあっていたのだ。想像がつくだろうが、互いに貞節で、一度もその手のことで喧嘩をしたことはない。カレンが亡くなるまで二十一年間一緒だった。俺の人生の友だ。

　この本を書くにあたって、当然ながら動画や映像をあれこれ見返した。久しぶりに『アーバン・アウトロー』もちゃんと見直したが、カレンの声を聞くとひどく悲しかった。彼女はあの映像の中で永遠に生き続けている、と誰かに言われてとても嬉しかった。

　一緒にやったあれこれに共通していたのは「自由の追求」、つまり好きなときに好きなことをやる自由だった。俺たちは死ぬまで働く気はなかった。だいたい五十代半ばで早期退職するつもりで、その後は世界旅行をしたり、ニューヨークかどこかに落ち着くことを考えていた。だが互いにやりたいことはたくさんあった。この本はまだ存在しなかった。旅は終わっていなかった。二人でたくさんのものを作り出し、素晴らしいときを一緒に過ごしたのに、カレンは突然いなくなってしまった。今までの成功は、二人のうちどちらが欠けても達成できなかっただろう。俺たちは互いの一番いいところを引き出しあった。俺たちはソウルメイトだった。互いにとっての光だった。もうこの世にいないとは信じられない。だが彼女は今でも俺と一緒にいる。肉体的に一緒にいるわけではないが、毎日のあらゆる瞬間を俺はカレンと生きている。

カレンの葬儀の参列者の多さには驚かされた。いわゆる葬儀とはちょっと違っていた。宗教的な儀式ではなく、命を賛美する会にしたのだ。スライドショーを流して、きっとカレンなら気に入ってくれたはずの、イギリスの教会を模して作った素敵な小さな会場を使った。近くの丘のてっぺんには大きな十字架があって、二十年ほどその近くを車で通っていたが、一度も行ったことはなかった。だが結局、そこで葬儀を行うことになったのだった。

その日はみんなのカレンへの愛情で満ちあふれていた。驚くほどの人がやってきて、美しい花を捧げてくれた。皆が順ぐりに、カレンにまつわる思い出話を披露した。誰の話にも共通していたのは「良いところを引き出してもらった」という点だった。十年ほど疎遠になっていた知り合いもいたが、みんな葬儀にやってきてくれた。カレンと知り合いだった期間が二十年だろうが二十分だろうが関係ない。みんなが口を揃えて言っていた。「本当に素晴らしい人だった」

カレンが亡くなった二〇一五年十月二十八日を、俺はタトゥーにしている。愛犬スカイナードのことを思って、二人ともお揃いのタトゥーを入れていた。フーチのロゴとカレンのサインもタトゥーにしている。カレンが俺の肌にサインをして、そのとおりに彫り師が墨を入れたのだ。嘘だと言われるかもしれないが、互いにタトゥーを入れたこともある。「カレンよ永遠に」というのが、俺の最初のタトゥーだ。

皮膚に彫ったタトゥー同様に、カレンとの思い出は俺の脳裏に刻み込まれている。俺たちは一瞬一瞬を精いっぱい生きた。彼女はもういなくなってしまったが、その生きる姿勢を俺は受け継いでいる。毎日が贈り物で、すべての瞬間とあらゆる小さな冒険を俺は楽しんだ。写真を見ると互いにキスをしているものばかりで、そうでなければ満面の笑みを浮かべている。一日だって後悔の残る日はない。大げさな物言いだと思うかもしれないが、それは俺の本音なのだ。

カレンは周りの誰にとっても、美しい天使のような存在だった。誰よりも俺にとってはそうだった。昔からこんなふうに思っていた――俺は宝くじを当てたんだ。セクシーで、チャーミングで、頭がよくて、気立てがよくて、やさしくて、パーティの華だった。みんな彼女のそばにいたがっていた。

カレンがいないことを寂しく思わない日はない。

タトゥーに刻まれたように――「カレンよ永遠に」。

第14章

鉄鋼の町、天使の街

この原稿を書いている時点で、俺は人生の五分の三ほどアメリカで過ごしている。イギリスを離れてから約三十年だ。実際のところ、シェフィールドとロサンゼルスは大きく異なっているが、俺はこの二つの素晴らしい土地の申し子だ。自分のルーツを忘れないという話とも関わりがある。今住んでいるところと、自分が誰であるかということ、そして自分がどこから来たかということを掛け合わせれば、おのずと自分らしさが生まれる。

この話は何度でもしてしまうが、イギリスを離れたとき、アメリカは俺にとって究極の自由を体現していた。手っ取り早く言えば、親父に髪を短くしろ、就職してこいなどと言われることはなくなったし、もっと広い意味での自由の感覚があった。どんなことでも可能という感覚だ。ロサンゼルスは無限の選択肢というものを与えてくれて、そこには限界などなかったし、俺は好きなことをやれた。さまざまな考え方に染まるカメレオンのような自由さえあったのだ。だからこそいくつもの異なる地域で、まったく学歴はないというのに成功できたのだと思っている。確かにロサンゼルスで過ごした最初の数年は苦しかったが、同時にそこまでつらい思い出でもない。もちろん落ち込むことはあったし、その話は正直に書いたと思う。だが全体としてアメリカ暮らしは楽しく、自分で道を切り開き、服の会社が軌道に乗ると、本当になんでもうまくいくのだと俄然思えてきた。

シェフィールドに留まっていたら、ファッション業界で成功を収めたり、不動産を手に入れたり、ロケ地ビジネスをやったり、車を集めたりしていただろうか。正直に言って、答えはノーだと思う。タイトなジーンズを作ってデニムジャケットにパッチを縫いつけることくらいはできていただろうが、そうやって作ったものを売る機会がどこにあっただろうか。ブースくらい構えたかもしれないが、実際問題それがどう先につながっただろうか。シェフィールドにはリサイクルショップがあり、いとこのオリバーと救世軍に行くのが楽しみで、コンバットブーツやミリタリージャケットなんかを買っていた。だがそれがビジネスになる見込みはなかったし、家族に商人の血が流れていたとしてもだめだった。マンチェスターに行けば少し違ったかもしれない。あるいはロンドンに行っても。だがロンドンは大都会だし、物価が高い。友人の一人がロンドンの大学に行ったが、物が高いせいでいつもやりくりに苦労しているようだった。ロサンゼルスも大都会だが、別の顔があり、財布の許す範囲でなんとかやっていく抜け道があった。

俺自身の経験だが、アメリカにはもっと幅広い機会がある。あるいはそんな気がすると言うべきだろうか。実際のところアメリカでは、誰かの下で働く必要がなかった。もちろん三十年前初めて渡米したときは、いくつか人に使われる仕事をしたが、八〇年代後半に遊歩道沿いで服を売り始めてからは、上司に気を遣う必要がなかった。

ロサンゼルスは可能性の土地だ。何かやりたいと思ったら、やることができる。プロのスケボー乗り、バイク乗り、ロックスター、ミュージシャン、ギター職人、音響技師、脚本家、映画俳優、宇宙飛行士、車のデザイナー。航空業界で働くこともできる。なんだって揃っているのだ。起業にも好意的な土地で、高く評価される。俺の場合、ベニスの遊歩道沿いでゼロから始めることも難しくなかった。もちろん、やたらと楽観的になるのは禁物だ。ロサンゼルスにやってくる人間が全員、成功を収め、夢を叶えられるわけではない。だが俺自身の感覚では、その可能性は用意されているのだ。

ただし誰もかわりにやってはくれない。必要なものはすべて揃っているが、朝六時に長距離バスでユニオンステーションに着いた人間に、誰かが仕事を投げてくれるわけではない。『チャーリーとチョコレート工場』のウィリー・ウォンカ氏の金色のチケットが、名声と財産をもたらしてくれるわけではないのだ。俺の場合もまず硬いベンチで寝るところから始まり、すぐさま警備員にその場を追い立てられた。だが駅の構内を出てしまうと、可能性が俺を待っていた。

ロサンゼルス自体は、ある意味では暮らしやすい土地だ。天気はいいし、一年三百六十五日ドライブができる。ヨーロッパに住んでいる友人たちは「冬が来るから車をしまう準備をしている」などと言うが、うまく想像できない。俺の愛車の半分にはまともなヒーターもついていない。ほとんど雨が降らないから、ワイパーだってついていないのだ。カリフォルニアでは朝起きてサーフィンをし、午後には山でハイキング、夜にはスキーだってできる。277に乗ってそんな感じのロードトリップをしたこともある。最高の経験だった。

あるときスティーヴ・マックイーンのドキュメンタリーへの出演依頼を受けた。現場に行ってみると、ゲイリー・オールドマンが自分のパートの撮影をしていた。なんとオールドマンはポルシェ狂で、俺たちはその場で意気投合した。家の近くのインド料理店によく行っていた時期があり、そこで一度見かけたことがあると俺は話した。子どもの頃の俺は、インド料理店でゲイリー・オールドマンと鉢合わせすることになるなんて考えもしなかっただろう。シェフィールドのフィッシュ・アンド・チップスの店で、フィル・オーキーを見たことは覚えているが。

カリフォルニアはワールドクラスのドライブロードがあることでも有名だ。道幅が広く、好きなように走れるのだ。俺はふっ飛ばすことに関しては慣れている。ウィローに近い六番ストリートの橋には馴染みがあり、俺の生涯でも記憶に残るほど勢いよく走ってきた。その橋に乗るといつもアクセルをぐいと踏み込み、馴染みのアドレナリンの沸騰を感じることができた。残念ながら今では、橋は取り壊されている。「アルカリ骨材反応」を起こして劣化してしまい、安全が保証されなくなったのだ。橋の取り壊しを記念してアウトローの集会を開くと、二百台くらいの車が集結した。かなりの壮観だった。

もうひとつのお気に入りのドライブルートは、エンジェルス・クレスト・ハイウェイで、ウェアハウスから三十キロ足らずの場所にある。ほとんど人っ子一人いないのがいいのだ。イギリスでグッドウッド・リバイバルに参加していたとき、日曜の午後にシェフィールドからグッドウッドに車で向かうと、道路に点々と制限速度の表示があり、制限速度なんて馬鹿にしやがって、と言いたい気持ちだった。しばらくすると五十キロほど二車線になったが、道路にはまるで手が加えられていないのだった。ビールを飲む労働者の姿さえ見られない。「速度監視カメラ」という表示もあり、速度監視なんて馬鹿にするなと言いたかった。イギリスに素晴らしい道路があることはもちろん知っている。シェフィールドから山脈を越えてグロソップに向かう曲がりくねった道は素晴らしい。だがグッドウッドからシェフィールドに向かう、あの日の五百キロのドライブはいただけなかった。

ロサンゼルスは人種的な多様性も素晴らしい。正真正銘の人種のサラダボウルだ。言うまでもなくメキシコ人が大勢いて、素晴らしい文化を築いているし、オーストラリア人、日本人、マレーシア人、インドネシア人、イギリス人もいる。どれだけ挙げてもきりがないくらいだ。ロサンゼルスにいる人間がロサンゼルス出身ということはほとんどないくらいで、それがこの街の魅力なのだ。それこそが俺にとってはクリエイティビティの源泉だ。ストリートアート、美術館、建築、料理、音楽など、どこへ行ってもアイデアの種が転がっている。ロサンゼルスではどんな外見をしていても関係ないし、英語にきつい訛りがあってもかまわないのだ。俺はいわゆるイギリスの労働者階級の話し方をする。イギリスの国内を旅行したことはほとんどないが、分断があることは知っている。北と南の境界線だ。北部の人間を見下したり、北のほうに住んでいる人間は頭が鈍いというバカバカしい考え方がある。俺は昔から思っていた――ロンドンに住んでいる頭のいい連中のほとんどは、ロンドンで生まれていないじゃないか。ロサンゼルスに到着してみると、階級格差はなかったし、人間は決まった生き方をすべしという因習のようなものもなかった。分相応な生き方というやつは、ここには存在しないのだ。今でも西部の開拓者魂のようなものが感じられて、俺はそれが気に入っている。無限の自由があるという感じだ。

ただし、一つだけ断っておこう。今まで言ってきたことは、シェフィールドがロサンゼルスより劣っているという意味ではない。まったくそうではないのだ。ただまるっきり違う二つの土地があるというだけだ。七〇～八〇年代にかけてのシェフィールドで育った俺は、その土地で個性を磨かれ、それこそが俺の目標達成を支える武器になってくれている。シェフィールドで育つのは、さっきも言ったようなことがらに関してはロサンゼルスより大変かもしれない。だが――これはものすごく大きな「だが」なのだが――イギリスの街で、またイギリス北部で育ったことで、俺は大きな恩恵を受けている。七〇～八〇年代にかけてのイギリスで育ったことで、骨惜しみをしない根性が身についたし、絶対にあきらめないという態度が培われた。おまけに、袋に備わっていて、俺も受け継いだ気性だ。イギリスのあのあたりで育った人間は行動力がある。子どもの頃ランニングでスタミナを培ったことも、四十年ほど経った今、役に立っているような気がする。クロスカントリーが大好きだった子どもの頃にさかのぼるようだが、二〇一六年に俺は二〇二四年のロサンゼルスオリンピック招致に向けて、市民として協力を依頼された（二〇二八年に開催決定）。要するにロサンゼルスについて、セレブや名の売れた人間に喋らせようというわけだ。自分にとってロスがどんな意味を持っていて、オリンピックゲームの開催地としてどれほど相応しいか。そこで俺は一九八四年のロサンゼルスオリンピックで、セバスチャン・コーが千五百メートルと八百メートルで優勝するのを見たという思い出話をした。

イギリス人にはユーモア精神も備わっているし、話術の才能もある。そのおかげで俺は人と話すのも苦でない。シェフィールドは独創的な街で、とりわけ工業に関しては歴史を築いてきた。アメリカに到着したとき、俺の中にはもうアントレプレナーとしての気性が備わっていたのだろう。シェフィールドで育った少年時代のおかげで地に足をつけていられたし、一生懸命仕事ができたし、夢を叶え、ノンストップで努力することもできた。

カリフォルニアに話を戻すが、ロサンゼルスは車好きにとっての天国だ。とりわけ俺が蒐集しているような車に興味がある人間には。ロサンゼルス暮らしについて特に気に入っていることのひとつは、車の改造が終わるやいなや、五百キロのテスト走行に出られることだ。たとえばエンジェルス・クレスト・ハイウェイからウィロー・スプリングスに抜け、テハチャピを通り抜け、カリフォルニア・シティに戻り、モハーヴェ砂漠を通り、ロサンゼルスに戻ってくることができる。こんなドライブができるのはロサンゼルスだけだ。

俺は二十五年ほど、ロサンゼルスのダウンタウンのアーツ・ディストリクトに住んでいる。ここに俺のルーツがある。すべての冒険はロサンゼルスの泥臭い土地から始まったのだ。だが、ここで生まれたわけではない。イングランド北部の鉄鋼の街シェフィールドが、俺の生まれ育ったところだ。二つのダウンタウンから俺の物語が生まれた。その物語はいろいろな意味で、二つの都市が俺に与えた影響を反映していて、結果的に俺は二つの都市の要素をそれぞれ引き継いでいる。シェフィールドとロサンゼルスの一見した違いはともかく、二つの都市には共通するところがあって、それが俺の人生の縦糸となっている。俺は根っこのところでは都会の人間だ。人影のない、田舎の農場で育ったわけではない。都会的な環境で一番落ち着く。建物や建築、エネルギー。だから工業の街で育った少年が、ロサンゼルスの築百十五年の二階建てのレンガの建物を買ったのは偶然ではない。シェフィールドにあっても違和感のないような建物なのだから。

なぜヴィンテージのポルシェを集めるのかとよく訊かれる。俺は内心、どうしてあんたは集めないんだ、と思っている。魅力たっぷりじゃないか。ポルシェが他のどんな車にも勝るということ以外にも、古い車はそばで触れているだけでも素敵だ。そういった車は四十年から五十年経っていて、いろいろと手を加えられている。DNAと個性と魂がある。それは結局どういうことなのか？　血と汗と涙、そして本書の最初のほうでも言ったように「オイルとガソリン」なのだ。それが車に染み込んでいる。車は生きて走るマシンで、それぞれ性格があり、人間はそこに共感したり感情移入したりできる。最近の車は技術的にもっと速いかもしれないが、共感を呼ぶような要素は少ない。それほど力を入れて付き合う必要もないのだ。突き詰めて言えば車というのはA地点からB地点に移動するためのものだが、本当はそれが目的ではないし、そう考えるようでは的を外している。シェフィールドとロサンゼルスで俺が暮らしてきたように、車というのはとどのつまり「経験」なのだ。

第15章

直感を信じて跳べ

『アーバン・アウトロー』が公開されてからというもの、いくつか仰天するような機会に恵まれた。そのことの多くは、本書の中で触れた。中でも楽しかったことのひとつは、映画がリリースされたあとでＴＥＤトークの出演依頼を受けたことだ。正直に言うなら、何のオファーを受けているのかさっぱりわからなかった。ＴＥＤトークって何だ？　今なら説明できるが、それは有名なやつらやＮＰＯ団体による講演シリーズのことだ。議論が盛り上がるよう仕向けたり、世の中の役に立つ新しいアイデアを披露したりするというわけだ。だから講演では発展途上国の貧困、飢餓問題、地球温暖化、伝染病、経済、その他もろもろが取り上げられる。言うまでもないが、歴代のＴＥＤトーク出演者の名前はなかなか華やかだ。スティーヴン・ホーキング、ビル・ゲイツ、ビル・クリントン。エンタメ界からはボノやＪ・Ｊ・エイブラムス。第一線で活躍する科学者、政治家、チャリティ活動に携わる人びと――豪華絢爛だ。

そしてカリフォルニア大学ロサンゼルス校《UCLA》でＴＥＤトークを企画する人びとから、俺に打診があったというわけだ。さっきも言ったように、俺のとっさの反応は「ＴＥＤトークって何だ？」だった。向こうからは何本か講演のサンプル動画が送られてきたが、すぐ返事はしなかった。人前で話したことなどなかったからだ。子どもの頃の俺には吃音があり、大人になって克服したものの、その経験もあって、聴衆の前に立つことを考えるといささか緊張した。だから講演をするというオファーに飛びつきはしなかった。今では三十本近いTV番組に出演したし、ウェブのインタビューのためにカメラの前で話したから、多少は慣れてきたが、それでも自然体でこなせるようなことではなかった。『アーバン・アウトロー』の中で苦もなく話しているように聞こえたとしたら、タミールが超有能で、俺のとりとめない語りを編集し、印象的なフレーズだけを抜きだしたせいだ。正直言って、自分でそれだけのことをやる自信はない。

サンプルの動画を再生してみたが、どうやら分子生物学や幹細胞の研究といった、賢い人たちの話だけではないようだった。超ポジティブな生き方を説いたり、情報を提供して聴衆に勇気を与えるという類が多かった。だから俺は思った。「ふむ、これくらいならやってやろうじゃないか。失敗したって、死にゃあしない」

本番の二日前、現地に行ってリハーサルしたらどうかとスタッフに勧められた。俺は最初「結構だよ、言いたいことはわかっているから」という態度だったが、スタッフの話によると持ち時間はたった十八分で、超過は一切許されないとのことだった。そこで金曜の十四時ごろリハーサルのため現地を訪れ、ステージに上がって、「十八分の」物語を語ってみた。

気がついたらしゃべりが止まらなくなっていて、四十五分ほど経ってスタッフに言われた。「マグナス、だいぶ縮めなきゃいけないぞ」聴衆に見せるスライドも山ほど持っていたが、それについても同じだった。「スライドは六枚にするんだ」ちょっぴり嫌な予感がしたので、カレンのもとに戻り、スピーチの中身を紙に書きだして編集を試みた。まずいことに内容を切り詰めるほど、話は不自然になり、窮屈に感じた。原稿を朗読しようとすると、つっかえてろくに読めなかった。十八時ごろ、俺は言った。「わかった。単に早口で喋るようにするよ」

そして本当に、そのとおりにした。

何が何でも、開始十分の時点でポルシェの話までたどり着く。それが俺の心づもりだった。いつものように当日は早めに現地入りし、ほかの連中の話を聞いていたが、ちょっと神経がピリピリした。そして俺の番になった。カードもカンペも持たず、十枚のスライドだけ抱えて壇に上がった。出だしはこんな感じだった。「八週間前は、ＴＥＤトークと言われても何のことかサッパリだった。実は今でも、どうして自分がここにいるのかよくわからない」

最初の一分くらいは、やや緊張ぎみだった。でかい部屋を見渡すと、まるっきり見慣れない光景が広がり、五百人くらい聴衆がいたからだ。ステージに立つ俺をみんなが見つめている。車とロックンロールに関係しているやつなんて、俺くらいだろう。直前のスピーチはといえば、正直ちょっと飽きて居眠りしてしまった。俺自身の話は、そんなものにしてたまるか。話の序盤、ちょっとつっかえたが、ジョークを飛ばすと会場がどっと沸き、おかげでだいぶ肩の力が抜けた。話す速度を緩めて、自分でも楽しむようになった。

ＴＥＤトーク以前は、取材にしろ撮影にしろ、自分の慣れ親しんだ環境でやった。撮影を止めるよう頼んで、リテイクすることもできた。でも、今回はライブだった。話の内容はちゃんとコントロールしている、と自分に言い聞かせ続けた。十六歳で学校をドロップアウトし、学歴も、将来の計画もなし。それがどうだ。すごい物語になったじゃないか。目の前に置かれた小型のラップトップが、残り時間をカウントダウンしている。時々そいつに目をやり、話のテンポを上げたが、とにかく最後までたどり着き、一分オーバーしただけで済んだ。一分なんてどうということはない。話を終えると、拍手に包まれた。感動的だった。もちろん安堵《あんど》のため息が出たが、もういっぺんやってもいいくらい楽しかった。

講演のあとは、その日乗ってきた277の近くに人だかりができた。UCLAの学生の九十五パーセントは、俺のことをまったく知らなかっただろうし、車好きというわけでもなかった。それでも連中は、俺が「動物的な勘を信じろ」と題した講演に惹かれてくれたようだった。大勢やってきて、似たような経験を語った。生い立ちはまるで違うが、考え方はよく似ていた。両親の期待に応えて医者や弁護士になる勉強をしているが、講義を受けていても面白くないし、やっぱり何かが違うような気がする、と打ち明けてきた若者が大勢いた。俺は手ごたえを感じた。人生を見つめ直し、自分が本当に何を欲しがっているか考えるきっかけになれたとしたら最高だ。

そのTEDトークは、俺が関わった動画史上最高の再生回数を記録した。この原稿を書いている時点で三百五十万回だ。『アーバン・アウトロー』を超えたかもしれない。俺のところにはEメールがたくさん届くが、多くはTEDトークを観た連中からだ。UCLAでの一日はいい経験になったし、いくつか学習した。ひとつは自分自身の見せ方、もうひとつは「少ない分量で多くを語る」ことだ。この学びのおかげで、俺は生の観客の前に立つことをより苦にしなくなり、ビビるかわりに楽しむようになった。今では大企業などから、大勢の前でのモチベーショナルトークの依頼がしじゅう舞い込んでくる。新しい挑戦だが、こういった仕事は楽しいし、なかでも新しい人間と出会ってネットワークを作るのは面白い。

ときにはまだ思うことがある。「俺にどんな哲学があるというんだ。十六歳で、Oレベルを二つ取っただけで学校を離れた不良じゃないか。俺は何も知らない」こんなふうに言われることもある。「お前にはツキがあったんだろう、マグナス」そうかもしれない。だが、三度もツキに恵まれたとは思わない。世の中の人びとは、いろいろな角度で俺の物語に共感してくれているようだ。たいそうやりがいがあるし、俺が自分の人生を通して成し遂げようとしてきたことが、ささやかな形で誰かに刺激を与えたり、ちょっとでも影響を与えたりしていると思うと、感謝したいような気分になる。雑誌の記者からは、俺の生き方が読者にモチベーションやアイデアを与えると言われることがあり、そんなときはとても嬉しい。二〇一四年、「スミス・ジャーナル」には「ロサンゼルスで最も興味深い男」と呼ばれた。同じ年、「二〇一四年の顔」という特集を組んだ「ロサンゼルス・ウィークリー」は、俺をその面子に加えてくれた。周りの人間からそんなふうに認めてもらうのは、たいそう胸の躍ることだ。

自分のことをマネジメントのカリスマだの、インスピレーションを与えるスピーカーだの言うつもりはない。まったく別物だ。もうおわかりだと思うが、大事なのは今までに成し遂げてきたことであって、うまく語ることではない。だが、俺の五十年の人生をいくつかのアドバイスに濃縮してほしいといわれたら、中身は単純だ。

まず大事なのは、TEDトークで語ったように、直感を信じること。何かに迷っているとき、腹の中の声が「それがベストの行動だ」と言っていたら、そうするべきだ。ダウンタウンにウェアハウスを買ったときも、服の第一号店を開いたときも、そうだった。シリアスを閉鎖する決断をしたときもだ。この先何が起こるか、必ずしもわかっていたわけではなかったが、直感を信頼した。そしてもちろん、タミールという男からふいにメールが届き、五分のYouTube動画を撮影したいと言われたときも、内なる声に従った。サッチャー政権化のイギリスで、自分の道を模索していた十代の頃も、まさにそうだった。直感を信じて飛行機に乗り、アメリカに向かったのだ。それで合っていると思った。当時はなぜかわからなかったが、正しいことだという気がした。ベニスのボードウォークで古いリーバイスを買い、パッチを縫い付けているときもそうだった。近所で十ドルで買ったパンツをメルローズで転売したのも、一瞬のひらめきで、いけると思った。売ろうという心づもりなどまったくなかったのに——そんなことは考えもしなかった。けれどひらめきというやつは、最も予想外の瞬間に訪れる。衣服のビジネスも、ロケ地ビジネスも予定していなかったし、ポルシェを多数コレクションして改造車で世界的に知られるようになるという願望もなかった。俺の人生は直感にもとづく決断の連続で、それに導かれてここまでやってきた。こんなふうに、考え過ぎないほうがいいということがある。たかが数日、ひょっとしたら数時間で答えの出る問題に、何ヶ月も掛けるな。大切なのは「正しいという気がするか」「内なる声は何と言っているか」という点だ。

もちろん、内なる声の言葉によっては覚悟を決め、リスクを背負う必要も生まれる。深呼吸してから、チャンスをつかみにいくのだ。俺の実感では、成功したければリスクは避けられないというのが実際のところだろう。だからといって、自分自身やキャリア、財産を雑に扱っていいわけではない。それは「リスクを背負う」こととは別物だ。リスクとはたとえば、十九のときシティ&ギルド主催のスポーツマネジメント、レジャー、レクリエーションの口座をやめてアメリカに渡り、小銭をかき集めて日々を乗り切ろうとすることだ。当時は見返りのあるリスクだとは思えなかった。けれど少なくとも挑戦した。少なくとも、シェフィールドに留まって失業保険に頼ったり、工事現場で働いたりという決まりきった日々を捨てて、何かをしようとしたのだ。俺にはアメリカに知り合いひとりいなかった。一年前に現地に渡り、すごくいい国だぜ、と言ってくれるような友人もいなかった。実際ノープランでアメリカに渡り、自分が何をするつもりかも知らなかったのだ。それが最初の大冒険で、もしアメリカに行っていなければ、人生の半分のことも成し遂げていなかっただろう。俺はガキだったが、リスクを冒したのだ。

当時の俺の人生哲学は「失敗がなんだ」と「死にゃあしない」だった。この二つは今でも俺の人生の核をなしている。映画制作会社がウィローに電話をよこして、ミュージックビデオを撮影できるかと訊いてきたとき、一ヶ月もかけずにOKの返事をした。迷っているかわりに「やればいい」と考えた。撮影にイエスと言っていなければ、今の俺たちはいなかっただろう。それ以前に、あの家を買うことにしていなければ、何も始まっていなかったはずだ。ウェスト・ハリウッドの家を買っていたら、何ひとつ起こらなかった。ある意味では、TEDトークに出演するのも賭けだった。学歴も経験もなければ、TEDトークの意味もわかっていなかったのだから。でも俺は進んでリスクを冒した。

リスクを冒すには、自分を信じる必要がある。俺は五十台以上の９１１を所有しているが、事前にチェックしたのはオーストラリアで買った一台だけだ。人間はつい迷ったり、自信を失ったり、他人の意見に惑わされたり、混乱したり、道をそれたりしてしまう。自分にちゃんと自信がないから友人の意見を求めるのだが、相手の答えはこんなものだ。「まさか、無理に決まってるだろ」こうしてせっかくのアイデアがお蔵入りになる。俺たちは誰の意見も聞かなかった。カレンと俺は、これならうまくいくということに関しては感覚が同じだ。俺たちがウィローの物件を買うのを見て、修理が必要じゃないか、馬鹿げていると言う連中は大勢いた。だが、自信と意志の力があればどんな障壁も越えられる。単に俺が夢見がちなのかもしれないが、いつでもうまくいく方法を見つけられるとわかっていた。心の声が「失うものはない」だとしても、実際に求めるのは最高のシナリオだ。

俺はこんなことを言ったとされている。「ちょっとばかり悪い予感がして、『いや、できるかわからないな』と思ったとしたら、むしろやるべきだ」誰の人生にも目標や夢がある。それを手にするため、全員が動きを起こすとはかぎらない。さっきも言ったように、高い飛び込み台の上に立ったら、飛ぶか、飛ばないかのどちらかだ。ならば飛ぶしかないだろう。

リスクを冒そうと思ったら、今までどおりの方法には頼れないこともある。リスクにはそれがつきものだ。シリアスがライバルたちと差をつけたのは、服にファッションとは関係のない素材を取り入れたことだった。たとえばあるシーズンは、分厚くて重い、ナイロンの派手な生地を使った。よく覚えていないが、確かどこかの車に使われていた素材で、ピンク、ラズベリー、黄色といった、けばけばしく六〇年代っぽい色だった。ファッション業界では使われたことのない素材を、水洗いして柔らかくして使ったこともあった。少しだけ風変わりな手を使ったというわけだ。世の中には安全圏から出たくないと思っていることが、一目見ればわかるような連中がいる。俺は大人になってからずっと、安全圏の外で過ごしてきた。

だから俺はこうも言いたい。何かをするときは、必ず自分のスタイルでやるんだ。俺が手がけた三種類のビジネスは、服飾にせよ、インテリアにせよ、車にせよ、すべて俺自身の個性の発露だった。そうしたら客は気に入ってくれた。大事なのは客との結びつきを作ることだ。俺はいつも言っている――自分の個性を反映したスタイルを作れ。シリアスで使った素材は、文字どおり俺たちの個性が織り成したもので、実際よくそんな服を着て出歩いた。周りも反応した。俺たちの人柄が刻印された品物だとわかってくれたのだ。ウィローも、ポルシェもそうだ。自分だけのスタイルは、自分の武器だ。周りに埋もれてはいけない。俺はちょっとだけ自分流のひねりを加えることで、三つの異なるフィールドでそれをやってのけた。つまりいつでも自分の個性を生かし、味のある方法で仕事をするべし。誰かのスタイルをパクったり、流行を追いかけたりするのはだめだ。結局のところ、自分のスタイルと個性を加えつつ、ぐずぐずしないで即やるしかない。

それと同じくらい大事なのが、自分が情熱を持てることに取り組むことだ。情熱がないのはすぐバレるし、何より自分でやっていても楽しくない。最近の俺は、あちこちのでかい会社から「情熱について社員に話をしてやってくれ」と頼まれる。ああいうでかい会社も、情熱だけはマーケティングプランや、スプレッドシートの上では生み出せないと知っているわけだ。突き詰めれば単純なことだ――俺はいつも自分の情熱を追ってきた。それが服、インテリア、車に共通するもう一本の横糸だ。どれも、俺の情熱の的だ。それがあれば、自分にしかできない仕事をしようとするし、よりエネルギッシュにやろうともする。仕事に情熱が持てなかったら、何かを変えるしかない。さもなければ、やっている意味がないだろう。

個性と情熱のほかに大事なのは、自分の原点を忘れないことだ。いつも言っていることだが、自分がどこから来たのかさえ忘れなければ、どんな場所に居てもいい。俺の右腕には「メイド・イン・シェフィールド」というタトゥーが彫ってある。伊達や酔狂で入れているわけじゃない。俺はシェフィールドと、自分の出自を誇りに思っている。確かにアメリカに移住して、イギリスでは手に入らなかったチャンスに恵まれた。だが、俺はシェフィールドのおかげで泥臭いメンタリティを身につけた。イギリス北部の、クロスカントリーに似たメンタリティだ。自分の力を信じ、最後まで走りきるという自信。そして父方のじいさん側に流れるアントレプレナーの血は、俺を車のディーラー、商人にした。同時に親父の機械工としてのバックラウンド、また車やモータースポーツへの関心も、今思えば大きな影響があった。生まれ故郷を離れたあとで流されるやつは多い。混乱して、道を見失うのだ。自分の原点を忘れるな。それこそがお前という人間の核だからだ。

個性と仕事に対する情熱があれば最高だが、今触れたことも忘れないでほしい。あきらめを知らない魂。何があっても降参はしないという意志だ――何があっても。たぶん俺の場合、それはお袋から受け継いだのだろう。お袋の忍耐強さ、ひたむきさ、愚直に歩み続ける姿勢が、俺の粘り強さを生んだのだ。何度か触れたように、俺たち一家は引っ越しを繰り返したが、お袋は弱音を吐くこともなく、いつもちゃんと体勢を整えた。今でもお袋はアパートを売って、シェフィールドの古い空き家を買おうかと言っている。お袋はいつもきっちりやってのける。

俺の生い立ちは恵まれたものではなかった。生まれながらに下駄を履いていたわけではないのは確かだ。それでも夢を実現するのに成功した。俺は目的ありきの男だ。自分の信念に従って戦い、決してあきらめないこと。ときには我慢も必要だ。それが人生ってものだろう。一夜にしてポルシェを手に入れたわけじゃない。六四年の911を手に入れるなど夢にも思わなかった。だが俺はあきらめず、ついにはタダ同然で手に入れた。四丁目に土地を買ったとき、法的手続きは頭がくらくらするほど厄介だったが、歯を食いしばった。カレンもそうだった。あきらめなかったおかげで、最後には契約が成立した。当然のことだが、ときには難題にぶつかるし、ストレスも溜まるだろう。それが自然だ。「前例がない」ことをしようとするなら、なおさらだ。だが、とにかく前進すること。必ず出口は見つかる。前進、前進、ポジティブ思考。そのリズムに慣れて、何があろうとギブアップしないことだ。

覚えているかと思うが、ＬＡに到着した俺はほとんど着の身着のままで、無一文と言ってもよかったが、そこから巻き返した。愛車を売って、プロジェクトの資金を作らなければいけないこともあった。だがモチベーションがあれば、不可能も可能になる。きっとうまくいくだろう……。俺は白旗だけはあげなかった。さっきも言ったように、それはクロスカントリー的なメンタリティの産物かもしれない。ごりごり歩を進めて、決して弱腰にならないこと。知ってのとおり、二〇一五年は俺にとって厄年もいいところだった。カレンはいなくなるし、十三年飼っていた愛犬まで死んでしまった。だが俺は、前を向いて歩き続けた。それが生き延びるための本能だったのだ。

もうひとつ、単純なアドバイスを贈りたい。周りの連中には、やさしくすること。情けは人の為ならずというやつだ。俺はネットで誰かを罵倒したことなんかない。とりわけ相手の車については。他の連中の車や仕事をクサすようなことは絶対にしない。俺自身が批判を浴びることはある。俺が公道をふっ飛ばすのが気に入らないと言うやつや、育ちが悪いと言うやつがいる。アンチがいなくなることはないし、俺を叩くやつは大勢いる。だが、内心こう思っている。「俺のかわりに喋ってくれるのか、ありがとうよ。俺は何もしなくていいんだからな」連中には俺の外見や喋り方を馬鹿にする時間がたっぷりあるようだが、オンラインでの争いに首を突っ込むつもりはない。言いたいやつには言わせておけ。そういうことを言う人間の大半は、俺の人生が内心では羨ましいのに、自分で挑戦する根性がないだけだ。

神様を信じてはいないが、因果応報というものはあると思っている。それがわかったのは六四年９１１を手に入れたときだ。車を手に入れるとき、三回くらいそんな体験をした。情けは人の為ならず。見返りがないと思っても、人にやさしくすることでいい気分になれば、それが十分な見返りだ。

もうひとつ、つまらない話をさせてほしい。内なる声に耳を傾け、チャンスをつかみ、自信と自分らしさをもって仕事に取り組み、あきらめない……。それもこれも、可能になるのは努力するからだ。昔ながらの「努力」というやつは、一生自分を支えてくれる。人の成功を羨ましがるやつの大半は、相手がどれくらい必死で努力したかまるでわかっていない。俺自身について言うなら、長年全力で働いてきた。カレンと俺は、呆れるくらい長い時間を仕事に費やしてきた。九時五時、週五日どころの騒ぎじゃない。何ヶ月も休みなしに働いたこともある。ビジョンと具体的な手段、実現の意思があるなら、甘えたことは言っていられない。自分自身に対して鬼にならなきゃいけない。

シリアスの小売店の話をしよう。あのときは必死だった。ウィローを改装したときもだ。俺たちは丸一年をそれに費やした。何十年分もの古いペンキを壁から落としたときから、長く苦しい戦いは続いた。何時間、何週間、何ヶ月。創造的なＤＩＹの道は楽じゃない。幻想を抱いてはいけない。

やがて立ちはだかる困難については、どう心の準備をしておけばいいのだろうか。シリアスが盛り上がっていたときは、よく電話を受けた。「ウチの子はあなたの大ファンなんです。服飾の専門学校に行って、デザイナーになりたいと言っているんですが、どうしたらいいでしょう？」もちろん、専門学校に行ってもかまわないが、アイデアの出し方は誰からも教われない。学校に行けばマーケティングの基礎、販売の方法、チームの立ち上げ方は学べるが、アイデアというものはあるかないか、それだけだ。いいアイデアの出し方を授業で学ぶことはできない。学校では服飾業界の流れ、歴史、理論について学べるが、クリエイティブになれるわけではない。カレンも俺も、専門学校には行かなかった。アイデアを得るために正規の教育を受ける必要はない。

俺はいつの間にかファッション業界に入り込んでいた。偶然の産物だ。たまたま建物を買ったが、映画ビジネスに手を出すことになるとは思わなかった。そんなことは学校で教わらなかった。はっきり言えば、学校で勉強したことは何の役にも立たなかった。やれピタゴラスの定理だ、やれ円周率が3・14だ。今でもその手の数字は覚えているが、俺にとっては何の意味もない。はっきり言えば、学校で取ったOレベル二つは何の支えにもならなかった。俺は十六歳でドロップアウトして、アパレル業界でやっていくだけの基礎もなかったが、人気ブランドを立ち上げて、年数百万ドルの利益を上げるビジネスに育てた。大学には行かなかったし、MBAもマネジメント学の学位もなかった。それが何の役に立つのか、はっきり言って俺にはわからない。いささかきつい言い方かもしれないが、経営の勉強をしているという連中に会うと、「無駄なことをしているんじゃないか」と思う。現場でやっていく力があるか、お利口な本の虫にとどまるか、人間はどちらかだ。全部自分でやるというやつを止める手段はない。溺れるか、浮かびあがるか。PhDも、ビジネス経営学の知識もいらない。無駄だとは言わないし、ドロップアウトを勧めるつもりもない。だが、一流大学のMBAを持っていないからといって、成功できないというわけは一ミリもない。

これまでいっぺんも、ビジネスプランを立てたことはない。カレンと一緒にバーに行って、気勢を上げることはあった。ウィローを改装していたときは、ちっちゃな紙ナプキンを取り出してアイデアをメモ書きし、ウェアハウスに戻って工事の責任者と話し合い、床にテープを貼るくらいはした。紙ナプキンの裏に殴り書きしただけだ。それでもうまくいった。

今言ったことは、前例にとらわれないという俺の話とつながる。やろうと決めたことの基礎がないということは、枠組みを知らないということでもある。そういう人間は好き放題できる。「暗黙の了解」という枠に縛られないのだ。今まで車の座席の素材からミニスカートを作ったやつがいないからといって、できないわけではない。「適応力のあるスイマー」の話を思い出してほしいが、見知らぬ環境に飛び込んでも、なんとか泳ぎ切ってしまうものだ。引き出しいっぱいの資格証明書がないからといって、劣等感に悩む必要なんてない。地頭がよくて、自信とユニークなアイデアがあって、仕事に打ち込む意思があれば、一流大学の学位にも負けないのだ。

このあたりのことが、俺が自分の物語を通して伝えたいことだ。車やファッション、不動産に興味がなくても、これらのことから価値を見出してくれたら嬉しい。実際どれくらい価値があることかわからないし、俺の意見にまったく賛同しないという読者もいるかもしれない。俺は単に、自分にとって最高の旅路だった日々から学んだことをちょっと紹介しているだけだ。シェフィールドの実家近くの森で走り回っていた頃から遠くへ来たが、一歩一歩がかけがえのない旅だった。そして俺は、今でも走っている。目の前には果てしない道が延び、道中何が起こるかワクワクしている。

俺にとって確かなのは、七〇年代に戻り、毎朝出席を取るとき「マグナス！」と呼ばれておずおずと手を挙げていた吃音持ちの少年にこの本を見せたら、そいつは喜ぶだろうということだ。「ワオ。夢は叶うんだね」と、少年は言うだろう。

いろいろな意味で、話はシンプルだ。自分の直感に従い、リスクを冒し、チャンスをつかむこと。自分らしさを出し、仕事への情熱を絶やさないこと。自分の原点を忘れず、成功を疑わず、夢を見失わず、モチベーションを維持し、努力し、前例や慣習にとらわれず、ひとところに安住せず、いつも、いつも前進すること。そんなに大変じゃないだろう?

そして、どんな悪路でもスピードを落とさないことだ。

謝辞

母リンダ・ウォーカー、妹のナオミと義理の弟アレックス・マグレガー、可愛いニーヴ、ジェシカ、ジェームズに感謝したい。セント・ジョンとニッキー・ウォーカー、マーティン・ローチ、リアム・ハウレット、ユースト・エルメス、エリック・ユーウェンホーフェン、ヘンリー・ヴァインズにも世話になった。

アメリカではタミール・モスコビッチ、ヘルムット・ワール、レイ・キャンベル、ジャスティン・ベル、カリーナ・「ザ・ラティーナ」・マシアス、ジョージア州のケイド一家。セルジオ・コントレラス、マット・J・ボーン、ジョン・ホワイト、フィル・スレート、フランク・ターナー、チャルマーズ・ニーマイヤー。

ラリー・チェン、ショーン・クリンゲルホーファー、アンドリュー・リッター、モーリス・ファン・デン・ティラード、エリー・コーガン、ブラッド・ビアドー、マット・クルック、ドリアン・ヴァレンズエラにも心からのお礼を言いたい。

［著者］

マグナス・ウォーカー

MAGNUS WALKER

英国シェフィールド生まれ。10歳のとき、1977年のロンドンモーターショーに行ったことがきっかけで車に目覚める。10代の頃ロサンゼルスに移住。シリアス・クロージングを立ち上げ、マドンナ、アリス・クーパー、モトリー・クルーほか多数のロックスターに衣服を提供する。のちにＬＡダウンタウンの物件を入手し、ロケ地ビジネスに着手。現在ではポルシェ911のコレクションおよび改造で世界的に知られている。

［訳者］

小林 玲子

KOBAYASHI REIKO

1984年生まれ。国際基督教大学教養学部卒業、早稲田大学院英文学修士。主な訳書に『世界一おもしろい国旗の本』『博物館のバックヤードを探検しよう！』（河出書房新社）、『トランスジェンダーの私がボクサーになるまで』（毎日新聞出版）ほかがある。